T0287689

Osho

EL LIBRO DE LA VIDA Y LA MUERTE

Traducción del inglés de Miguel Portillo

editorial **K**airós

Numancia, 117-121
08029 Barcelona
www.editorialkairos.com

Título original: THE UNKNOWN JOURNEY

© 2001 Osho International Foundation, www.osho.com/copyrights
OSHO® es una marca registrada de Osho International Foundation
www.osho.com/trademark
All rights reserved

© de la edición en castellano
2003 by Editorial Kairós, S.A.
www.editorialkairos.com

*El contenido de este libro ha sido seleccionado de diferentes charlas
que OSHO impartió ante una audiencia en vivo. Todas las charlas de OSHO han
sido publicadas íntegramente como libros, y también están disponibles las grabaciones
de audio. El archivo completo de audio y de texto puede ser consultado en la
Biblioteca en línea en la página www.osho.com.*

Primera edición: Febrero 2003
Octava edición: Diciembre 2023

ISBN-10: 84-7245-535-1
ISBN-13: 978-84-7245-535-1
Depósito legal: B-44.274/2004

Fotocomposición: Pacmer, S.L. Alcolea, 106-108, bajos. 08014 Barcelona
Impresión y encuadernación: Ulzama digital

SUMARIO

EL LIBRO DE LA VIDA
Y LA MUERTE

INTRODUCCIÓN

La vida se extiende a lo largo de mucho tiempo... setenta, cien años. La muerte es intensa porque no se extiende... llega en un único instante. La vida tiene que alargarse durante setenta o cien años, no puede ser tan intensa. La muerte llega en un instante, de repente, sin fragmentarse. Será tan intensa que no habrás conocido nunca nada igual. Pero si tienes miedo, si te escapas antes de que llegue, si estás inconsciente a causa del miedo, entonces te habrás perdido una oportunidad de oro. Si durante toda tu vida has aceptado las cosas, y cuando llega la muerte la aceptas paciente y pasivamente, y entras en ella sin realizar esfuerzo alguno por escapar, silenciosamente, entonces la muerte desaparece.

En las *Upanishads* aparece una antigua historia que siempre me ha gustado. Un gran rey llamado Yayati cumple cien años. Y ya estaba bien; había vivido muchísimo. Había disfrutado de todo lo que podía ofrecerle la vida. Fue uno de los reyes más grandes de su tiempo. Pero la historia es preciosa...

Llegó la Muerte y le dijo a Yayati:

–Prepárate. Te ha llegado la hora; he venido a buscarte.

Yayati vio a la Muerte y, aunque era un gran guerrero y había ganado muchas batallas, empezó a temblar y dijo:

–Pero si es muy pronto.

–¡Muy pronto! –respondió la Muerte–. Has vivido durante cien años. Incluso tus nietos son ya viejos. Tu hijo mayor tiene ochenta años. ¿Qué más quieres?

Yayati tenía cien hijos porque había tenido cien esposas. Le hizo una pregunta a la Muerte:

–¿Puedes hacerme un favor? Ya sé que te tienes que llevar a alguien. ¿Me dejarías vivir cien años más si pudiera convencer a uno de mis hijos para que se fuese contigo?

–No habrá ninguna pega si puedes encontrar a alguien dispuesto para venirse conmigo. Pero no creo... Si tú no estás listo, y eres el padre, y has vivido más y has disfrutado de todo, ¿por qué crees que estaría dispuesto a irse alguno de tus hijos?

Yayati llamó a sus cien hijos. Los mayores permanecieron callados. Se hizo un gran silencio, nadie dijo nada. Sólo uno de ellos, el más pequeño, de 16 años, se puso en pie y dijo:

–Yo estoy listo.

Incluso la Muerte sintió pena por el muchacho, y le dijo:

–Tal vez sea porque eres muy inocente. ¿Es que no ves que tus noventa y nueve hermanos están callados? Hay quien tiene ochenta años, setenta y cinco, setenta y ocho, setenta, otro tiene sesenta... han vivido... Y tú no has vivido nada. Incluso a mí me da pena tener que llevarte. Piénsatelo.

–No, precisamente es ver la situación lo que me hace estar tan seguro. No te sientas triste, me voy siendo totalmente consciente. Me doy cuenta de que mi padre no está satisfecho ni siquiera con cien años. ¿Qué sentido tiene pues continuar aquí? ¿Cómo podré yo estar satisfecho? Veo a mis noventa y nueve hermanos; ninguno de ellos está satisfecho. ¿Para qué seguir perdiendo el tiempo? Al menos le podré hacer un favor a mi padre. Que disfrute de cien años más en su vejez. Pero para mí se ha acabado. Hay algo que comprendo al ver la situación, una situación en la que nadie parece estar satisfecho: que ni siquiera viviendo cien años estaré satisfecho. Así que no importa si me voy hoy o de aquí a noventa años. Llévame contigo –dijo el chico.

La Muerte se llevó al muchacho. Y regresó al cabo de cien años. Y Yayati se encontró en la misma situación. Así que dijo:

—¡Qué rápidos han pasado estos cien años! Todos mis hijos de antaño murieron, pero cuento con otro regimiento nuevo. Puedo darte alguno de ellos. Apiádate de mí.

La historia dice que todo ese asunto se alargó durante mil años. La Muerte regresó diez veces. Y en nueve ocasiones se llevó a algún hijo, y Yayati pudo vivir cien años más. La décima vez, Yayati dijo:

—Aunque todavía estoy tan insatisfecho como la primera vez que viniste, ahora iré contigo, aunque no de buena gana, porque no puedo seguir pidiéndote favores. Son demasiados. Además, hay algo que he comprendido, y es que si en mil años no he hallado satisfacción, tampoco la hallaré en mil más.

Es el apego. Puedes seguir viviendo, pero cuando te sacuda la idea de la muerte empezarás a temblar. Pero si no sientes apego por nada, la muerte podría llegar en este mismo instante y la recibirías de buen humor. Estarías dispuesto a partir. Frente a alguien así, la muerte queda derrotada. La muerte sólo es vencida por aquellos que están dispuestos a morir en cualquier momento, sin oponer resistencia alguna. Se convierten en los inmortales, en budas.

Esta libertad es el objetivo de toda búsqueda religiosa.

La libertad respecto al apego es libertad respecto a la muerte.

La libertad respecto al apego es libertad respecto a la rueda de nacimiento y muerte.

La libertad respecto al apego te permite entrar en la luz universal y hacerte uno con ella. Y ésa es la mayor de las bendiciones, el éxtasis esencial más allá del cual no existe nada más. Entonces has llegado a casa.

Primera parte:

ASUMIR EL ÚLTIMO TABÚ

«La muerte no puede ser negada repitiendo que no existe. Hay que reconocer a la muerte, pues nos encontraremos con ella, tendremos que vivirla. Tendremos que familiarizarnos con ella.»

Primera parte:

ASUMIR EL ÚLTIMO TABÚ

1. EN BUSCA DE LO ETERNO

En realidad, Dios no es el centro de la búsqueda religiosa... el centro es la muerte. Sin la muerte no existiría la religión. La muerte es la que hace que el hombre busque e indague más allá, en lo eterno.

La muerte nos rodea como un océano rodea una islita. La isla puede quedar inundada en cualquier instante. El instante siguiente puede que nunca suceda, el mañana puede no llegar nunca. Los animales no son religiosos por la sencilla razón de que no tienen conciencia de la muerte. No pueden concebirse muriendo, aunque vean hacerlo a otros animales. Que alguien observe a otro ser muriéndose y que llegue a la conclusión de que «yo también voy a morir», representa un avance espectacular. Los animales no están tan alerta ni son tan conscientes como para llegar a tal conclusión.

Y la mayoría de los seres humanos también son infrahumanos. Un ser humano es auténticamente maduro cuando llega a esta conclusión: «si la muerte le llega a todo el mundo, entonces yo no puedo ser una excepción». Una vez que dicha conclusión penetra en lo más profundo del corazón, la vida ya no vuelve a ser igual. No se puede seguir apegado a la vida como antes. ¿Qué sentido tiene ser tan posesivos si nos será arrebatada? ¿Por qué apegarse y sufrir si un día desaparecerá? ¿Para qué tanta desdicha, angustia y preocupación si la vida no va a durar para siempre? Si tiene que irse, se irá, y por tanto no importa cuándo. El momento deja de tener importancia: hoy, mañana, pasado mañana... la vida acabará yéndose.

El día en que seas consciente de que vas a morir, de que tu muerte es una certeza absoluta... sabrás que la única certeza en la vida es la muerte. Nada es tan absolutamente cierto. Pero no obstante, seguimos evitando la cuestión, la cuestión de la muerte. Seguimos ocupándonos en otras cosas. A veces hablamos de grandes temas –Dios, cielo e infierno– sólo para evitar la *auténtica* cuestión. La auténtica cuestión no es Dios, no puede serlo, porque ¿qué familiaridad tenemos con Dios?, ¿qué sabemos de Dios?, ¿cómo podemos indagar en algo que nos es totalmente desconocido? Sería una indagación vacua. Como mucho sería curiosidad juvenil, infantil, estúpida.

La gente estúpida pregunta por Dios, las personas inteligentes preguntan sobre la muerte. Las gentes que van por ahí preguntando sobre Dios nunca acaban de encontrarle, mientras que quienes preguntan sobre la muerte están destinados a encontrar a Dios... porque la muerte es lo que les transforma, lo que cambia su visión. Su conciencia está aguzada porque han planteado la auténtica cuestión, una cuestión auténtica, la más importante de la vida. Han creado un desafío tan enorme que no pueden seguir dormidos; hay que despertar, hay que estar lo suficientemente alerta como para hallar la realidad de la muerte.

Así es cómo empezó la búsqueda del Buda Gautama:

El día en que el Buda nació... su padre fue un gran rey, y él su único hijo, que nació cuando el rey envejecía; por ello su nacimiento fue motivo de una gran alegría en el reino. El pueblo había esperado mucho. El rey era muy amado por su pueblo; les había servido, había sido amable y compasivo con ellos, había sido muy cariñoso y había compartido sus bienes. Había convertido su reino en uno de los más ricos y maravillosos de aquellos tiempos. El pueblo rezaba para que su rey tuviese un hijo porque no tenía herederos. Y entonces nació el Buda, cuando el rey ya era anciano; un nacimiento inesperado. ¡Hubo una gran alegría y celebración! Todos los astrólogos del reino se reunieron para predecir el futuro del Buda. Se llamó Siddhartha, ése fue el nombre que le dieron. Siddhartha, porque significa satisfacción. El rey estaba satisfecho, su deseo estaba colmado, su más profundo anhelo se había cumplido... Quería un hijo, había querido un hijo toda su vida; por eso el nombre de Siddhartha, que significa satisfacción del deseo más profundo.

Ese hijo hizo que la vida del rey tuviese sentido. Los astrólogos, unos muy importantes, hicieron sus predicciones... Y todos ellos estuvieron de acuerdo menos uno muy joven, llamado Kodanna. El rey preguntó:

–¿Qué pasará en la vida de mi hijo? –Y todos los astrólogos levantaron dos dedos, excepto Kodanna, que sólo levantó uno.

El rey preguntó:

–Por favor, no me hablen con signos... Soy un hombre sencillo, no sé nada de astrología. Díganme, ¿qué significan esos dos dedos?

Todos ellos respondieron:

–Que o bien se convertirá en *chakravartin* –soberano del mundo– o que renunciará al mundo y se convertirá en un buda, una persona iluminada. Esas dos alternativas están latentes, y por eso alzamos dos dedos.

Al rey le preocupó la segunda alternativa, la de que renunciaría al mundo.

–Entonces seguimos con el mismo problema: ¿Quién heredará mi reino si él renuncia al mundo? –Y entonces preguntó a Kodanna–: ¿Por qué has levantado sólo un dedo?

Kodanna respondió:

–Estoy absolutamente seguro de que renunciará al mundo; se convertirá en un buda, en un iluminado, en un ser despierto.

Al rey no le gustó la contestación de Kodanna. La verdad resulta muy difícil de aceptar. Ignoró a Kodanna, que no fue recompensado; la verdad no obtiene recompensa en este mundo. Por el contrario, la verdad se castiga de mil maneras. De hecho, el prestigio de Kodanna cayó por los suelos a partir de aquel día. Como no fue recompensado por el rey, se corrió el rumor de que era un loco. Todos los astrólogos habían coincidido, y él fue el único en disentir.

El rey preguntó a los otros astrólogos:

–¿Y qué sugerís? ¿Qué debo hacer para que no renuncie al mundo? No quisiera que se convirtiese en mendigo, y no quisiera verle de *sannyasin*. Quisiera que fuese un *chakravartin*, soberano de los seis continentes. –La ambición de todo padre. ¿A quién le gustaría que su hijo o hija renunciase al mundo y se fuese a las montañas, para penetrar en su propia interioridad, para buscar e indagar en el yo?

Nuestros deseos son extravertidos. El rey era un hombre ordinario, como cualquiera, con los mismos deseos y ambiciones. Los astrólogos le dijeron:

–Puede arreglarse: proporcionadle todo el placer posible, rodeadle de tantas comodidades y lujos como sea humanamente posible. No permitáis que sepa nada sobre la enfermedad, la vejez, y sobre todo acerca de la muerte. No dejéis que sepa nada acerca de la muerte y nunca renunciará.

Tenían razón, porque la muerte es la cuestión central. Una vez que surge en el corazón, cambia tu manera de vivir. Ya no puedes seguir viviendo de la misma manera sin sentido. Si esta vida va a finalizar en la muerte, entonces esta vida no puede ser una vida real; entonces debe ser una ilusión. La verdad, para serlo, debe ser eterna; sólo las mentiras son momentáneas. Si la vida es momentánea, entonces debe ser una ilusión, una mentira, una idea falsa, un malentendido; la vida estará, pues, basada en la ignorancia. Debemos vivirla teniendo bien presente que acabará terminándose.

Podemos vivir de forma distinta para poder convertirnos en parte del eterno fluir de la existencia. Sólo la muerte puede proporcionar ese giro radical.

Así que los astrólogos dijeron: «Por favor, que no sepa nada acerca de la muerte». Y el rey se encargó de todo. Hizo construir tres palacios para Siddhartha, para que los ocupase en diferentes estaciones y en lugares distintos, de manera que nunca padeciese las inclemencias del tiempo. Cuando hacía demasiado frío contaba con otro palacio junto a un río donde siempre hacía más calor. Lo arregló todo para que nunca sintiese incomodidad alguna.

En los palacios donde vivía no se permitía la entrada a los ancianos; sólo a los jóvenes. Reunió a su alrededor a todas las jóvenes hermosas del reino para que permaneciese cautivado, fascinado, lleno de ensoñaciones y deseos. Se recreó un dulce mundo de ensoñaciones para él. A los jardineros se les ordenó que recogiesen las hojas muertas durante la noche; las flores marchitas también debían ser cortadas de noche, porque, ¿quién sabe...? tal vez al ver una hoja muerta pudiera empezar a preguntarse acerca de lo que le sucedía a la hoja, y esa pregunta pudiera hacer surgir la cuestión de la muerte. Al ver una rosa marchita o los pétalos caídos, podría preguntarse: «¿Qué le ha sucedido a esa rosa?», y empezar a cavilar y meditar sobre la muerte.

Se le mantuvo totalmente inconsciente de la muerte durante veintinueve años. ¿Pero durante cuánto tiempo puede evitarse? La muerte es un fenómeno tan importante... ¿Cuánto tiempo puede uno engañarse? Más tarde o más temprano tenía que acabar entrando en el mundo. El rey se estaba haciendo muy viejo y el hijo tenía que saber cómo funcionaba el mundo, así que poco a poco se le permitió recorrer las calles de la ciudad, pero siempre que lo hacía se apartaba a todos los ancianos y mendigos. Ningún *sannyasin* ni monje podía cruzar la calle mientras él pasaba, porque al ver a un *sannyasin* podría preguntar: «¿Qué clase de hombre es ése? ¿Por qué viste de color naranja? ¿Qué le ha pasado? ¿Por qué parece diferente, desapegado, distinto? Su mirada es diferente, también su manera de vestir, y su presencia tiene una cualidad particular. ¿Qué ocurre con ese hombre?». Y luego aparecería la cuestión del renunciamiento, y sobre todo la de la muerte... Pero llegaría un día en que acabaría pasando. No podía evitarse.

Nosotros hacemos lo mismo. Si alguien muere y el funeral pasa junto a nosotros, las madres meten a sus hijos en casa y cierran las puertas.

La historia es muy significativa, simbólica, típica. Ningún padre quiere que su hijo sepa nada acerca de la muerte, porque entonces, inmediatamente, empezará a hacer preguntas muy incómodas. Por eso construimos los cementerios fuera de las poblaciones, para que nadie tenga necesidad de ir allí. La muerte es un suceso central; el cementerio debería hallarse exactamente en el centro de la ciudad, para que todo el mundo pasase junto a él a todas horas. Al ir a la oficina, regresar a casa, ir al colegio, a la universidad, al volver a casa, al ir a la fábrica... para que así tuviéramos siempre presente la muerte. Pero construimos los cementerios fuera de la ciudad, y los embellecemos mucho, con flores y árboles. Intentamos ocultar la muerte, y en Occidente, sobre todo, la muerte es ahora un tabú. Así como antes el sexo era tabú, ahora la muerte es tabú.

La muerte es el último tabú.

Necesitamos una especie de Sigmund Freud. Un Sigmund Freud que pueda traer de vuelta la muerte al mundo, que pueda exponer a la gente al fenómeno de la muerte.

Cuando en Occidente muere una persona, su cuerpo se adorna, baña, perfuma, pinta. Ahora hay expertos que llevan a cabo esas tareas. Y si veis a un muerto o muerta, os llevaréis una sorpresa: ¡parece más vivo que cuando lo estaba! Le pintan el rostro, y sus mejillas están sonrosadas, y su rostro luminoso; parece estar durmiendo en un espacio calmo y tranquilo.

¡Nos engañamos a nosotros mismos! No es a él a quien engañamos, pues él ya no sigue ahí. No es nadie, sólo un cuerpo muerto, un cadáver. Pero nos engañamos a nosotros mismos al pintarle el rostro, engalanar su cuerpo y ponerle ropas hermosas, llevando su cuerpo en un coche caro, y con una gran procesión y mucho aprecio por la persona muerta. Nunca fue apreciada mientras estuvo con vida, pero ahora no hay nadie que la critique, todo el mundo la alaba.

Intentamos engañarnos a nosotros mismos; embellecemos todo lo posible la muerte de manera que la cuestión no surja. Y seguimos viviendo en la ilusión de que siempre es el otro el que muere: obviamente, no presenciaremos nuestra propia muerte, sino que siempre vemos morir a los demás. La conclusión es lógica: ¿por qué preocuparnos si siempre es el otro el que muere? Nos parece que somos excepcionales, que Dios ha hecho una regla distinta para nosotros.

Recuerda, nadie es una excepción. El Buda dijo: «*Aes dhammo sanantano*», «Sólo una ley lo rige todo, una ley eterna». Todo lo que le vaya a ocurrir a la hormiga le sucederá también al elefante, y sea lo que sea lo que le suceda al mendigo también le sucederá al emperador. La ley no distingue entre pobre o rico, ignorante o sabio, santo o pecador; la ley es justa.

Y la ley es muy comunista, iguala a las personas. No se interesa por quién somos. Nunca mira las páginas de los libros tipo *Quién es quién*. No se preocupa de si eres un pordiosero o Alejandro Magno.

Algún día Siddhartha *tenía* que hacerse consciente, y así sucedió. Iba a participar en un festival de la juventud; iba a inaugurarlo. Se suponía, claro está, que el príncipe inauguraría el festival juvenil anual. Era un atardecer hermoso; la juventud del reino se había reunido para bailar, cantar y divertirse toda la noche. El primer día del año... una celebración que duraría toda la noche. Y Siddhartha iba a inaugurarla.

Por el camino encontró lo que su padre siempre había temido que viese: se cruzó con todo ello. Primero vio a un enfermo, su primera experiencia de la enfermedad. Preguntó:

–¿Qué ha sucedido?

La historia es muy hermosa. Dice que su auriga iba a mentirle, pero un alma incorpórea tomó posesión de él, forzándole a decir la verdad. Tuvo que decir, a pesar de sí mismo:

–Ese hombre está enfermo.

Y el Buda preguntó inmediatamente:

–¿Entonces yo también puedo enfermar?

El auriga tenía intención de volver a mentir, pero el alma de un dios, un alma iluminada, un alma incorpórea, le obligó a decir «Sí». Al auriga le desconcertó que quisiera decir no, pero las palabras que pronunció fueron:

–Sí, también vos enfermaréis.

A continuación se encontró con un anciano, e hizo las mismas preguntas. Luego con un cuerpo que era llevado al terreno de cremación, y surgió la misma pregunta... Y cuando el Buda vio aquel cuerpo muerto y preguntó:

–¿Entonces yo también moriré algún día? –y el auriga dijo:

–Sí, señor. Nadie es una excepción. Siento decíroslo, pero nadie es una excepción... incluso vos moriréis algún día.

El Buda dijo:

–Entonces da la vuelta. No tiene sentido acudir a un festival juvenil. Voy a enfermar, ya he envejecido y estoy a punto de morir. Si un día moriré, ¿qué sentido tiene toda esta tontería de vivir esperando la muerte? Antes de que llegue quisiera conocer algo que nunca muere. Ahora dedicaré toda mi vida a la búsqueda de algo eterno. Si existe algo eterno, entonces lo único que tiene sentido en la vida es esa búsqueda.

Y mientras decía eso tuvo el cuarto encuentro: un *sannyasin*, un monje, ataviado con una túnica naranja, que caminaba con paso meditativo. Y el Buda preguntó:

–¿Qué le ha sucedido a ese hombre? –Y el auriga respondió:

–Señor, eso es lo que estáis pensando hacer vos. Ese hombre ha visto la muerte y va en busca de lo eterno.

Esa misma noche, el Buda renunció al mundo; dejó su hogar en busca de lo inmortal, en busca de la verdad.

La muerte es la cuestión más importante de la vida. Y quienes aceptan el desafío de la muerte son inmensamente recompensados.

2. ADVERTENCIA: LA CUESTIÓN DE CREER

Si crees también dudarás. Nadie puede creer sin dudar. Que quede claro de una vez por todas: nadie puede creer sin dudar. Toda creencia es una tapadera de la duda.

Creer es sólo la circunferencia del centro llamado duda; porque la duda está ahí se crea la creencia. La duda duele, es como una herida, es dolorosa. La duda duele porque es una herida; te hace sentir el vacío interno, la ignorancia interior. Quieres ocultarla. ¿Pero crees que te ayudará esconder la herida tras una rosa? ¿Piensas que la rosa podrá hacer que la herida desaparezca? ¡Al contrario! Más tarde o más temprano la rosa empezará a apestar por culpa de la herida. La herida no desaparecerá a causa de la rosa; de hecho será la rosa la que desaparezca a causa de la herida.

Puede que consigas engañar a alguien que mire desde fuera –tus vecino podrían llegar a creer que no hay herida, sino una rosa–, ¿pero cómo podrás engañarte a ti mismo? Es imposible. Nadie puede engañarse a sí mismo; en lo profundo de ti mismo sabes la verdad, sabes que la herida existe y que intentas ocultarla tras una flor. Y sabes que la rosa es arbitraria: no ha crecido en ti, la has arrancado del exterior, mientras la herida crecía dentro de ti; la herida no la has arrancado del exterior.

El niño lleva la duda en sí, una duda interna, que es natural. A causa de ella indaga, y a causa de ella pregunta. Acompaña a un niño a dar un paseo matinal por el bosque, y te hará tantas preguntas que te aburrirá, que desearás decirle que se calle. Pero continuará preguntando.

¿De dónde provienen todas esas preguntas? Para él son naturales. La duda es un potencial interno; es la única manera en que el niño podrá inquirir, buscar e indagar. No hay nada malo en ello. Vuestros sacerdotes os han estado mintiendo, os han dicho que en la duda hay algo malo. Pero no es cierto. Es algo natural, y por ello debe ser aceptada y respetada. Cuando respetas tu propia duda, deja de ser una herida; cuando la rechazas, se convierte en herida.

Seamos claros: la duda en sí misma no es ninguna herida. Es una ayuda tremenda, porque te convertirá en un aventurero, en un explorador. Te llevará hasta los confines del universo en busca de la verdad, te convertirá en peregrino. No hay nada malo en dudar. La duda es hermosa, inocente, natural. Pero los sacerdotes no han hecho más que condenarla a lo largo de la historia. Y a causa de su condena, la duda, que podría haber florecido en confianza, se ha convertido en una herida. Condena lo que sea y se convertirá en una herida, rechaza cualquier cosa y se volverá una herida.

Mi enseñanza es que lo primero que hay que hacer es no tratar de creer. ¿Por qué? Si la duda está ahí, ¡es porque existe! No es necesario ocultarla. De hecho, hay que permitir su existencia, ayudarla, dejar que se convierta en la gran búsqueda. Que se convierta en las mil y una preguntas, y al final te darás cuenta de que las preguntas no son lo que importa, ¡sino los signos de interrogación! La duda no es una búsqueda para creer; la duda simplemente busca a tientas el misterio, lleva a cabo todo tipo de esfuerzos para entender lo inentendible, para comprender lo incomprensible... un esfuerzo a tientas.

Si buscas, si indagas, sin llenarte de creencias prestadas, sucederán dos cosas: la primera es que nunca tendrás creencia alguna. Recuerda, la duda y la incredulidad no son sinónimos. La incredulidad tiene lugar únicamente cuando ya has creído, cuando te has engañado a ti mismo y a los demás. La incredulidad sólo aparece cuando la creencia ha penetrado en ti; es una sombra del creer.

Todos los creyentes son incrédulos, sean hinduistas, cristianos o jainistas. ¡Los conozco a todos! Todos los creyentes son incrédulos porque creer conlleva ser incrédulo, que es la consecuencia del creer. ¿Puedes creer sin incredulidad? Es imposible; no puede ser según la naturaleza de las cosas. Si quieres ser incrédulo, el primer requisito es creer. ¿Puedes creer sin que la incredulidad entre por la puerta de atrás? ¿O es que acaso puedes ser incrédulo sin creer en primer lugar? Cree en Dios e inmediatamente aparece la incredulidad. Cree en el más allá y surge la incredulidad. La incredulidad es secundaria, el creer viene en primer lugar.

Pero hay millones de personas en el mundo que sólo quieren creer; no aceptan la incredulidad. Yo no puedo ayudarles, nadie puede hacerlo. Si sólo te interesa creer, también tendrás que sufrir la incredulidad. Permanecerás dividido, quebrado, esquizofrénico. No podrás sentir la unidad orgánica; habrás impedido que suceda.

¿Cuál es mi consejo? Primero, dejar de creer. Abandonar las creencias, ¡son basura! Confía en la duda, ésa es mi sugerencia; no intentes ocultarla. Confía en la duda. Eso es lo primero que tienes que hacer, confiar en tu duda y ver cuán hermosa es, qué maravillosa confianza ha penetrado en ti.

No digo creencia, sino confianza. La duda es un don natural; debe provenir de Dios. ¿De dónde si no? Has de llevar la duda en ti... confiar en ella, confiar en tu cuestionamiento y no tener prisa por llenarla y ocultarla mediante creencias tomadas prestadas del exterior, de los padres, los sacerdotes, los políticos, de la sociedad y la iglesia. Tu duda es algo hermoso porque es tuya; es algo hermoso porque es auténtica. Algún día, de esta duda auténtica florecerá la flor de la auténtica confianza. Será un florecimiento interior, y no una imposición del exterior.

Ésa es la diferencia entre creer y confiar; la confianza crece en tu interior, en tu interioridad, en tu subjetividad. La confianza es interna, al igual que la duda. Y sólo lo interior puede transformar lo interno. La creencia proviene del exterior; no puede servir de ayuda porque no alcanza el centro de tu ser, que es donde está la duda.

¿Cómo empezar? Confiando en tu dudar. Ése es mi método para obtener confianza. No creas en Dios, no creas en el alma, no creas en el más allá. Confía en tu duda, y la conversión habrá empezado al momento. La confianza es una fuerza tan poderosa que incluso si confías en tu duda la habrás iluminado. Y la duda es como la oscuridad. Esa pequeña confianza en la duda empezará a cambiar tu mundo interior, el paisaje interno.

¡Y cuestiona! ¿Qué has de temer? ¿Por qué tanta cobardía? Cuestiona... cuestiona todos los budas, cuestióname a mí, porque si existe alguna verdad, no temerá tu cuestionamiento. Si los budas son verdaderos, serán verdaderos; no necesitas creer en ellos. Cuestiónalos... y un día verás que la confianza ha surgido.

Cuando se duda y se duda hasta el fin, el resultado más lógico es que más tarde o más temprano tropezaremos con una verdad. La duda anda a tientas por la oscuridad, pero la puerta existe. Si el Buda pudo llegar a la puerta, si Jesús también pudo hallarla, si yo puedo encontrarla, ¿por qué no vas a poder tú? Todo el mundo puede llegar hasta la puerta, pero tienes miedo de andar a tientas, así que te limitas a sentarte en un rincón oscuro creyendo en alguien que ha encontrado la puerta. No conocemos a ese alguien, sólo has oído hablar de él a otros que a su vez lo han escuchado de boca de otros, y así sucesivamente.

¿Cómo es que crees en Jesús? ¿Por qué? ¡Si no le has visto! Y aunque le hubieses visto, no te habrías dado cuenta de que era él. El día que fue crucificado fueron miles los que se reunieron para verle, ¿y sabes lo que hicieron? ¡Le escupieron en la cara! Puede que tú también estuvieses en esa multitud, porque no eran diferentes de nosotros. La humanidad no ha cambiado.

Contamos con mejores carreteras y vehículos para que nos lleven de un sitio a otro, mejor tecnología –el hombre ha caminado por la Luna–, pero no ha cambiado. Por eso digo que muchos de vosotros podríais haber estado en la multitud que escupió a Jesús. No habéis cambiado. ¿Cómo podéis creer en Jesús? Le escupisteis en la cara cuando estaba vivo, ¿y ahora creéis en él, al cabo de dos mil años? Es un esfuerzo desesperado por ocultar vuestra duda. ¿Por qué creéis en Jesús?

Hay una sola cosa que si desapareciese de la historia de Jesús, todo el cristianismo se vendría abajo. Si una cosa, una sola cosa, como el fenómeno de la resurrección –tras ser crucificado y permanecer muerto durante tres días, Jesús regresó–; si sólo eso desapareciese, todo el cristianismo desaparecería. Creéis en Jesús porque tenéis miedo a la muerte, y él parece ser el único hombre que ha regresado de la muerte, que la ha derrotado.

El cristianismo se ha convertido en la mayor religión del mundo. El budismo no podrá ser tan importante, por la sencilla razón de que el miedo a la muerte ayuda a la gente a creer en Cristo más que en el Buda. De hecho, hay que tener agallas para creer en el Buda, porque el Buda dice: «Te enseño la muerte total». No está satisfecho con la muerte pequeña. Dice: «Esta muerte pequeña no sirve, porque regresarás. Yo te enseño la muerte *total*, la muerte suprema. Enseño la aniquilación, de manera que nunca tengas que regresar, para que desaparezcas, para que te disuelvas en la existencia, para que no existas más, nunca más; para que no quede rastro de ti».

El budismo desapareció en la India, totalmente. Un país del que se dice que es tan religioso, y el budismo desapareció por completo. ¿Por qué? Porque la gente cree en religiones que enseñan que viviremos tras la muerte, que el alma es inmortal. El Buda decía que lo único que valía la pena realizar es que no se es. El budismo no podía sobrevivir en la India porque no ofrecía un refugio contra el miedo.

El Buda no le dijo a la gente: «Creed en mí». Por eso su enseñanza desapareció de la India, porque la gente quiere creer. La gente no quiere verdades, quiere creencias.

Creer es fácil. La verdad es peligrosa, ardua, difícil; tiene un precio. Uno tiene que buscar e indagar, y sin garantías de que se hallará, sin garantías de que exista verdad alguna en ningún sitio. Puede que no exista.

La gente quiere creer, y el último mensaje del Buda al mundo fue: *«Appo dipo bhava»*, «Sé tu propia luz». Sus discípulos lloraron, diez mil *sannyasins* le rodeaban... estaban tristes, claro está, y vertieron lágrimas; su maestro se iba. Y el Buda les dijo:

–No lloréis. ¿Por qué lloráis?

Ananda, uno de los discípulos, dijo:

–Porque nos dejáis, porque erais nuestra única esperanza, porque teníamos la esperanza de que a través de vos podríamos obtener la verdad.

Para responder a Ananda, el Buda dijo:

–No te preocupes por eso. Yo no puedo darte la verdad; nadie puede dártela, no es transferible. Debes alcanzarla por ti mismo. Sé tu propia luz.

Mi actitud es la misma. No necesitáis creer en mí. No quiero creyentes aquí. Quiero buscadores, pues el buscador es un fenómeno completamente distinto. El creyente no es un buscador. El creyente no quiere buscar, por eso cree. El creyente quiere evitar la búsqueda, por eso cree. El creyente quiere ser liberado, salvado, necesita un redentor. Siempre está buscando un mesías, alguien que pueda comer por él, masticar por él, digerir por él. Pero si soy yo el que come, a ti no se te pasará el hambre. Nadie puede salvarte excepto tú mismo.

Aquí lo que se necesitan son buscadores, indagadores, y no creyentes. Los creyentes son la gente más mediocre del mundo. Así que olvidaos de creer, pues os estáis buscando problemas. Empezáis creyendo en mí, y entonces surge la incredulidad, porque no estoy aquí para satisfacer vuestras esperanzas.

Yo vivo a mi manera, y no os tengo en cuenta. No tengo en cuenta a nadie, porque si empezamos a tener en cuenta a los demás, uno no puede vivir su propia vida de manera auténtica. Tened en cuenta algo y os convertiréis en farsantes.

George Gurdjieff solía decir a sus discípulos algo fundamental: «No tengáis en cuenta a los demás, si no no creceréis nunca». Y eso es lo que está sucediendo en todo el mundo, que todos se ponen a tener en cuenta a los demás: «¿Qué pensará mi madre?

¿Qué pensará mi padre? ¿Qué pensará la sociedad? ¿Qué pensará mi esposa, mi marido...?». ¿Qué puede decirse de los padres...? ¡Incluso temen a los hijos! Porque piensan: «¿qué pensarán nuestros hijos?». La gente tiene en cuenta a los demás, y entonces resulta que hay millones de personas a las que tener en cuenta. Si vamos por ahí teniendo en cuenta a todo el mundo, entonces nunca seremos individuos, sólo un batiburrillo. Con tantos compromisos como habéis adquirido, tendríais que haberos suicidado hace mucho.

Se dice que hay gente que muere a los treinta años y que los entierran a los setenta. La muerte sucede muy pronto. Creo que decir que a los treinta no es correcto, la muerte sucede incluso mucho antes. Alrededor de los veintiuno, cuando la ley y el estado te organizan, convirtiéndote en un ciudadano, ése es el momento en que muere una persona. De hecho, es cuando te reconocen como ciudadano: ahora ya no eres peligroso, ya has dejado de ser salvaje, ya no eres un bruto sin refinar. Ahora todo está bien en ti, todo correcto; ahora te han ajustado a la sociedad. Eso es lo que significa el que tu nación te conceda el derecho de voto: la nación puede estar ahora tranquila porque te ha destrozado la inteligencia, y por ello puedes votar. No hay nada que temer; ahora eres un ciudadano, un hombre civilizado. Has dejado de ser un hombre, ahora eres un ciudadano.

He observado que la gente muere alrededor de los veintiún años. A partir de entonces, la existencia es póstuma. En las tumbas deberíamos empezar por escribir tres fechas: nacimiento, muerte y muerte póstuma.

Se dice que una persona es ingeniosa cuando sabe resolver dificultades, y que es sabia cuando sabe cómo evitarlas. Sé sabio. ¿Por qué no cortarlo todo de raíz? No creas, y no habrá razón para ser incrédulo, y la dualidad nunca surgirá, y no necesitarás hallar una manera de salir de ello. Por favor, no os metáis en eso.

La verdad es individual, y la masa no se preocupa por la verdad. Le preocupa el consuelo; le preocupa la comodidad. La masa no consiste en exploradores, aventureros, en gente que se adentra en lo desconocido, valientes... que arriesgan sus vidas para hallar el significado de sus vidas y de la vida de todo lo que existe. La masa sólo quiere que le regalen los oídos con cosas agradables y cómodas, para así relajarse tranquilamente en esas palabras de consuelo.

La última vez que me acerqué por mi pueblo natal fue en 1970. Uno de mis antiguos maestros, con quien siempre había mantenido una relación cariñosa, se hallaba en su lecho de muerte, así que lo primero que hice fue dirigirme a su casa.

Su hijo me recibió en la puerta y me dijo:

—No le moleste, por favor. Está a punto de morir. Le quiere a usted, le ha estado recordando, pero sabemos que su presencia puede arrebatarle su consuelo. No le haga eso cuando está a punto de morir.

Yo le contesté:

—Si no estuviese precisamente a punto de morir habría hecho caso de tu consejo, pero ahora tengo que verle. Si justo antes de morir abandona sus mentiras y consuelos, su muerte tendrá un valor mucho mayor que el que ha tenido su vida.

Aparté al hijo a un lado y entré en la casa. El anciano abrió los ojos, sonrió y dijo:

—Me estaba acordando de ti y al mismo tiempo sentía miedo. Me enteré de que venías al pueblo y pensé que tal vez llegarías antes de que muriese y así podría verte por última vez. Pero al mismo tiempo sentí mucho miedo, ¡pues encontrarse contigo puede resultar peligroso!

Le dije:

—Ciertamente será peligroso. He venido en el momento justo. Quiero que acabe con todos sus consuelos antes de morir. Si puede morir inocente, su muerte tendrá un valor tremendo. Eche a un lado todo lo que sabe porque se trata de un conocimiento prestado. Aparte de sí a su dios porque sólo es una creencia. Aparte de sí la idea de cualquier cielo o infierno porque no son más que su codicia y su miedo. Ha permanecido aferrado a esas cosas durante toda su vida. Al menos, antes de morir, reúna el coraje suficiente... ¡ahora ya no tiene nada que perder!

»Un hombre moribundo no tiene nada que perder: la muerte lo hará todo pedazos. Es mejor que abandone sus consuelos por propia voluntad y que muera inocentemente, lleno de pasmo e interés, porque la muerte es la experiencia suprema de la vida. Es su auténtico crescendo.

El anciano dijo:

–Tenía miedo y ahora me pides lo mismo. He rendido culto a Dios durante toda mi vida, y ahora resulta que sólo es una hipótesis... Nunca lo he experimentado. He rogado a los cielos, y sé que ninguna de mis oraciones fue nunca contestada; no hay nadie para hacerlo. Pero ha sido un consuelo a través de los sufrimientos de la vida y de sus ansiedades. ¿Qué más puede hacer un hombre desvalido?

Le contesté:

–Ahora ya no está desvalido, ahora no hay ansiedad alguna, ni sufrimiento, ni problemas; todo eso pertenece a la vida. Ahora la vida se escurre de sus manos; tal vez pueda permanecer en esta orilla unos pocos minutos más. ¡Reúna valor! No vaya al encuentro de la muerte como un cobarde.

Cerró los ojos, y me dijo:

–Haré todo lo posible.

Toda la familia se hallaba reunida y estaban enfadados conmigo. Eran brahmanes de casta alta, muy ortodoxos, y no podían creer que el anciano estuviese de acuerdo conmigo. La muerte fue una conmoción tal que hizo pedazos todas sus mentiras.

Te puedes pasar la vida creyendo en mentiras, pero en la muerte sabes perfectamente bien que los barquitos de papel no te serán de gran ayuda en el océano. Es mejor saber que hay que nadar y que no se tiene barco alguno a mano. Aferrarse a un barquito de papel es peligroso; puede evitar que nades. En lugar de llevarte a la otra orilla, puede hacer que te ahogues.

Todos estaban enfadados conmigo, pero no pudieron decirme nada. El anciano cerró los ojos, sonrió y dijo:

–Es una desgracia que nunca te haya querido escuchar. Ahora me siento tan ligero, sin cargas. No tengo miedo alguno; no sólo no tengo miedo sino que siento curiosidad por morir y ver cuál es el misterio de la muerte.

Murió, y la sonrisa permaneció en su rostro.

3. LAS MÚLTIPLES CARAS DE LA MUERTE

En la historia de la mente humana se pueden hallar tres expresiones de muerte. Una de ellas es la del ser humano ordinario que vive apegado a su cuerpo, que nunca ha conocido nada mejor que el placer de la comida o el sexo, cuya vida no ha sido más que comida y sexo; que ha disfrutado de la comida, del sexo, llevando una vida muy primitiva; cuya existencia ha sido muy grosera, que ha vivido en el porche de su palacio, sin llegar a entrar nunca en él, y que ha pensado siempre que eso era la vida. En el momento de la muerte tratará de apegarse. Se resistirá a la muerte y luchará contra ella. La muerte llegará como una enemiga. Por eso en todas las sociedades del mundo la muerte aparece descrita como oscura y maligna. En la India dicen que el mensajero de la muerte es muy feo –oscuro, negro–, y que llega sentado en un búfalo grande e igualmente feo.

Ésa es la actitud normal. Esa gente ha errado; no han sido capaces de llegar a conocer todas las dimensiones de la vida. No han podido entrar en contacto con las profundidades de la vida y no han sabido volar hasta las cumbres de la vida. Se han perdido la plenitud y también la bendición.

Después está el segundo tipo de expresión de la muerte. A veces los poetas y filósofos han dicho que la muerte no es nada malo, que la muerte no es mala; que es apacible... un gran descanso, como dormir. Es mejor que la primera expresión. Al menos esas personas han conocido algo más allá del cuerpo; han llegado a conocer algo de la mente. No sólo se han alimentado de comida y sexo; no han invertido toda su vida sólo en comer y reproducirse. Han entrado en contacto con algo de la sofisticación del alma; son un poco más aristocráticos y cultivados. Dicen que la muerte es como un gran descanso; que uno está cansado, muere y descansa. Es descansada. Pero también ellos están lejos de la verdad.

Quienes han conocido lo más profundo de la vida, dicen que la muerte es divina. No sólo es un descanso, sino también una resurrección, una nueva vida y un nuevo comienzo; una nueva puerta que se abre.

Cuando Bayazid, un místico sufí, se moría, la gente que se había reunido a su alrededor –sus discípulos– se sorprendieron de repente porque cuando le llegó el último momento su rostro se tornó radiante, increíblemente radiante, con una hermosa aura. Bayazid era un hombre hermoso y sus discípulos siempre habían sentido ese aura a su alrededor, pero no con tanta intensidad. ¡Tan radiante!

Le preguntaron:

–Bayazid, dinos qué te sucede. ¿Qué te está ocurriendo? Danos tu último mensaje antes de irte.

Él abrió los ojos y contestó:

–Dios me da la bienvenida. Voy a su encuentro. ¡Adiós!

Cerró los ojos y dejó de respirar. Pero en el momento en que su respiración se detuvo sucedió una explosión de luz. La habitación se llenó de luz y luego ésta desapareció.

Cuando alguien ha conocido lo trascendente en sí mismo, la muerte no es sino otra cara de lo divino. Entonces la muerte se convierte en un baile.

La ilusión de la muerte es un fenómeno social. Hay que entenderlo en profundidad.

Ves morir a un hombre y entonces piensas que está muerto. Como tú no lo estás no tienes ningún derecho a pensar de esa manera. Es una tontería por tu parte haber llegado a la conclusión de que el hombre está muerto. Todo lo que puedes decir es: «No puedo determinar si es la misma persona tal y como la conocía yo antes». Decir cualquier otra cosa es peligroso y significa traspasar los límites de lo correcto.

Todo lo que uno puede decir es: «Hasta ayer, este hombre hablaba, ahora ya no habla. Antes solía caminar, ahora ya no camina. Lo que hasta ayer yo entendí que era su vida ya no continúa hoy. La vida que vivió hasta ayer ya no existe. Si hay alguna vida más allá, entonces que así sea; si no la hay, que sea lo que tenga que ser». Pero decir: «Este hombre está muerto» es ir demasiado lejos; es traspasar los límites. Uno sólo puede llegar a decir: «Este hombre ya no sigue vivo». Pues alguien que sabíamos que vivía ha dejado de hacerlo.

Emplear ese grado de negatividad está bien, pues eso es todo lo que conocíamos como su vida –sus luchas, sus amores, su comer y beber–, y ahora ya no está. Pero decir que el hombre está muerto es realizar una afirmación muy positiva. No estamos únicamente diciendo que fuese lo que fuese que se hallase presente en ese hombre ya ha dejado de estarlo, sino que decimos que ha pasado algo por encima de todo ello: este hombre está muerto. Estamos diciendo que el fenómeno de la muerte también ha ocurrido. Bastaría con que dijésemos que las cosas que antes sucedían alrededor de este hombre ya no tienen lugar. No sólo estamos diciendo eso, sino que también hemos añadido un nuevo fenómeno: que el hombre está muerto.

Nosotros, que no estamos muertos, que no tenemos conocimiento alguno de la muerte, rodeamos a esa persona, ¡y la declaramos muerta! La masa determina la muerte del hombre sin ni siquiera preguntárselo, ¡sin ni siquiera dejar que se pronuncie! Es como una sentencia parcial en un juzgado; la otra parte está ausente. El pobre tipo ni siquiera ha tenido la oportunidad de decir si estaba realmente muerto o no. ¿Comprendéis de qué estoy hablando?

La muerte es una ilusión social. No es una ilusión humana. La cuestión es que externamente sentimos que está muerto, pero se trata de un determinismo social, erróneo. En este caso, el fenómeno de la muerte está siendo determinado por personas no cualificadas. Nadie en la masa es un testigo adecuado porque nadie vio morir realmente a esa persona. ¡Nadie ha visto nunca morir a nadie! Nunca ha sido presenciado el acto de morir. Todo lo que sabemos es que hasta un cierto momento una persona está viva y que luego deja de estarlo. Eso es todo, más allá hay un muro. Hasta ahora nadie ha presenciado nunca el fenómeno de la muerte.

Incluso una persona cuya vida no ha sido más que una secuencia de comer, beber, dormir, moverse, discutir, amar, hacer amigos y crear enemistades, de repente, en el momento de la muerte, también percibe que la vida se le escurre entre los dedos. Que lo que había creído que era la vida no lo es en realidad. Ésos eran simplemente actos, visibles a la luz de la vida. Al igual que los objetos se ven en presencia de la luz, también la persona ha visto ciertas cosas cuando la luz de su interior estuvo presente. Tomó alimentos, hizo amigos, creó enemistad, construyó casas, ganó dinero y alcanzó una posición elevada; todo ello son cosas vistas a la luz de la vida. Ahora, en el momento de la muerte, se da cuenta de que se le escapan.

Así que ahora cree que se ha ido, que se muere y que pierde la vida para siempre. Ya ha visto morir a otras personas y la ilusión social de que el ser humano muere está grabada en su mente. Así que siente que se muere. Su conclusión también forma parte de esa misma ilusión social. Siente que se muere igual que otros han muerto antes que él.

Se ve a sí misma rodeada de sus seres queridos, de su familia y conocidos, que lloran amargamente. Ahora su ilusión empieza a confirmarse. Todo ello crea un efecto hipnótico en la persona. Toda esa gente –la situación es ideal–, el médico a su lado, el oxígeno preparado, toda la atmósfera de la casa ha cambiado, la gente llorando... Ahora esa persona está segura de su muerte. La ilusión social de que se está muriendo atenaza su mente. Los amigos y conocidos que la rodean empiezan a proyectar sobre la persona el hechizo hipnótico de que está a punto de morir. Alguien le toma el pulso. Todo ello convence a esa persona de que está a punto de morir, de que todo lo que siempre se ha hecho con los moribundos le está sucediendo ahora a ella.

Eso es hipnotismo social. La persona está totalmente convencida de que está a punto de morir, de que se está muriendo, de que se va. Esta hipnosis de muerte hará que se vuelva inconsciente, asustada y que esté horrorizada; le hará encogerse, sintiendo: «Estoy a punto de morir, estoy a punto de morir. ¿Qué debo hacer?». Superada por el miedo, la persona cerrará los ojos y en ese estado de miedo se volverá inconsciente.

De hecho, caer inconsciente es un mecanismo que solemos utilizar frente a todo lo que tememos. Si padecemos de dolor de estómago, por ejemplo, y si el dolor se hace insoportable, entonces caemos en la inconsciencia. Sólo es un truco que usamos para desconectar la mente, para olvidar el dolor. Cuando el dolor es demasiado agudo, caer inconsciente es un truco mental... pues no queremos seguir padeciendo el dolor. Cuando el dolor no desaparece, la única alternativa es desconectar la mente. Se "desconecta" para permanecer inconsciente del dolor.

Así pues, caer inconsciente es nuestra única manera de lidiar con el dolor insoportable. No obstante, recordad que no existe nada que se denomine «dolor insoportable»: sólo sentís dolor mientras resulta soportable. Tan pronto como alcanza un punto en que se vuelve insoportable, entonces desaparecéis; por eso nunca sentís dolores insoportables. No creáis una palabra si alguien dice que sufre un dolor insoportable, porque esa persona que os habla sigue consciente. Si el dolor se hubiese tornado insoportable estaría inconsciente. El truco natural hubiera funcionado y habría perdido la consciencia. Tan pronto como alguien traspasa el límite de lo soportable cae inconsciente.

Si incluso las enfermedades menores nos asustan lo suficiente como para caer inconscientes, ¿qué decir del pensamiento aterrador de la muerte? ¡La idea de la muerte nos mata! Perdemos la consciencia, y en ese estado inconsciente tiene lugar la muerte. Por lo tanto, cuando digo que la muerte es una ilusión no quiero decir que sea una ilusión que le suceda al cuerpo o al alma. Yo lo llamo ilusión social, un tipo de ilusión que hemos cultivado en todos los niños. Les adoctrinamos con la idea: «vas a morir, y así es como tiene lugar la muerte». Así que, para cuando el niño ha crecido, ya ha asimilado todos los síntomas de la muerte, y cuando dichos síntomas le son aplicables se limita a cerrar los ojos y cae en la inconsciencia. Está hipnotizado.

La técnica de la meditación activa es justo lo contrario. Se trata de una técnica para entrar conscientemente en la muerte. En el Tíbet esta técnica se conoce como *bardo*. Al igual que la gente hipnotiza a una persona en el momento de su muerte, de igual manera, la gente que utiliza el *bardo* proporciona sugerencias antihipnóticas a la persona moribunda. En el *bardo*, las personas reunidas alrededor de alguien que está a punto de morir le dicen: «No estás muriendo, porque nunca ha muerto nadie». Le proporcionan sugerencias antihipnóticas. No hay gemidos ni lloros; sólo eso. La gente se reunirá a su alrededor y el sacerdote del pueblo llegará y le dirá: «No estás muriendo, porque nunca ha muerto nadie. Partirás relajado y totalmente consciente. No morirás, porque nunca muere nadie».

La persona cierra los ojos y le es narrado todo el proceso: ahora su energía vital ha abandonado sus piernas, ahora sus manos, a continuación ya no puede hablar, y así... Y no obstante, se le dice que sigue siendo, que continúa, y se le siguen ofreciendo todas esas sugerencias, continuamente, que simplemente son antihipnóticas. Eso significa que tienen por objeto que la persona no se aferre a la ilusión social de que está a punto de morir. A fin de evitar que lo haga, la gente utiliza el *bardo* como antídoto.

El día en que este mundo cuente con una actitud sana frente a la muerte, entonces el *bardo* no será necesario. Pero somos gente muy malsana; vivimos en una gran ilusión, y a causa de esa ilusión es necesario el antídoto. Siempre que muere alguien, sus seres queridos deberían intentar que haga pedazos la ilusión de que está muriendo. Si pudieran mantener despierta a la persona, si pudieran recordárselo en cada instante...

Luego la conciencia se retira del cuerpo, pero no lo hace de golpe; todo el cuerpo no muere al mismo tiempo. La conciencia se encoge dentro y va abandonando las diversas partes del cuerpo poco a poco. Se retira por etapas, y todas las etapas de esta contracción pueden serle referidas a la persona agonizante a fin de mantenerle consciente.

Cuando un maestro zen se estaba muriendo reunió al resto de los monjes a su alrededor y les dijo:

–Quiero pediros algo. Ha llegado mi hora, pero siento que no tiene sentido morir como lo hace todo el mundo. Son muchos los que han muerto de la misma manera. No tiene gracia. Mi pregunta es: ¿Habéis visto morirse andando a alguien?

–No hemos visto a nadie hacerlo así, pero hemos oído que cierto místico murió andando –contestaron los monjes.

–Muy bien, ¡olvidaos de ello! Dejad que os pregunte lo siguiente: ¿Habéis visto algún místico morir cabeza abajo? –preguntó el maestro.

–Ni siquiera en sueños podríamos concebir algo así, por no hablar de haberlo visto –dijeron los allí reunidos.

–Muy bien –dijo el maestro–. Pues así será.

Se puso cabeza abajo y murió.

La gente que le rodeaba se asustó. Ver un cadáver desconocido ya resulta bastante atemorizador, pero intentar bajar un cadáver que se sostiene sobre la cabeza es todavía peor. El maestro era un hombre peligroso. ¡En qué postura se había colocado...! Ya muerto nadie se atrevió a bajarlo y depositarlo sobre el féretro. Entonces alguien sugirió que llamasen a su hermana mayor, una monja que vivía en un monasterio cercano. Tenía fama de que cuando el maestro se comportaba mal de pequeño ella le cantaba las cuarenta.

Fueron a buscar a la hermana y la pusieron al corriente. Ella pareció molesta por todo el asunto.

–Siempre ha sido muy enredador. No ha abandonado sus viejas costumbres ni siquiera de viejo. ¡Ni siquiera a la hora de morir ha podido dejar de hacer una jugarreta! –dijo ella.

Así que la mujer, que tenía noventa años, cogió su bastón y se dirigió hacia donde estaba el cadáver de su hermano. Al llegar, golpeó con fuerza el bastón contra el suelo y exclamó:

–¡Deja de hacer tonterías! Si tienes que morirte, hazlo de la manera adecuada.

El maestro recuperó una postura normal y rió:

–Sólo me estaba divirtiendo –dijo–. Sentía curiosidad por ver qué es lo que iban a hacer todos éstos. Ahora me tenderé en el lecho y moriré de manera convencional.

Se tendió en la cama y murió.

Su hermana se alejó, diciendo:

–Ahora ya está bien. Disponed de él –dijo, sin mirar atrás–. Así es como se hacen las cosas. Hagáis lo que hagáis, hacedlo de la manera adecuada.

Así que nuestra ilusión de la muerte es una ilusión social. Si contáis con una pequeña experiencia de meditación –si alguna vez habéis tenido un pequeño atisbo de la verdad de que estáis separados de vuestro cuerpo, si la sensación de desidentificación con el cuerpo ha penetrado en vuestro interior aunque sólo sea por un momento– no estaréis inconscientes en el momento de la muerte. De hecho, entonces vuestro estado de inconsciencia ya habrá quedado deshecho.

Nadie puede morir con conocimiento, conscientemente, porque permanece consciente todo el tiempo de que no está muriendo, de que algo muere en él, pero que no es él. Observa su separación y finalmente descubre que su cuerpo está allí tendido, lejos de él, a distancia. Entonces la muerte se convierte simplemente en una separación; es como si se interrumpiese una conexión. Es como si fuese a salir de una casa, y sus moradores, inconscientes del mundo más allá de esas cuatro paredes, fueran a salir hasta la puerta y despedirme entre lágrimas, sintiendo que el hombre que han salido a despedir fuese a morir.

La separación del cuerpo y la conciencia es la muerte. Como existe esa separación, no tiene sentido llamarla muerte... es como soltar, romper una conexión. No es nada más que cambiarse de ropa. Así pues, alguien que muere con conocimiento nunca muere, y por ello la cuestión de la muerte nunca surge para él. Nunca llamaría muerte a una ilusión. Ni siquiera sabría decir quién muere y quién no. Sólo diría que lo que llamamos vida hasta ayer era meramente una asociación. Esta asociación se ha roto. Ahora ha empezado una nueva vida que, en el sentido anterior, no es una asociación. Tal vez sea una nueva conexión, un nuevo viaje.

Pero sólo puede morirse en un estado de conciencia cuando se ha vivido con conciencia. Si has aprendido a vivir conscientemente, podrás morir de la misma manera, porque el morir no es sino un fenómeno de la vida; tiene lugar en la vida. En otras palabras, la muerte es el suceso final de lo que entiendes que es la vida. No es nada que suceda fuera de la vida.

Es como un árbol que da fruto. Primero el fruto es verde, luego empieza a volverse amarillo. Cada vez es más amarillo hasta que finalmente es totalmente amarillo y cae del árbol. Esa caída del árbol no es un suceso aparte del proceso de maduración del fruto, sino que es la consumación final de la maduración.

La caída del fruto del árbol no es un suceso externo, sino más bien la culminación del proceso de amarilleamiento, de maduración, por el que ha pasado. ¿Qué sucedía cuando el fruto era verde? Se estaba preparando para enfrentar el mismo suceso final. Y ese mismo proceso continuaba cuando todavía ni siquiera había florecido en la rama, cuando seguía oculto en el interior de la rama. También en ese estado se preparaba para el suceso final. ¿Y cuando el árbol ni siquiera se había manifestado, cuando continuaba en el interior de la semilla? También entonces se estaba preparando el mismo suceso. ¿Y cuando la semilla ni siquiera había nacido y se hallaba oculta en algún otro árbol? También entonces se llevaba a cabo el mismo proceso.

Así pues, el suceso de la muerte forma parte de la cadena de acontecimientos que pertenecen a un mismo fenómeno. El suceso final no es el fin, es sólo una separación. Una relación, un orden, es reemplazado por otra relación, por otro orden.

4. ORIENTE Y OCCIDENTE, MUERTE Y SEXO

Hasta el presente, sobre la tierra han existido dos tipos de culturas, ambos inclinados hacia un lado y desequilibrados. Todavía no ha sido posible desarrollar una cultura total, completa y santa.

Ahora mismo, en Occidente, se ha dado completa libertad al sexo, pero –puede que no lo hayáis observado– la muerte ha sido suprimida. Nadie quiere hablar de la muerte; todo el mundo habla de sexo. Existe una vasta literatura pornográfica sobre el sexo. Existen revistas como *Playboy*, obscenas, morbosas, enfermizas y neuróticas. En Occidente existe una obsesión neurótica acerca del sexo ¿pero, y la muerte? Muerte es la palabra tabú. Si hablas de la muerte con alguien, la gente pensará que eres morboso: «¿Por qué hablas de la muerte?». Come, bebe, diviértete... ése es el lema. «¿Por qué sacas el tema de la muerte? Déjalo estar. No hables de ello».

En Oriente, el sexo ha sido suprimido, pero se habla de la muerte con libertad. Al igual que en Occidente hay una literatura sexual y obscenamente pornográfica, en Oriente también existe un tipo de pornografía distinta. Yo la llamo la pornografía de la muerte, tan obscena y morbosa como la sexual de Occidente. He leído escrituras que... Podéis hallarlas en cualquier sitio; casi todas las escrituras indias están llenas de pornografía de la muer-

49

te. Hablan demasiado de la muerte. Nunca hablan de sexo; la sexualidad es tabú. Hablan sobre la muerte.

Y los denominados *mahatmas* de la India no dejan de hablar de la muerte. Hacen continuos comentarios sobre ella. Si amas a una mujer, te dicen: «¿Pero qué estás haciendo? ¿Qué es una mujer? Sólo un saco de piel. Y dentro contiene todo tipo de cosas desagradables». Y empiezan a hablar de todas esas cosas repugnantes; parece que disfruten haciéndolo. Son morbosos. Hablan sobre las flemas del interior del cuerpo, de la sangre y la carne; hablan del estómago y del vientre, lleno de excrementos, de la vejiga llena de orina. «Eso es lo que es tu mujer tan preciosa. ¡Un saco de mierda! Y tú te vas a enamorar de un saco así. Ándate con ojo.»

Pero eso es algo que puede comprenderse: en Oriente, cuando quieren hacerte consciente de que la vida es sucia entonces echan mano de la mujer; en Occidente, cuando te quieren convencer de que es hermosa entonces también acuden a la mujer. No tenéis más que echar una ojeada a *Playboy*; sus chicas son de plástico, tan hermosas. Pero no existen en el mundo; no son reales. Son trucos fotográficos... en los que todo tiene que rehacerse y retocarse una y otra vez. Y resulta que se convierten en los ideales de miles de hombres que fantasean y sueñan con ellas.

La pornografía sexual depende del cuerpo de la mujer y la pornografía mortal también depende del cuerpo de la mujer. Y cuando dicen: «¿Te estás enamorando? Esa jovencita no tardará en envejecer. No tardará en convertirse en una vieja bruja. No te despistes y no te enamores, porque esa mujer morirá, y entonces llorarás y gritarás, y no harás más que sufrir». Si quieres crear nueva vida se necesita el cuerpo de una mujer. Si quieres hacer patente la muerte, también necesitas el cuerpo de una mujer.

El hombre parece estar continuamente obsesionado con el cuerpo de la mujer, no importa si son *playboys* o *mahatmas*. ¿Por qué? Siempre sucede igual: siempre que una sociedad suprime el sexo expresa la muerte; siempre que una sociedad suprime la muerte se vuelve expresiva acerca del sexo. Porque la muerte y el sexo son las dos polaridades de la vida. El sexo significa vida, porque la vida surge de él. La vida es un fenómeno sexual, y la muerte es su final.

Y si pensáis en ambos a la vez parece existir una contradicción; no podéis reconciliar sexo y muerte. ¿Cómo lograrlo? Es más fácil olvidarse de uno y recordar el otro. A vuestra mente le resultará muy difícil comprender cómo ambas cosas existen a la vez si recordáis ambas, y lo cierto es que existen juntas, son congruentes. De hecho, no son dos, sino la misma energía en dos estados: activa e inactiva, *yin* y *yang*.

¿Os habéis dado cuenta? Mientras le hacéis el amor a una mujer llega un momento de orgasmo en el que sentís miedo, estáis asustados, tembláis; es así porque en la cumbre del orgasmo la muerte y la vida coexisten juntas. Experimentáis la cumbre de la vida y la profundidad de la muerte. Cumbre y profundidad, ambas disponibles en el mismo momento... ése es el miedo del orgasmo. La gente lo desea porque es vida, y la gente lo evita porque es muerte. Lo desean porque es uno de los momentos más bellos, extático, y quieren escapar de él porque también es uno de los más peligrosos: porque la muerte nos muestra sus fauces.

Un hombre consciente vería inmediatamente que muerte y sexo son una única energía, y una cultura total, íntegra, santa, aceptaría ambas. No estaría desequilibrada; no se trasladaría a un extremo para evitar el otro. En cada momento sois vida y muerte. Comprenderlo es trascender la dualidad.

Sólo cuando una persona se hace consciente de la muerte es posible una vida de autodisciplina. Si sólo eres consciente del sexo, de la vida, y has estado evitando la muerte, escapando de ella, cerrando tus ojos a su realidad, manteniéndola siempre oculta en la inconsciencia, entonces no podrás crear una vida de autodisciplina. ¿Para qué? Entonces tu vida será una vida de indulgencias: comer, beber y pasarlo bien. No hay nada malo en ello, pero no es una imagen completa. Sólo es una parte, y cuando confundes la parte con el todo, te equivocas... te equivocas enormemente.

Los animales no tienen conciencia alguna de la muerte: por eso es imposible que un maestro de meditación pueda enseñarles algo. No hay ninguna posibilidad, porque ningún animal está preparado para la autodisciplina. El animal preguntaría: «¿para qué?». Sólo existe la vida, no hay muerte, porque el animal no es consciente de que vaya a morir. Si eres consciente de que vas a morir, entonces empiezas a replanteártelo todo acerca de la vida. Entonces querrás que la muerte sea absorbida en la vida.

La autodisciplina aparece cuando la muerte es absorbida en la vida. Entonces vives pero lo haces recordando la muerte. Te mueves de aquí para allá pero siempre sabes que te mueves hacia la muerte. Disfrutas, pero siempre sabes que eso no durará para siempre. La muerte se convierte en tu sombra, en parte de tu ser, en parte de tu perspectiva. Has absorbido la muerte... y entonces es posible la autodisciplina. A partir de ahora pensarás: «¿cómo vivir?», porque la vida no será ya el único objetivo; la muerte también formará parte de ella. «¿Cómo vivir?», de manera que puedas vivir y también morir de manera hermosa. «¿Cómo vivir?» para que la vida no sólo se convierta en un crescendo de gozo, sino para que la muerte sea lo más elevado, pues la muerte es el clímax de la vida.

Vivir de manera que seas capaz de vivir y morir totalmente, ése es el sentido de la autodisciplina. La autodiciplina no es supresión; es vivir una vida dirigida, una vida con un sentido de la dirección. Es vivir una vida totalmente alerta y consciente de la muerte. Entonces tu río de vida cuenta con ambas orillas. Vida y muerte, y el río de conciencia fluye entre ambas. Cualquiera que intente vivir la vida negando la muerte intenta discurrir a lo largo de una única orilla; ese río de conciencia no puede ser total. Le faltará algo; algo muy hermoso. Su vida será superficial, no habrá profundidad en ella. Sin la muerte no hay profundidad.

Y si vas a parar al otro extremo, como han hecho los indios, empiezan a vivir continuamente en la muerte: asustados, temerosos, rezando, haciendo todo tipo de cosas para intentar convertirse en inmortales, dejando de vivir. Eso también es una obsesión. También fluyen únicamente por una orilla; su vida también será una tragedia.

Occidente es una tragedia, Oriente es otra tragedia, porque una vida total todavía no ha sido posible. ¿Es posible tener una bonita vida sexual recordando la muerte? ¿Es posible amar, amar profundamente, sabiendo muy bien que vas a morir y que la persona amada también morirá? Si fuese posible entonces también sería posible una vida total. Entonces estaríamos totalmente equilibrados; entonces estaríamos completos. Entonces no nos faltaría nada; entonces estaríamos satisfechos, y sobre nosotros descendería un gran contento.

En Oriente se han desarrollado muchas disciplinas que permiten que una persona sepa de antemano cuándo va a morir. Pero ¿para qué preocuparse de ello? ¿Servirá para algo? ¿Qué sentido tiene?

Si preguntamos a los psicólogos occidentales, dirían que es algo anormal, una especie de morbosidad. ¿Por qué preocuparse de la muerte? Evítala. Sigue creyendo que la muerte no sucederá, al menos no a ti. Siempre le ocurre a algún otro. Has visto morir a gente, pero nunca te has visto morir a ti mismo, ¿para qué preocuparse, entonces? Puede que seas la excepción.

Pero nadie está excluido, y la muerte ya viene sucediendo desde tu nacimiento, así que no puedes evitarla. Ahora el nacer está más allá de tu poder. No puedes hacer nada al respecto; ya ha sucedido, ya ha pasado. Ya queda atrás, y no puedes evitarlo ni modificarlo. La muerte te aguarda por delante, y es posible hacer algo al respecto.

Toda religión oriental depende de la visión de la muerte, porque ésa es la posibilidad que va a suceder. Si lo sabes de antemano, entonces las posibilidades son tremendas. Se abren muchas puertas. Puedes morir a tu manera. Puedes morir dejando tu propia rúbrica al hacerlo. Puedes arreglártelas para no volver a nacer... Ése es todo el significado.

No se trata de morbosidad. Es algo muy científico. Cuando alguien va a morir, es una tontería no pensar en la muerte, no meditar en ella, no concentrarse en ella, no comprenderla profundamente.

Va a suceder. Y si lo sabes, es mucho lo que se puede hacer.

Patañjali, el fundador del Yoga, dice que puede conocerse de antemano incluso la fecha exacta, la hora, el minuto y el segundo de la muerte. Si sabes exactamente cuándo va a llegar la muerte, puedes prepararte. Hay que recibir a la muerte como a una gran invitada. No es una enemiga. De hecho, es un don de Dios. Es una gran oportunidad. Puede convertirse en un gran progreso; si puedes morir alerta, consciente, atento, nunca volverás a nacer, y nunca volverá a tener lugar la muerte. Si no, volverás a nacer. Si no haces más que perder la oportunidad entonces nacerás una y otra vez, a menos que aprendas la lección de la muerte.

La intensidad de la muerte es tal que casi siempre la gente cae en la inconsciencia. No pueden soportarla. En el momento en que llega la muerte están tan asustados, tan llenos de ansiedad, que para evitarla se tornan inconscientes. Casi el noventa y nueve por ciento de las personas que mueren lo hacen inconscientes. Pierden la oportunidad.

Conocer la muerte de antemano es un método para ayudar a prepararte, de manera que cuando te llegue estés totalmente alerta y consciente, a la espera, listo para ir con ella, listo para rendirte y para abrazar la muerte. Una vez que hayas aceptado la muerte con atención, no habrá más nacimientos para ti, habrás aprendido la lección. No habrá más vuelta al colegio. La vida es sólo un colegio, una disciplina; una disciplina para aprender la muerte. Eso no es morbosidad.

Antes de que muera una persona sucede algo, casi nueve meses antes. Por lo general no somos conscientes porque el fenómeno es muy sutil. Digo «casi nueve meses» porque no siempre es así. Depende: sería como el tiempo entre la concepción y el nacimiento. Si naciste tras permanecer en la matriz diez meses, entonces serán diez meses. Si naciste al cabo de siete, entonces serán siete meses. Depende del tiempo transcurrido entre la concepción y el nacimiento.

Exactamente ese mismo tiempo antes de la muerte hay algo que hace "clic" en el *hara*, el centro del ombligo. Tiene que hacer "clic" porque entre la concepción y el nacimiento existe un lapso de nueve meses. Nueve meses te costó nacer, y exactamente el mismo tiempo te costará morir. Igual que te preparaste nueve meses en el vientre de tu madre antes de nacer, también deberás prepararte nueve meses para morir. Entonces se completará el ciclo. Sucederá algo en la zona del ombligo. Quienes permanezcan atentos sabrán de inmediato que algo se ha roto en esa zona, que la muerte se cierne sobre ellos. Aproximadamente nueve meses...

También hay otros presagios y portentos. Exactamente seis meses antes de morir una persona es cada vez más incapaz de verse la punta de la nariz porque sus ojos empiezan a girar hacia arriba, muy lentamente. Con la muerte se vuelven totalmente hacia arriba, pero empiezan a hacerlo antes de morir. Cuando nace un niño le cuesta casi seis meses –es lo normal, aunque pueden haber excepciones– fijar la vista. Mientras tanto, sus ojos están sueltos. Por eso los niños pueden juntar ambos ojos cerca de la nariz y separarlos llevándolos hacia las esquinas con facilidad. Porque todavía tienen los ojos sueltos. El día que se fijan... llega al cabo de seis, nueve o doce meses, que es el tiempo que restará para morir en el proceso inverso. Entonces los ojos empezarán a soltarse y a girar hacia arriba.

Por eso los aldeanos de la India dicen –lo deben haber aprendido de los yoguis– que antes de que un hombre muera es incapaz de mirarse la punta de la nariz. Hay muchos otros métodos mediante los cuales los yoguis se observan continuamente la punta de la nariz. Se concentran en ella. Llega un día en que quienes se han concentrado en eso se dan cuenta de que no pueden verse la nariz. Entonces saben que la muerte se aproxima.

Según la fisiología yóguica, en el hombre existen siete centros. El primero está en los órganos genitales, y el último, el *sa-*

hasrar, en la cabeza. Entre ambos hay otros cinco. Cuando se muere, se muere desde un centro específico. Eso demuestra el crecimiento que ha tenido lugar en esta vida. La gente normal muere a través de los órganos genitales porque durante toda su vida han vivido concentrados en dicho centro, pensando continuamente en sexo, fantaseando sobre sexo y haciéndolo todo por mor del sexo, como si toda la vida pareciese estar centrada en el centro sexual. Esas personas mueren a través del centro sexual. Si se ha evolucionado un poco y se ha llegado a amar yendo más allá del sexo, entonces se muere desde el centro del corazón. Si se ha evolucionado por completo, si uno se ha convertido en un *siddha*, entonces se muere desde el *sahasrar*. El centro desde el que se muere tendrá una apertura, y toda la energía vital será liberada desde allí.

En la India se ha convertido en algo simbólico el que cuando muere una persona y se la coloca en la pira funeraria, se le golpea la cabeza. Es simbólico porque si la persona ha realizado lo supremo, entonces la cabeza se le abrirá por sí misma; pero no es así. Pero lo esperamos y rezamos y le rompemos la cabeza. Así se abre el punto de la liberación de energía y podemos verlo.

Algún día, cuando la ciencia médica occidental se haga consciente de la fisiología yóguica, también pasará a formar parte de todas las autopsias, a fin de descubrir de qué murió cada persona. Ahora sólo pueden saber si murió de muerte natural, o si fue envenenada, asesinada, o si se suicidó... todo cosas ordinarias. Pero pasan por alto lo más básico, que es cómo murió esa persona: desde el centro sexual, el del corazón o el *sahasrar*. ¿Desde dónde murió? Existe la posibilidad –y los yoguis han trabajado mucho en ello– de que pueda observarse en el cuerpo, porque ese centro en particular se abre, como si se rompiese un huevo y algo saliese de allí. Tres días antes de morir tiene lugar una cierta actividad o un movimiento en lo alto de la cabeza.

Esas indicaciones pueden prepararte para recibir la muerte, y si sabes cómo recibirla, con una gran celebración, con gran alegría y deleite –casi danzando en éxtasis–, entonces no nacerás más. Habrás aprendido la lección. Habrás aprendido lo que tenías que aprender en esta tierra. Ahora estarás listo para ir más allá, a una misión más grande, a una vida más grande e ilimitada. Ahora estarás listo para ser absorbido por el cosmos, por el todo. Te lo habrás ganado.

5. ASUNTOS PENDIENTES

Cuando deseas algo que no tienes, ese deseo sigue molestándote mientras permanezca insatisfecho. Entonces, ¿por qué debería regresar al mundo una persona una vez que se apagan todos sus deseos? Pero la cuestión es que regresamos porque morimos insatisfechos. Y eso sucede muchas veces. Sucede porque seguís interesados en una felicidad mundana; porque todavía albergáis deseos que os gritan: «¿Adónde vas? ¡Vuelve aquí!». Nadie os envía de vuelta a este mundo, sois vosotros mismos los que regresáis a causa de vuestros deseos. El cuerpo se queda atrás pero regresáis con la misma mente y volvéis a empezar el viaje. Entráis en otro vientre y repetís la misma rutina.

La muerte que se convierte en el medio para obtener otro nacimiento no es de hecho una muerte real. El místico Kabir dice que es una «muerte incompleta». Es una muerte inmadura. Porque no te has convertido en sabio y no has muerto una muerte madura. Porque no has alcanzado la sabiduría y no has muerto de manera madura. La sabiduría no va emparejada necesariamente con la vejez. El cabello se vuelve gris porque es natural que así sea, pero existe una gran diferencia entre alcanzar la sabiduría y que peines canas. La sabiduría sólo se alcanza cuando los propios deseos envejecen y se vienen abajo, sólo cuando los deseos dejan de existir.

Los animales envejecen, los árboles también, y a ti también te ocurrirá un día. También morirás un día. Pero el hombre cuyos deseos envejecen, el hombre que sabe lo que son los deseos, el hombre cuyos deseos mueren, es aquél que alcanza la sabiduría. La muerte de un hombre así es totalmente diferente. Kabir muere, el Buda muere y tú también mueres, pero existe una diferencia cualitativa entre tu muerte y la de Kabir, entre tu muerte y la del Buda.

Kabir dice que en este mundo todos mueren pero que nadie muere de manera correcta y adecuada. Dice, igual que han dicho otros hombres iluminados, que morir es un arte.

Puede que nunca hayas pensado en la muerte desde ese punto de vista; que ni siquiera consideres que la vida es un arte. Vives como un tronco que flota en el río, siendo arrastrado cada vez que lo mueve la corriente. Tu vida es una tragedia, no un arte. Ni siquiera te paras a pensar antes de dar un paso.

Si alguien te pregunta: «¿por qué has hecho eso?», no tienes respuesta. Aunque prepares una respuesta, en tu interior sabes muy bien que no la hay. Vives como si fueses a tientas en la oscuridad. Tu vida no es un arte. Por eso no sabes lo que es la belleza, o lo que pueda ser la verdad o el gozo. No experimentas ninguna de esas cosas. Te sientes como si te hubieras pasado la vida vagando por un desierto; te sientes como si no hubieras logrado nada en la vida.

Pero todo eso resulta muy normal porque tu vida no es una obra de arte. Si lo fuese, podrías haber convertido tu vida en una bella escultura. Podrías haberle dado una forma definida; podrías haberla limpiado, pulido y extraído de ella su belleza intrínseca. Si hubieras quemado toda la basura de tu vida ahora ya habrías alcanzado la pureza del oro. Si hubieras picado toda esa piedra innecesaria, cada miembro de la estatua sería ahora puro arte. Podrías haber creado una bella escultura con tu vida, una bella obra de arte. Pero no, a pesar de todas las cosas que has hecho en la vida, no has logrado nada sustancial.

Tu vida no es arte, de ninguna manera, y Kabir dice que incluso la muerte debe ser totalmente arte. La muerte es tan arte como la vida. Y la muerte es una prueba. Si has vivido correctamente, podrás morir de la misma manera.

Si no ha sido así, no podrás morir correctamente. La muerte es la ofrenda final. La más elevada; es la culminación. La muerte es la esencia y la floración de la vida. ¿Cómo puede ser correcta tu muerte si has vivido la vida erróneamente? ¿Cómo puede tu muerte estar llena de sentido si tu vida ha sido un despilfarro? ¿Cómo puede dar fruto un árbol con las raíces podridas? Es imposible.

¿Cuál es el secreto del arte de la vida? Vivir totalmente consciente. No andes a tientas en la oscuridad; no andes dormido; camina conscientemente. Hagas lo que hagas, sea lo que sea –aunque sea algo tan insignificante como abrir y cerrar los ojos– hazlo atentamente, conscientemente. ¿Quién sabe?, todo puede depender de esa diminuta acción, de abrir y cerrar los ojos. Puedes ir andando por la calle y ver una mujer, ¡y puedes llegar a pasarte la vida con ella! Permanece alerta, incluso cuando abras y cierres los ojos.

El Buda solía decir a sus discípulos que no mirasen más allá de un metro por delante de sus pies mientras andaban. «Es suficiente para cuando se anda», solía decir. No es necesario mirar alrededor y a los lados. Cuando completes el primer metro verás otro metro más. Es suficiente; así puedes llegar a viajar miles de kilómetros. ¿Qué necesidad hay de mirar alrededor? No miréis a todas partes. Un viaje así nunca tiene fin.

Si examinas tu vida verás que todo lo que te ha sucedido ha sido accidental y por azar. Algo sucede accidentalmente, y a causa de ese accidente cambia totalmente el curso de la propia vida. Caminabas por la calle, de camino hacia el templo, por ejemplo, y una mujer te sonrió. En lugar de alcanzar tu destino, llegaste a otro lugar. Te casaste con esa mujer, tuviste hijos. Estabas ansioso por casarte con ella, así que te viste atrapado en una enorme rueda que gira y gira sin cesar. ¿Nunca se te había ocurrido que todo ello sucedió por azar, accidentalmente? Si hubieras seguido el consejo que ofreció el Buda a sus discípulos, tal vez no habría sucedido nada de todo eso.

Para adquirir el arte de vivir es necesario que recuerdes lo siguiente: nunca actúes inconscientemente, nunca actúes dormido.

Nunca permitas que nada suceda por sí mismo. Primero obsérvalo de manera adecuada. Primero considéralo correctamente. Míralo con firmeza, con discreción y sabiduría, antes de ponerlo en marcha. Si así lo hicieras descubrirías que tu vida adquiere una especie de belleza, una cierta elegancia. Te convertirías en una especie de escultura; sería como cuando no existe separación entre el escultor y la piedra. Tú eres el escultor, tú eres la estatua, tú eres la piedra, y tú eres el cincel. Tú lo eres todo.

Si vives conscientemente descubrirás que el cincel ha hecho un buen trabajo. Que ha cincelado la piedra inútil, sin permitir que quedase ni una esquirla de más. El cincel ha acabado con todo lo superfluo, yendo directamente a la esencia. Y entonces, un día, descubrirás que has alcanzado el templo, que te has convertido en la divina escultura. Descubrirás que has alcanzado una especie de belleza, una profunda conciencia.

Si permaneces despierto y alerta hasta la muerte, habrás vivido correctamente. Y entonces también serás capaz de enfrentarte a la muerte de manera adecuada.

En su poesía, Kabir dice: «Muere, muere, todo muere». Kabir dice que todo en el mundo acaba muriendo, que la muerte es un suceso cotidiano y que tiene lugar en cada momento. Dice que estamos rodeados por todas partes por el mar de la muerte. Que todo se ahoga continuamente en él. «Nadie muere una muerte adecuada». Nadie muere de manera correcta. Kabir está diciendo que nadie muere conscientemente.

Lo que dice es: «Kabir se encontró con la muerte para no volver a morir». Ése es el arte. Ésa es la demostración de que ya no hay muerte. Si haces correctamente una cosa una vez, no tendrás que volver a hacerla. Sólo hay que volver a hacer una cosa cuando no se ha hecho correctamente la primera vez. La existencia nos proporciona una oportunidad tras otra de vivir correctamente. No hay prisa; hay tiempo por delante. Y mientras sigas cometiendo errores volverás a ser arrojado al mundo. Sólo serás atrapado en su red cuando regreses a la existencia con una experiencia completa de esta vida.

Eres como un niño que repite curso una y otra vez hasta que aprueba. Al niño le decimos que no pasará de curso hasta que apruebe el presente. La morada del amor permanece cerrada para ti de la misma manera, hasta que atravieses la vida.

El arte de la vida es atravesar la vida con éxito. Y el hombre que lo consigue ya no tiene nada que aprender en este mundo. Ha aprendido todo lo que podía aprenderse en este mundo de materia. Ha pasado por la ordalía de los anhelos y atravesado el fuego de los deseos. Entonces se abre para él la puerta hacia un curso superior; entonces puede ser admitido. Ha aprendido todo lo que había que aprender en este mundo, así que la puerta se cierra para él. Ya no puede regresar: «Kabir se encontró con la muerte para no volver a morir».

Vive de manera que no tengas que pasar por otro nacimiento y muere de manera que no tengas que pasar por otra muerte. Si hay nacimiento deberá haber muerte; la muerte será automática. Así que vive de manera que no exista otro nacimiento y tampoco habrá más muerte para ti.

Todo el mundo quiere salvarse de la muerte. ¿Puedes encontrar a alguien que no quiera salvarse de la muerte? ¿Por qué, si quiere, no puede salvarse? No podrás salvarte de la muerte mientras no quieras salvarte del nacimiento. Nacer es el otro extremo de morir. Si dices que quieres nacer una y otra vez estás diciendo tonterías. Todo eso significa que no has comprendido una sencilla regla aritmética: nacer es un extremo de la vida y morir es el otro.

El hombre que nace deberá morir. Lo que ha comenzado llegará a su fin. Pero si no hay fin tampoco puede existir un principio. Así que si deseas salvarte del fin, no desees el principio. No anheles el principio si lo que deseas es no empezar, el infinito. Intenta salvarte del comienzo.

En tu esfuerzo te servirán de ayuda incluso las pequeñas experiencias de la vida. La gente que viene a verme me dice: «Queremos salvarnos de sentirnos coléricos. ¿Qué podemos hacer?». Yo les digo que deben permanecer alerta desde el principio. Si la cólera ya se ha apoderado de ti, será muy difícil, casi imposible, evitarla o poder liberarte de ella. Deberás atravesarla. No existen diferencia en si lo haces rápida o lentamente, lo importante es que lo consigas. Llevará tiempo, pero todo lo que se empieza acaba por conseguirse en algún momento.

Quieres salvarte de la muerte, pero ni siquiera sabes dónde empieza la muerte. La gente cree que la muerte empieza en la vejez, cuando el cuerpo se queda incapacitado, cuando la medicina deja de ser eficaz o cuando los médicos resultan inútiles. Si eso es lo que piensas estás equivocado. Entonces deberás morir una y otra vez, y no podrás comprender la verdad acerca de la vida.

El principio de la muerte tiene lugar al nacer.

Si profundizas en este fenómeno también descubrirás que la muerte tiene lugar junto con la concepción. Cuando naces ya has estado muerto durante nueve meses, porque durante esos nueve meses ya has vivido en el vientre materno. Esos nueve meses que empiezan en el momento de la concepción están incluidos en el viaje hacia la muerte. Al nacer ya tienes nueve meses. Por eso la vejez ya se ha apoderado de ti. En realidad tu nacimiento empieza desde el momento en que tu esencia penetra en la matriz, y ese momento es también el inicio de la muerte.

Mueres cada día. No es algo que suceda al final de la vida.

La muerte no es un milagro, ni un truco de magia. La muerte es un proceso. Estás muriéndote lentamente, cada día, hasta que llegue el momento en que el proceso de morir cese. La muerte es el final de ese proceso. La muerte es el final del principio. Y es un proceso que ha durado mucho tiempo, ¡puede que casi setenta años!

Si quieres salvarte de la muerte, entonces intenta salvarte de entrar en otra matriz. Si no quieres entrar en otra matriz, entonces profundiza en ti mismo. Al hacerlo te darás cuenta, comprenderás cuál es el auténtico arte de la vida y la muerte; sabrás que vida y muerte son una sola cosa. Si no quieres entrar en otra matriz deberás salvarte de los deseos, de desear.

Un anciano que estuviese a punto de morir –que está al borde de la muerte pero todavía apegado a la vida–, diría: «Si pudiera contar con un poco más de tiempo para poder colmar todos mis deseos insatisfechos... Todavía no he acabado mi casa y tengo que ver casarse a mi hijo. Hay tantos otros deseos que quisiera ver colmados... Sólo he empezado a satisfacerlos hace poco tiempo. ¿Es justo que precisamente ahora me sea arrebatada la vida? Acabo de empezar a organizar mejor todos mis asuntos. Y tenía pensado tomarme unas vacaciones. Ahora que mis hijos ya son mayores y han empezado a ganarse la vida, pensaba en dedicar algún tiempo a venerar a Dios, a ir a la iglesia y cantar salmos».

Nunca hay nadie que lo haga, y sin embargo, al aproximarse la muerte, las personas siempre piensan: «Si hubiera tenido más tiempo habría venerado más a Dios. Me parece injusto que Dios se me lleve la vida sin dejarme colmar mis deseos».

Ésa es la dificultad que surge en el momento de la muerte. Los deseos de las personas no están colmados y el cuerpo está listo para abandonarlas. Así que esos deseos insatisfechos y no colmados buscarán de inmediato un nuevo nacimiento. Deben ser satisfechos. No puedes liberarte del mundo antes de que eso suceda. Tu deseo de un poco más de vida, de un poquito más, es la causa de otro nacimiento.

Así que compréndelo bien, el principio de la muerte no está realmente en la matriz, sino que sucede antes de que entres en ella. Esta cadena de muerte se inició cuando deseaste más vida en el momento de tu muerte anterior. Si profundizas en el fenómeno descubrirás que los deseos son los eslabones de la cadena de muertes. Siempre que alguien es joven o viejo tiene deseos que quiere colmar, y ésa es la causa de la serie de nacimientos y muertes. El Buda dijo continuamente: «Permanece libre de deseos y te liberarás del *samsara*, del mundo».

Así que no albergues ningún deseo. Sé feliz con lo que eres y permanece satisfecho. Así no existirán más nacimientos para ti. Debes morar en el contento, como si hubieras alcanzado tu objetivo; como si no hubiese más viajes que realizar; como si no hubiese adonde ir. No importa lo que logres, será más que suficiente. No debe existir deseo alguno de lograr más de lo que ya posees.

¿Cómo podrían tener lugar más nacimientos si consigues ese estado? Morirás totalmente satisfecho. Y quien muere totalmente satisfecho no tiene razón alguna para regresar. Una persona así conoce el arte de la muerte. Quien muere sin deseos conoce el arte de la muerte.

Kabir muere tras alcanzar la sabiduría y la plenitud. Muere tras conocer la realidad, la verdad. Y tú morirás sin conocerla. Morirás sin estar satisfecho, sin haber despertado y sin sabiduría. Morirás al envejecer; el iluminado muere tras alcanzar la sabiduría. Eso es lo que dice Kabir. Tú mueres en un estado de desesperación, pidiendo la ayuda de alguien y llorando en busca de médicos y medicamentos.

El ser humano muere pero no sabe cómo morir. Muere porque está indefenso. Intenta muchos trucos para no morir. Cree en las falsas seguridades ofrecidas por los astrólogos y los denominados hombres santos. Algunas personas incluso llevan amuletos en un intento por salvarse de la muerte. Intentan todo tipo de cosas para salvarse.

Envejecer no significa ganar en sabiduría. Alcanzar la sabiduría significa darse cuenta de que en esta vida no hay nada que merezca ser logrado ni guardado. Alcanzar la sabiduría significa haber explorado todos los deseos y descubrir que carecen de sustancia. Hacer el amor y descubrir que no es más que lujuria; descubrir que la naturaleza os utiliza como medio para la procreación de la especie. Habéis ganado dinero y descubierto que, aunque la sociedad lo considere algo valioso, no es más que gastados pedazos de papel. Habéis alcanzado una elevada posición y son cientos de miles los que alzan la mirada hacia vosotros, llenos de respeto y temor, pero os habéis dado cuenta de que esa posición no os ha reportado contento alguno, de que vuestra mente continúa descontenta.

Habéis escalado las alturas del ego y descubierto que allí sólo hay bajeza y mezquindad. Habéis vivido en palacios pero vuestra pobreza interna no ha desaparecido.

Podéis haberlo conseguido todo, logrado todo, pero sólo os convertiréis en una persona sabia cuando caigáis en la cuenta de que todo ello no vale nada. Sólo entonces comprenderéis que en la vida no hay nada que valga la pena alcanzar. A pesar de haber buscado por todos los rincones, habéis descubierto que en vuestra vida no hay nada que tenga sustancia.

Lo aprendéis a través de vuestra propia y vasta experiencia. No es algo que se aprenda escuchando a alguien, ni leyendo las palabras de Kabir o escuchándome a mí. De ninguna de esas maneras comprenderéis que el juego de la vida se lleva a cabo sumidos en la ignorancia. Sólo lo comprenderéis a través de vosotros mismos y de vuestra propia experiencia.

En este mundo no hay lugar para la persona iluminada. Aquí no tiene nada que hacer. Este mundo es un juego de niños; son niños los que juegan enfrascados en él. Cuando estéis iluminados os reiréis; entonces también veréis que sólo es un juguete. Entonces sabréis. Entonces estaréis iluminados. Y en el momento en que os deis cuenta de esto se romperá la cadena de los deseos.

Cuando llega la hora de morir hacéis todo lo posible por salvaros. Estáis aterrados y tembláis. Sois un océano de inquietud y agitación. Os veis arrastrados hacia la muerte; no queréis que la fuerza vital abandone vuestro cuerpo. Os aferráis al cuerpo todo lo posible y hay que separaros de él por la fuerza. Morís llorando; morís angustiados. Morís como hombres derrotados, totalmente desamparados.

Sentaos cerca de un hombre que esté muriendo y veréis los desesperados esfuerzos que hace por aferrarse a la vida. Hacedlo porque puede que no estéis lo suficientemente conscientes para verlo en el momento de vuestra propia muerte. El hombre agonizante trata de aferrarse a cualquier cosa para permanecer vivo un poco más y para quedarse en esta orilla un poco más. Ha llegado la llamada para partir procedente de la otra orilla, el barco os está esperando en esta orilla, el barquero os hace señas, os dice que os deis prisa: «Se le ha acabado el tiempo», dice, y pregunta: «¿Por qué se aferra a esta orilla?».

Entonces dices: «Por favor, espere un momento. ¡Déjeme disfrutar un poco más!». Has sido infeliz a lo largo de toda tu vida y no obstante deseas un momento más con la esperanza de alcanzar un poco de felicidad. Ésa es la tragedia.

Mueres insatisfecho y sediento. Has bebido agua de varios arroyos pero no has podido apagar la sed. Tu hambre es insaciable y no pudiste satisfacer tus gustos, y por ello tus deseos permanecen donde estaban. Tus deseos permanecen aunque hayas pasado por todo tipo de experiencias. Continúan molestándote hasta el momento de la muerte. Ese tipo de muerte es la que padece alguien ignorante y estúpido.

Si tras haber pasado por todo tipo de experiencias tus deseos empiezan a desaparecer y empiezas a reír, si comprendes que tratar de obtener felicidad de esta vida es como intentar obtener aceite de la arena... Si te das cuenta de que en esta vida no puede existir ningún tipo de relación auténtica y que no hay forma de obtener felicidad... Si ves que has estado vagando en vano, que has viajado en un sueño... Si te haces consciente de todo ello, entonces te habrás convertido en un ser sabio. Conviértete en sabio antes de morir. Ya has muerto muchas veces.

Cuando la muerte llama a tu puerta vete con ella totalmente consciente. Acompaña a la muerte como haría alguien iluminado. No llores ni grites como un niño al que le quitan un juguete. No seas infantil en el momento de tu muerte.

Muere con una sonrisa en el rostro.

Dile a la muerte: «Eres bien venida. Estoy preparado».

Y al decirlo no debe quedar en ti ni el más mínimo rastro de pesar. En realidad, si has llegado a conocer realmente la vida, en tu voz habrá gozo y éxtasis, y ningún rastro de pesar.

En una ocasión, un músico aficionado llegó a una población habitada por músicos. Todos se reunieron para escuchar al recién llegado. Era un principiante, estaba aprendiendo. Apenas sabía el ABC de la música, y no obstante tenía la costumbre de visitar lugares donde nadie sabía nada de música y, por tanto, sus escasos conocimientos siempre eran muy bien considerados. Pero este pueblo estaba lleno de expertos; la música clásica circulaba por sus venas.

Apenas hubo cantado la primera nota cuando todos los presentes gritaron: «¡Otra vez, otra vez!». Él no lo comprendió. Pensó: «¡Qué gente tan agradable! ¡Son grandes amantes de la música! Son exactamente como me habían dicho que eran». Así que volvió a cantar y de nuevo toda la sala gritó: «¡Otra vez!». Y así siguió, siete u ocho veces más.

A estas alturas ya le dolía la garganta y estaba exhausto. Así que dijo:

–Amigos míos, su amor me emociona pero, por favor, excúsenme. ¡No puedo más! Mi voz está a punto de quebrarse.

Entonces toda la audiencia dijo:

–¡Tendrás que seguir cantando hasta que lo hagas correctamente!

Durante todo el tiempo, el neófito había creído que los gritos de «¡Otra vez!» eran una alabanza a su arte. Pero el público estaba compuesto de expertos.

–Si se te quiebra la voz –gritaron–, entonces deja que se te quiebre, ¡pero tendrás que seguir cantando hasta que cantes bien!

A menudo sois enviados de vuelta al *samsara*, a este mundo, pero no creáis que es porque sois tan importantes que no puede pasarse sin vosotros. El hecho de que seáis devueltos es el mensaje de la existencia de que tenéis que seguir cantando hasta que aprendáis a cantar correctamente la canción de la vida. Necesitáis esta práctica y la repetición porque siempre regresáis sin estar completos. La existencia no acepta cosas incompletas, sólo lo completo.

El hombre que ha conocido la verdad de la vida se sentirá lleno de gozo ante la aparición de la muerte, porque pronto estará libre del abrazo del *samsara*, del abrazo del mundo. Este continuar aquí acabará en breve; este juguete será apartado.

Un hombre así es digno de viajar a ese lugar del que no hay regreso.

6. RESPUESTAS A PREGUNTAS

¿Hay vida después de la muerte?

Ésa es una pregunta errónea, y básicamente no tiene sentido. Uno nunca debería saltar más allá de uno mismo, pues se corre el riesgo de ir a caer sobre tu propia cara. Uno debe hacer la pregunta básica, hay que empezar por el principio. Mi sugerencia es: haz una pregunta más básica.

Podrías preguntar, por ejemplo: «¿Hay vida después del nacimiento?». Esa sería una pregunta más básica, porque son muchos los que nacen, pero pocos los que tienen vida. No se está vivo por el mero hecho de nacer. Sí, se existe, pero la vida es mucho más que existir. *Has* nacido, pero a menos que renazcas en tu ser, no estás vivo, nunca vives.

Nacer es necesario, pero no suficiente. Se necesita algo más, si no uno se dedica simplemente a vegetar, uno simplemente muere. Claro, se trata de una muerte gradual, de la que eres tan inconsciente que no te enteras. Desde el nacimiento a la muerte tiene lugar una larga progresión de muerte. Es muy raro cruzarse con una persona viva. Un Buda, un Jesús, un Kabir... están vivos. Y ése es el milagro: quienes están vivos nunca hacen la pregunta: «¿Hay vida después de la muerte?». Ya lo saben. Saben lo que es la vida, y mediante ese conocimiento la muerte desaparece. Una vez que sabes qué es la vida, la muerte no existe. La muerte sólo existe porque no sabes lo que es la vida, porque todavía eres inconsciente de la vida, de su eternidad. No has tocado la vida, y por ello existe el miedo a la muerte. En el mismo instante en que sabes lo que es la vida, la muerte se vuelve inexistente.

Ilumina una habitación oscura y la oscuridad desaparece; conoce la vida y la muerte desaparecerá. Una persona que está realmente viva simplemente se ríe ante la posibilidad de la muerte. La muerte es imposible; la muerte no puede existir en la naturaleza de las cosas. Lo que es permanece, siempre ha estado ahí. Lo que es no puede desaparecer. Pero no puede comprenderse teóricamente, hay que alcanzar esa experiencia existencialmente.

Por lo general esa pregunta permanece en la mente, la hagas o no. La pregunta es: «¿Qué sucede tras la muerte?». Y está ahí porque no ha sucedido nada antes de la muerte, por eso existe. Si la vida no ha tenido lugar ni siquiera tras el nacimiento, ¿cómo puedes creer y confiar en que suceda después de la muerte? Si no ha tenido lugar tras el nacimiento, ¿cómo puede tener lugar después de la muerte? Quien conoce la vida sabe que la muerte es otro nacimiento, y nada más. La muerte es otro nacimiento; una nueva puerta se abre. La muerte es el otro lado de la misma puerta que llamas nacer: de un lado la puerta se llama morir, del otro nacer.

La muerte conlleva otro nacimiento, otro principio, otro periplo, pero eso son sólo especulaciones para ti. Eso no significa gran cosa para ti a menos que sepas qué es la vida. Por eso te digo que hagas la pregunta adecuada. Una pregunta errónea no puede contestarse, y si se contesta sólo puede hacerse de manera errónea. Una pregunta errónea presupone una respuesta del mismo tipo. Estoy aquí para ayudaros a que sepáis algo, no para que os convirtáis en grandes especuladores, pensadores. La experiencia es el objetivo, no filosofar... y sólo la experiencia soluciona el acertijo.

Nacéis, pero no acabáis de hacerlo. Por eso es necesario un renacimiento; debéis nacer dos veces. El primer nacimiento es únicamente el nacimiento físico, y el segundo es el auténtico: el nacimiento espiritual. Debéis llegar a conoceros, a saber quiénes sois. Debéis haceros la siguiente pregunta: ¿Quién soy yo? ¿Y por qué no indagar en la propia vida mientras ésta está presente? ¿Por qué preocuparse de la muerte? De esa manera, cuando llegue podéis enfrentarla y conocerla. No perdáis la oportunidad de conocer la vida mientras ésta os rodea.

Si habéis conocido la vida, sin duda conoceréis la muerte, y entonces la muerte dejará de ser la enemiga, pues la muerte es una amiga. La muerte no es más que un profundo sueño. Al llegar la mañana, las cosas vuelven a empezar. La muerte no es más que un descanso... un tremendo descanso, un descanso necesario. Tras toda una vida de esfuerzos y cansancio, uno necesita un gran descanso. La muerte es regresar al origen, como en un sueño.

Cada noche morís una muerte pequeña. Lo llamáis sueño; sería mejor decir que es una muerte pequeña. Desaparecéis de la superficie, os adentráis en lo más profundo de vuestro ser. Estáis perdidos, sin saber quiénes sois. Os olvidáis del mundo, y de las relaciones y la gente. Morís una pequeña muerte, una muerte diminuta, pero incluso una muerte diminuta tiene el poder de haceros revivir. Por la mañana volvéis a estar llenos de brío y entusiasmo, repletos de vida, dispuestos a saltar en mil y una aventuras, listos para hacer frente al desafío. Pero por la noche volveréis a estar cansados.

Eso sucede a diario. Ni siquiera sabéis qué es el sueño, ¿cómo, entonces, podéis saber lo que es la muerte? La muerte es un gran sueño, un gran descanso tras toda una vida. Os revive, os refresca, os resucita.

¿Existe el infierno?

Le preguntó un ateo a un sacerdote... pues el sacerdote había dicho en su sermón de ese día que la gente que creía en Dios y que hacía actos virtuosos iba al cielo, y los que no creían en Dios y eran pecadores, iban al infierno.

Un ateo levantó la mano y preguntó:

73

–Padre, entonces hay una pregunta que debe ser contestada. ¿Adónde van aquéllos que no creen en Dios y no obstante hacen actos virtuosos? ¿Y quienes creen en Dios pero no obstante son pecadores?

El sacerdote no supo qué responder, claro está. Si decía que la gente virtuosa iba al cielo porque no creían en Dios, no parecía muy correcto. ¿Entonces qué sentido tendría ser virtuoso? Para eso más valdría creer en Dios y disfrutar de todos los pecados. ¿Para qué preocuparse en ser virtuoso? Si decía que quienes creyesen en Dios, aunque fuesen pecadores, irían al cielo, entonces sólo bastaría con creer. Si Dios no está interesado en lo que hacemos, entonces no lo está en nuestros actos. Puedes ir por ahí matando, puedes ser un Gengis Khan o un Adolf Hitler, y creer en Dios.

Recordad que Adolf Hitler creía en Dios. Gengis Khan creía en Dios, recordadlo. Antes de masacrar a miles de personas, cada día, a primera hora de la mañana, recitaba el Corán. Lo primero era la *namaz*, la oración, y luego cometía todo tipo de barbaridades y carnicerías.

El sacerdote debía ser una persona muy sensible y atenta, porque dijo:

–Por favor, concédame tiempo. La pregunta es difícil, no es nada fácil. Le contestaré el domingo que viene.

Aquellos siete días se convirtieron en un auténtico infierno para el cura; intentó reflexionar de este modo y del otro, pero nada parecía funcionar. Llegó el domingo, y supo que el ateo estaría allí, pero no presentarse resultaría humillante. Así que llegó un poco antes para rezarle a Jesucristo. «¡Ayúdame! Soy tu servidor, he hablado en tu nombre. Ahora ayúdame. ¿Cuál es la repuesta? ¡Qué de problemas me ha creado ese hombre!».

Mientras rezaba a Cristo se quedó dormido –no había dormido durante toda la semana, pensando todas las noches y los días– y tuvo un sueño. En el sueño vio un tren listo para partir hacia el cielo. Se subió a él y se dijo: «Esto es lo correcto. Puedo ir allí y verlo con mis propios ojos. Si veo a Adolf Hitler, Gengis Khan y a Tamerlán en el cielo, entonces la cuestión estará solucionada.

O si veo a Sócrates, que no creía en Dios pero era un hombre de los más virtuosos, o si veo al Buda Gautama, que no creía en Dios pero que ha sido una de las personas más santas que han caminado sobre la tierra, entonces la cuestión estará resuelta».

Subió corriendo al tren y éste partió. Llegó al cielo. Se quedó un poco sorprendido, perplejo, porque el cielo no parecía muy celestial; era muy triste, aburrido y apagado, sin alegría, luz ni canciones. Había oído hablar mucho de los ángeles que tocaban sus arpas, cantando y bailando. No había arpas por ningún lado, ni baile ni canciones. Sólo algunos santos de aspecto estúpido sentados bajo unos árboles y cubiertos de polvo.

Fue hacia el jefe de estación y le preguntó:

–¿Se trata de algún error? ¿Es esto el cielo?

–Sí, no hay tal error –respondió el jefe de estación.

–¡Pero si se parece más al infierno! ¿Hay algún tren que vaya al infierno? –preguntó–. Porque también me gustaría verlo, y así comparar.

Hizo una reserva, se subió al tren y de cabeza al infierno. Y al llegar se sorprendió todavía más que en el cielo. En el infierno había alegría, canciones y música, todo aparecía iluminado y soleado. La gente trabajaba, y sus miradas eran luminosas. Ni diablo, ni calderas ni nadie torturando a nadie, nada de todo eso vio. Así que dijo:

–¡Pero si esto parece el cielo!

Y el jefe de estación le contestó:

–Sí, así es ahora, pero antes solía ser tal y como aparece descrito en sus escrituras. Pero desde que han llegado el Buda, Mahavira y Sócrates, lo han transformado.

Todo depende de ti. El infierno no forma parte de una geografía, sino de tu psicología, y lo mismo vale para el cielo. Y no están en el futuro. Aquí y ahora alguien está viviendo en el cielo y otros en el infierno, y puede que estén sentados unos junto a los otros, incluso puede que sean amigos.

No te preocupes por el cielo o el infierno, son tus estados psicológicos. Si vives en la mente, vives en el infierno. Si vives en la no-mente, entonces vives en el cielo.

¿Por qué existe la muerte si Dios es bondad?

Uno ve a alguien muriendo e inmediatamente, en la mente aristotélica, surge un problema: ¿Por qué existe la muerte si Dios es bondad? ¿Por qué la pobreza? ¿Por qué el cáncer? Si Dios es bondad, entonces todo tendría que ser bueno. Si no es así, surge una duda: Dios no puede existir. O si existe entonces no puede ser bondad. ¿Cómo puede llamarse «Dios» a un dios que ni siquiera es bueno? Así pues, durante siglos, toda la teología cristiana ha estado ocupada con este problema; ¿cómo resolverlo? Pero se trata de algo imposible, porque no puede resolverse con la mente aristotélica. No puedes evitarlo pero tampoco disolverlo por completo porque es un producto de la estructura de esa mente.

En Oriente decimos que Dios no es bueno ni malo, y por ello cualquier cosa que sucede es que ocurre. No hay ningún valor moral impreso en ello; no puede decirse que sea bueno o malo. Puede calificarse de una u otra cosa dependiendo de la mente. A veces es bueno y a veces malo en relación a tu propia mente.

Mira... Adolf Hitler nació; si su madre le hubiese matado, ¿habría estado bien o mal? Ahora sabemos que si su madre le hubiese asesinado hubiera sido muy bueno para el mundo. Murieron millones de personas; habría sido mejor que muriese una sola. Pero si la madre de Adolf Hitler le hubiera matado, habría recibido un castigo tremendo. Podría haber sido condenada a muerte, o fusilada. Nadie podría haber dicho que el gobierno se había equivocado, porque matar a un hijo es un asesinato. ¿Os dais cuenta de las implicaciones?

Siempre que decimos que algo es bueno lo decimos según una cierta estrechez mental. Siempre que decimos que algo es malo también lo decimos según otra cierta estrechez mental.

¿A qué podré agarrarme frente a la muerte si abandono mis creencias?

Cuando la muerte llame a tu puerta sabrás que tus creencias han desaparecido. La creencia en la inmortalidad del alma no te servirá de nada cuando la muerte llame a tu puerta... llorarás y gemirás, y te aferrarás a la vida.

Cuando la muerte llegue te olvidarás de Dios; cuando la muerte llegue no podrás recordar la teoría –y sus complicadas implicaciones– acerca de la reencarnación. Cuando la muerte llame a tu puerta, echará abajo toda la estructura de conocimiento que habrás construido a tu alrededor. Te dejará totalmente vacío y con la conciencia de que toda tu vida ha sido desperdiciada.

La sabiduría es un fenómeno totalmente distinto; es experiencia, no creencia. Es experiencia existencial, no es nada "acerca de". No crees en Dios... lo sabes. No crees en la inmortalidad del alma... la has experimentado. No crees en la reencarnación... la recuerdas; recuerdas haber estado aquí muchas veces. Y si así ha sido en el pasado, también lo será en el futuro.

Recuerdas haber estado en muchos cuerpos; has sido una roca, un árbol, has sido animales, pájaros, has sido un hombre y una mujer. Has vivido en muchas formas. Ves cambiar las formas pero la conciencia interna sigue siendo la misma; sólo ves los cambios superficiales, pero lo esencial es eterno.

Eso es ver, no creer. Y todos los maestros auténticos están interesados en ayudarte a ver, no a creer. La sabiduría surge de tu interior, no es ninguna escritura sagrada. Empiezas a leer tu propia conciencia.

Me da la impresión de que el concepto cristiano del alma es lo mismo que usted denomina el «Yo» real, el testigo. ¿Por qué Jesús no habló de la posibilidad del alma reencarnada? Ésa parece ser la diferencia entre las religiones orientales y las occidentales. ¿Puede decir algo al respecto?

Jesús conocía perfectamente la reencarnación. En todos los evangelios aparecen referencias indirectas sobre el tema. Precisamente el otro día dije, citando a Jesús: «Soy antes de que Abraham fuese». Y Jesús dijo: «Regresaré». Y existen mil y una referencias indirectas sobre la reencarnación. La conocía perfectamente, pero hay una razón por la que no habló de ella, por la que no predicó sobre ella.

Jesús había estado en la India y visto lo que sucedía a causa de la teoría de la reencarnación. Esa teoría fue enseñada en la India casi cinco mil años antes de Jesucristo. Y es una verdad, no sólo una teoría; la teoría está basada en la verdad. El ser humano tiene millones de vidas. Lo enseñaron Mahavira, el Buda, Krishna, Rama, y todas las religiones indias están de acuerdo sobre ello. Te sorprendería saber que no están de acuerdo más que en esa teoría.

Los hinduistas creen en Dios y en el alma. Los jainistas no creen en Dios, sino sólo en el alma. Y los budistas no creen en el alma ni en Dios. Pero las tres corrientes creen en la reencarnación; incluso los budistas, que no creen en el alma. Es algo muy extraño... ¿Qué es lo que se reencarna entonces? ni siquiera *ellos* pueden negar el fenómeno de la reencarnación, aunque nieguen la existencia del alma; dicen que el alma no existe pero que la reencarnación sí. Y les resultó muy difícil demostrar la reencarnación sin el alma; casi imposible. Pero hallaron una manera. Es de muy difícil comprensión y muy sutil, claro está, pero parece que se han acercado mucho a la verdad, los que más.

Resulta fácil comprender que hay un alma y que cuando el cuerpo muere se abandona sobre la tierra y que el alma entra en otro cuerpo, en otro vientre; es sencillo, lógico, algo matemático. Pero el Buda dice que no hay alma, sino sólo un flujo continuo. Es como cuando enciendes una vela por la noche, y por la mañana, cuando la soplas, te preguntas: ¿Estoy soplando la misma llama que encendí anoche? No, no es la misma llama, y no obstante, existe una continuidad. Por la noche, cuando encendiste la vela había una llama, y esa llama ya no está ahí, esa llama está desapareciendo continuamente; está siendo sustituida por otra llama. La sustitución es tan rápida que no pueden aprehenderse los intervalos: una llama desaparece y otra aparece, que a su vez desaparece para dar paso a otra. Tienen que existir pequeños intervalos, pero no puedes verlos con los ojos.

El Buda dice que al igual que la llama de la vela no es la misma –cambia continuamente, aunque en otro sentido es la misma porque se trata del mismo flujo continuo–, igual que en ese caso, tampoco existe una entidad alma en ti como algo concreto, sino como una llama. Está cambiando continuamente, como un río.

El Buda no cree en los sustantivos, él sólo cree en los verbos, y yo estoy de acuerdo con él. Es el que más se ha acercado a la verdad, al menos en su expresión es el más profundo. ¿Pero por qué Jesús, Moisés, Mahoma –las fuentes de las tres religiones que han nacido fuera de la India– no hablan directamente de reencarnación? Pues por una cierta razón, y la razón es que Moisés era consciente... porque Egipto y la India han permanecido en continuo contacto. Se supone que antaño África formaba parte de Asia y que el continente fue separándose lentamente. La India y Egipto estaban entonces unidos, por eso todas esas similitudes. No es de extrañar que la India del sur sea negra; tienen sangre parcialmente negra en sus venas, son negroides... pero no del todo. Pero si África estaba unida a Asia entonces con toda seguridad debe haber tenido lugar la mezcla de arios y negros, y por eso el sur de la India se volvió negro.

Moisés debe haber sido perfectamente consciente de la existencia de la India. Os sorprendería saber que Cachemira afirma que tanto Moisés como Jesús están enterrados allí. Las tumbas allí están, una de Moisés y otra de Jesús. Por eso vieron lo que le sucedió a la India a causa de la teoría de la reencarnación.

A causa de la teoría de la reencarnación, la India se hizo muy letárgica; no hay prisa, la India no tiene sentido del tiempo, ni siquiera ahora. Aunque las gentes lleven relojes, no tienen ningún sentido del tiempo. Si alguien dice: «Vendré a verte a las cinco de la tarde», puede significar cualquier cosa. Puede aparecer a las cuatro, a las seis, o no aparecer, ¡y nadie se lo toma en serio! No es que no cumpla su promesa, ¡es que no tiene sentido del tiempo! ¿Cómo puedes tener sentido del tiempo si tienes disponible la eternidad? ¿Para qué tanta prisa cuando dispones de tantas vidas? Uno puede ir despacio; acabará llegando un día u otro.

La teoría de la reencarnación convirtió en letárgica a la India, en pesada. Hizo que la India perdiera la conciencia del tiempo. Ayudó a que la gente lo pospusiera todo. Y si puedes posponer las cosas para mañana, entonces hoy serás el mismo que fuiste y el mañana nunca llegará. Y la India sabe posponer no sólo para mañana sino incluso para la próxima vida.

Moisés y Jesús visitaron la India, y ambos eran conscientes. Mahoma nunca visitó la India pero era perfectamente consciente, porque estaba muy cerca de la India y porque siempre ha existido mucho comercio entre la India y Arabia. Decidieron que era mejor decirle a la gente: «Sólo hay una vida, es la *última* oportunidad –la primera y la última–; si la perdéis, la perdéis para siempre». Se trata de una estratagema para crear un anhelo intenso, para crear tal intensidad en las personas que puedan ser transformadas con facilidad.

Pero entonces surge la pregunta: ¿No eran conscientes de ello Mahavira, el Buda y Krishna? ¿No se dieron cuenta de que esa teoría de la reencarnación crearía letargo? Ellos pusieron en práctica una estratagema totalmente distinta. Y cada estratagema tiene su tiempo; una vez que se utiliza... no puede usarse para siempre. La gente se acostumbra a ella. Cuando el Buda, Mahavira y Krishna pusieron en práctica la estratagema de la reencarnación lo intentaron desde un ángulo totalmente distinto.

En aquellos tiempos, la India era un país muy rico. Se creía que era el país dorado del mundo, el más rico. Y en un país rico el problema más acuciante, el mayor de los problemas, es el aburrimiento. Eso es lo que sucede ahora en Occidente. Ahora Norteamérica se encuentra en la misma situación, y el aburrimiento, el hastío, se ha convertido en el principal problema. La gente está aburridísima, tan aburrida que quisiera morir.

Krishna, Mahavira y el Buda utilizaron esa situación. Le dijeron a la gente: «Eso no es nada, una vida aburrida no es nada. Habéis vivido muchas vidas y, recordad, si no escucháis, viviréis muchas más; os volveréis a aburrir una y otra vez. Es la rueda de la vida y la muerte girando sin cesar».

Pintaron el aburrimiento de manera tan terrible que la gente que ya se aburría con una sola vida se involucró profundamente en la religión. Uno tiene que desembarazarse de vida y muerte; tiene que salir de esa rueda, del círculo vicioso de nacimiento y muerte. Por eso tuvo tanta importancia en aquellos días.

Luego la India se volvió pobre. Una vez que el país se empobreció, desapareció el hastío. Un hombre pobre nunca está aburrido, recordadlo. Sólo los ricos pueden permitirse el aburrimiento; es privilegio de los ricos. Es imposible que un pobre sienta hastío; no tiene tiempo. Se pasa el día trabajando; cuando llega a casa está tan cansado que se duerme en seguida. No necesita muchos entretenimientos –televisión, películas, música, arte y museos–, no necesita nada de eso, porque NO PUEDE conseguirlos. Su único entretenimiento es el sexo: una cosa natural, innata. Por eso los países pobres se reproducen más que los ricos; es su único entretenimiento.

Si queréis reducir la población de los países pobres, ofrecedles más entretenimientos. Dadles televisores, radios, películas, algo que les distraiga del sexo.

He oído que las parejas norteamericanas están tan obsesionadas con la televisión que incluso la miran cuando hacen el amor. El amor pasa a ser secundario, la televisión pasa a ocupar el lugar preferente. No quieren perderse el programa que echan.

81

Un país pobre sólo conoce un entretenimiento porque no puede permitirse ningún otro. Sólo puede permitirse el que es natural, innato. Por eso los países pobres se reproducen tanto y cada vez son más populosos. Y no están hartos de la vida. ¿Qué clase de vida es la que tienen? Para estar harto de la vida necesitas tener una. Para estar harto del dinero necesitas tenerlo. Para estar harto de las mujeres necesitas tener muchas. Para acabar con el mundo necesitas tener muchas experiencias.

En el momento en que la India se hizo pobre, la teoría de la reencarnación se convirtió en una escapatoria, en una esperanza. En lugar de un hastío se convierte en una esperanza, en una posibilidad de posponer. «Soy pobre en esta vida. No tengo por qué preocuparme; hay muchas más vidas. En la próxima me esforzaré un poco más y seré más rico. En esta vida tengo una mujer fea. No me preocupa; sólo es cuestión de una única vida. La próxima vez no cometeré el mismo error. En esta ocasión estoy sufriendo por mis karmas pasados. En esta vida no cometeré ningún error para poder disfrutar de la siguiente». Y por eso todo se pospone.

Jesús se dio cuenta de que la estratagema ya no funcionaba de la manera en que se proyectó. La situación había cambiado. Jesús tenía que crear otra estratagema: sólo hay una vida, así que si quieres ser religioso, si quieres meditar, si quieres ser un buscador, *debes serlo ahora mismo*, porque no puedes confiar en el mañana. Tal vez no exista un mañana.

Por eso Occidente es consciente del tiempo; todo el mundo tiene prisa. Esa prisa la ha originado el cristianismo. La estratagema ha vuelto a fallar. Ninguna estratagema sirve para siempre.

Mi propia experiencia al respecto me dice que una estratagema en particular funciona únicamente mientras el maestro está vivo, porque él es su alma. La utiliza de tal manera que deja de funcionar en cuando desaparece el maestro, la estratagema deja de ser operativa o bien la gente empieza a desarrollar nuevas interpretaciones al respecto.

La estratagema ha fracasado totalmente en Occidente; ahora se ha convertido en un problema. La gente siempre tiene prisa, siente tensión y ansiedad, porque sólo disponen de una vida. Jesús quería que recordasen que como sólo había una vida debían recordar a Dios. ¿Y qué es lo que hacen? Al percatarse de que sólo hay una vida, quieren beber, comer y pasarlo bien, porque no hay nada más. Así que se divierten todo lo que pueden. ¡Sacadle todo el jugo a la vida ahora mismo! ¿A quién le importa lo que ocurra el Día del Juicio? ¿Quién sabe si ese día existe o no?

En Occidente hay mucha prisa para todo, porque no hay más vidas.

Mary y John viven en el mismo bloque de apartamentos en Nueva York. Un día se cruzan y se enamoran inmediatamente, pero no tienen contacto. Esa situación continúa así hasta que John no puede seguir manteniendo la tensión y un día le pide a ella que venga a su apartamento a tomar una copa. Ella responde afirmativamente, algo dubitativa, y tan pronto como llegan al piso y cierran la puerta se apresuran para llegar al dormitorio y echarse en la cama.

Al cabo de unos pocos minutos John trata de explicarse con voz ronca:

–Oye, lo siento mucho, pero si hubiera sabido que eras virgen te habría dedicado más tiempo.

Y Mary le contesta:

–Vaya, pues si yo hubiera sabido que tenías más tiempo, ¡me habría quitado los pantalones!

¡Qué prisas! La prisa es una manía que hace que todo tenga que ser cada vez más rápido. A nadie parece importarle adónde vayas, mientras vayas deprisa; y para ello inventan vehículos cada vez más rápidos.

Y todo este asunto tiene lugar a causa del truco de Jesús, que funcionó en sus tiempos. Entonces no hacía más que decirle a la gente: «¡Cuidado! El Día del Juicio está cerca. Vais a ver el fin del mundo en vuestra propia vida y no hay más vidas. ¡Y si perdéis esta oportunidad caeréis para siempre en el fuego del infierno!». Estaba creando una atmósfera psicológica. Funcionó mientras estuvo vivo y un tiempo después de que se hubiese ido. Y continuó funcionando porque sus discípulos más cercanos llevaban en ellos algo del clima creado por Jesús, un cierto aura, pero el asunto llegó a provocar el efecto contrario.

Creó la civilización más mundana que haya conocido el mundo. Y el objeto era que la idea de una sola vida hiciese que la gente fuese consciente de que debían buscar e indagar en busca de santidad y dejar de lado todos sus deseos y el resto de sus ocupaciones. Toda la vida debía convertirse en una búsqueda concentrada, en una indagación en pos de lo trascendente. Ésa era la idea tras la estratagema. Pero el resultado final es que la gente se ha vuelto totalmente mundana, porque no hay más vidas, ninguna otra... y por ello se dicen que hay que pasarlo lo mejor posible. Disfruta hoy, no lo dejes para mañana.

La estratagema india fracasó porque la gente se volvió letárgica. Funcionó con el Buda. Creó uno de los movimientos más grandes del mundo. Miles de personas renunciaron a sus vidas, se convirtieron en *sannyasins*. Eso significa que dedicaron toda su energía a la búsqueda de la verdad, porque creó una atmósfera de hastío tal que te hartarías si no seguías ese camino.

Pero lo que sucedió más tarde fue justamente lo contrario. Siempre sucede lo mismo. Los maestros suelen ser mal entendidos. Y la gente es tan artera, tan diplomática, que siempre halla maneras de destruir todas las estratagemas.

Jesús sabía perfectamente que la vida es eterna, que la reencarnación es un hecho. Lo mencionó de manera indirecta, tal vez lo habló con sus discípulos más próximos, pero no con las masas... por una sencilla razón: se dio cuenta de que había fallado en la India, y que había que intentar otra cosa.

Usted ha dicho que el Buda no habló de Dios porque no podía demostrarse. Y no obstante, luego habló de otras vidas y de reencarnación. ¿Cómo encaja todo ello con la ciencia? El Buda dijo que no hay alma. ¿Qué es lo que queda tras la muerte? ¿Qué es la reencarnación? Me ha parecido entender que pudiera ser lo carente de forma que queda, pero ¿puede tener una entidad individual? Nunca renace la misma ola.

Es una cuestión muy importante. Es una de las contribuciones más fundamentales del Buda a la conciencia humana: la idea del no-ser. Es muy compleja. Tendrías que permanecer muy silencioso y alerta para comprenderla, porque va contra todas las pautas según las que has sido condicionado.

Primero unas cuantas analogías, para que te hagas una cierta idea de lo que quería decir con no-ser. Tu cuerpo es un saco de piel. La piel define tu cuerpo; define dónde empezáis tú y el mundo, es como una demarcación a tu alrededor. Te protege del mundo, te separa de él, y te permite únicamente ciertas aperturas para entrar en el mundo o para dejar que éste entre en ti. De no ser por la piel no podrías existir. Perderías tus límites respecto a todo lo que te rodea. Pero no eres tu piel. La piel no hace más que cambiar.

Es como la serpiente, que sale de su vieja piel de vez en cuando. Tú también cambias de piel muchas veces. Si le preguntas a los médicos te dirán: «Si un hombre vive setenta años, entonces cambiará de piel completamente unas diez veces». Pero el proceso es muy lento, y por ello nunca eres consciente. La parte que cambia es tan pequeña que nunca te das cuenta; no tienes una conciencia tan sutil. El cambio es muy sutil. La piel va cambiando y no obstante sigues pensando que es tu cuerpo, el mismo cuerpo. No es el mismo cuerpo, es un flujo.

Cuando estabas en el vientre de tu madre, el primer día eras una simple célula, invisible a simple vista. Eso era tu piel y tu cuerpo por entonces. Luego empezaste a crecer. Naciste al cabo

85

de nueve meses, y ya tenías un cuerpo totalmente distinto. Si de repente te hubieses visto con un día de vida, acabado de nacer, no hubieras podido reconocerte. Estabas muy cambiado. Pero no obstante sigues creyendo que eres el mismo. En cierta manera así es, porque eres el mismo flujo. En cierta manera no eres el mismo, porque has estado cambiando continuamente.

Con el ego pasa lo mismo que con la piel. La piel da a tu cuerpo una pauta, una definición, un límite. El ego hace lo mismo con el contenido de tu mente. El ego es la piel interna para que sepas quién eres; si no estarías perdido, no sabrías quién eres, ni quién soy yo, ni nadie.

La idea del ser, el yo, el ego, te proporciona una definición de tipo utilitario. Te separa claramente de los demás. Pero también es una piel, muy sutil, que sujeta todo el contenido de tu mente: tu memoria, pasado, deseos, planes, futuro, presente, amor, odio, rabia, tristeza y felicidad, guardándolo todo en una bolsa. Pero tampoco eres ese ego. Porque también el ego cambia, incluso más que la piel. Cada instante es cambio.

El Buda utiliza la analogía de una llama. Se enciende una lámpara, ves la llama, pero se trata de un flujo en continuo cambio, nunca es la misma. Por la mañana, cuando apagas la luz, no estás apagando la misma llama. Ha cambiado continuamente durante la noche.

Cada instante de la llama desaparece con el humo, siendo sustituida por una llama nueva. Pero el cambio es tan rápido que no puedes percibir la ausencia mientras una llama desaparece y aparece la otra. Una se va y otra llega. El movimiento es tan rápido que no puedes ver interrupción entre ellas. Pero se trata de un flujo continuo; no es la misma llama. Pero no obstante, en cierta manera sí que es la misma llama porque es el flujo de la misma llama. Nace de la misma llama.

Lo mismo ocurre contigo: naciste de tus padres, eres un flujo continuo. No eres el mismo. No eres tu padre ni tu madre, pero no obstante eres tu padre y tu madre, porque continúas la misma tradición, el mismo linaje, la misma herencia.

El Buda dice que el ego es una continuidad, no una sustancia, sino una continuidad como una llama, como un río, como el cuerpo. El problema surge cuando decimos que sí, que puede que así sea: que una persona muere y todo desaparece; sí, así es, tal vez sea sólo una llama. Pero el Buda dice que una persona renace, y entonces es cuando surge el problema. ¿Quién es el que renace?

Volvamos de nuevo a las analogías. ¿Has visto alguna vez una casa devorada por un incendio, o un bosque ardiendo? Si lo observas podrás darte cuenta de un fenómeno. Una llama salta de un árbol y llega a otro árbol. No hay ninguna sustancia implícita, sólo una llama. No hay materia en ello, se trata de pura energía, de un cuanto de energía, de cierta cantidad de energía que salta de un árbol alcanzando a otro, que se incendia.

¿Alguna vez has acercado una antorcha apagada a otra encendida? ¿Has visto lo que sucede? La llama de la antorcha encendida salta a la apagada. Es un salto cuántico. La llama salta hacia la otra antorcha e inicia otra continuidad.

Ahora me estás escuchando. Si enciendes una radio de repente empezarás a escuchar cierta transmisión desde una emisora. Lo único que necesitas es un receptor. Una vez que tienes uno puedes escuchar cualquier cosa que se esté transmitiendo desde Londres, Moscú o Pekín.

No hay sustancia alguna que llegue, sino ondas de pensamiento que saltan de Pekín a Puna... sólo ondas de pensamiento, nada sustancial. No puedes atraparlas con las manos, ni verlas, pero están ahí, porque tu radio las capta, o tu televisor.

El Buda dice que cuando una persona muere, todos los deseos acumulados de su vida, todos sus recuerdos acumulados, todos los *karmas* de su vida, saltan como oleadas de energía a un nuevo vientre. Se trata de un salto. La palabra exacta en física es "salto cuántico", un salto de pura energía sin ninguna sustancia implícita.

El Buda fue el primer físico cuántico. Einstein le siguió al cabo de veinticinco siglos, pero ambos hablaban el mismo lenguaje. E insisto en que el Buda es científico. Su lenguaje es el de la física moderna; se adelantó veinticinco siglos a su tiempo.

Cuando una persona muere, el cuerpo desaparece, la parte material desaparece, pero la inmaterial, la mente, es una vibración. La vibración queda liberada, se transmite, y entrará en cualquier vientre que esté abierto a dicha vibración.

No hay ningún ser que vaya a ninguna parte, ni nadie; no hay ningún ego que se desplace. No es necesario que se traslade nada material, se trata de un impulso de energía. El énfasis es que se trata de un salto de la misma bolsa del ego. Una casa se ha tornado invivible, un cuerpo ya no puede albergar más vida. El viejo deseo, el de vivir –el término utilizado por el Buda es *tanha*–, sigue vivo, ardiente. Y ese deseo es el que da el salto.

Ahora escuchemos a la física moderna. Afirman que la materia no existe. ¿Veis esta pared que hay detrás de mí? No podéis atravesarla; si lo intentáis os haréis daño. Pero la física moderna dice que no hay nada sustancial. Se trata de pura energía moviéndose a una velocidad tan tremenda que crea la falsa idea, la ilusión, la apariencia de sustancia.

Alguna vez habrás observado un ventilador moviéndose rápidamente, de manera que no puedes ver las aspas. Sólo cuenta con tres aspas, pero se mueven con tal rapidez que dan la impresión de ser un círculo, un plato; no puedes percibir las separaciones entre las aspas. Si un ventilador se moviese a la misma velocidad que los electrones –una velocidad tremenda– entonces podrías sentarte en él y no te caerías. Podrías sentarte encima como te sientas sobre una silla y no percibirías movimiento alguno, porque sería muy rápido.

Lo mismo sucede con esta silla y lo mismo está pasando sobre el suelo en el que permanecéis sentados. No se trata de un suelo de mármol, ésa es únicamente su apariencia, sino de partículas de energía que se mueven con tal rapidez que ésta crea la ilusión de sustancia. La sustancia no existe, sólo la energía pura. La ciencia moderna dice que la materia no existe, sólo la energía inmaterial.

Por eso digo que el Buda es muy científico. Él no habla de Dios, sino del ser inmaterial. Al igual que la ciencia moderna ha tomado la idea de substancia de su metafísica, el Buda tomó la idea del ser de su metafísica. El ser y la sustancia guardan correlación. Es difícil creer que esta pared no tiene sustancia, y por ello también resulta difícil creer que en vosotros no existe ser alguno.

Ahora diré algunas cosas más para que quede más claro. No sé si lo entenderéis, pero lo aclarará.

Empiezas a caminar, tú sales a dar un paseo por la mañana. El propio lenguaje, decir: «Tú sales a dar un paseo», crea un problema; y el problema radica en el propio lenguaje. En el momento en que decimos que alguien sale a dar un paseo, damos por sentado que hay alguien que camina... el caminante. ¿Pero cómo es posible salir de paseo si no hay caminante?

El Buda dice que no hay caminante, sólo el andar. La vida no consiste en cosas. El Buda dice que la vida consiste en sucesos. Y eso es precisamente lo que dice la ciencia moderna: sólo hay procesos, no cosas... sucesos.

Decir que la vida existe no es correcto. Sólo existen miles y miles de procesos vivos. La vida es sólo una idea. No hay nada que sea «la vida».

Un día ves en el cielo que se han reunido unos nubarrones muy negros y que empieza a tronar y relampaguear. Cuando relampaguea te preguntas: «¿Hay algo tras los relámpagos? ¿Quién está relampagueando? ¿Qué es lo que relampaguea?». Te dirías: «Los relámpagos sólo son relámpagos; no hay nadie detrás de ellos; se trata únicamente de un proceso. No hay nada que esté relampagueando. Simplemente relampaguea».

La dualidad aparece con el lenguaje. Caminas, pero el Buda dice que sólo hay el caminar. Piensas, pero el Buda dice que sólo hay el pensar, no el pensador. El pensador está creado por el lenguaje. Como utilizamos un lenguaje basado en la dualidad, acaba dividiéndolo todo en dualidades.

De acuerdo, mientras piensas existe un conjunto de pensamientos, pero no hay pensador alguno. Si realmente quieres comprenderlo debes meditar profundamente y llegar al punto en que el pensar desaparece. Entonces te sorprenderá darte cuenta de que el pensador también ha desaparecido. Con el pensar también desaparece el pensador. Sólo se trata de una apariencia de los pensamientos en movimiento.

Mira un río. ¿Existe el río o se trata simplemente de un movimiento? ¿Dónde está el río si quitas el movimiento? Una vez que quitas el movimiento desaparecerá el río. No se trata de que el río se mueva; el río no es más que "riar".

El lenguaje es lo que crea la dificultad. Tal vez a causa de esta estructura particular de ciertos idiomas, el Buda se volvió importante y sólo arraigó en Japón, China, Birmania... porque esos países cuentan con idiomas totalmente diferentes. Resulta muy significativo comprender por qué tomó tanta importancia en la mente china, por qué China pudo entenderle mientras que la India no pudo. La China cuenta con un idioma distinto que encaja totalmente con la ideología budista. El idioma chino no divide en dos. En el idioma chino, o en el coreano, japonés o birmano, existe una estructura completamente distinta que en el sánscrito, inglés, griego, latín, francés o alemán; totalmente distinta.

Cuando se tradujo por primera vez la Biblia al birmano, hubo que sortear muchas dificultades, porque fueron varias las frases que no pudieron traducirse. En el momento que se traduce se pierde todo el sentido. Por ejemplo, una simple frase como: «Dios es», no puede traducirse al birmano. Si la traduces, se convierte en: «Dios deviene». «Dios es» no puede traducirse porque no existe equivalente para "es", porque "es" significa estaticidad.

Podemos decir: «El árbol es», pero en birmano habría que decir: «El árbol está deviniendo». Cuando llegas a decir: «El árbol es» resulta que ya no se trata del mismo árbol, ¿así que por qué dices que "es"? "Es" ofrece una cualidad estática. Es como el fenómeno del río... «El árbol está deviniendo.» Tengo que decir: «El árbol está deviniendo», pero en birmano sería simplemente: «El árbol deviene», y el "está" no aparecería por ninguna parte. «El río "ría"», habría que decir para: «El río se mueve». «El río "ría"» sería la traducción exacta birmana.

Pero decir: «Dios deviene» es muy difícil, porque los cristianos no dicen eso. Dios es perfecto, no puede devenir. No es un proceso, carece de posibilidad de crecimiento... ya ha llegado. Es el absoluto, ¿qué significaría que "deviene"? Devenir sólo es posible si alguien es imperfecto. Dios es perfecto, no puede devenir. ¿Cómo traducirlo, pues? Es muy difícil.

Pero el Buda penetró al momento en la mente birmana, china, japonesa y coreana; en seguida. La estructura del idioma lo hizo posible; pudieron entender fácilmente al Buda.

En la vida sólo existen sucesos. El comer está ahí, pero no el comensal. Observa el comer. ¿Existe realmente alguien que coma? Sí, claro, tienes hambre, el hambre está ahí, pero no hay nadie que tenga hambre. Entonces comes, el comer está ahí, pero no hay comensal. El hambre se satisface y sientes saciedad; esa satisfacción está ahí, pero no hay nadie que esté saciado.

El Buda dice que la vida consiste en sucesos. La vida significa vivir. Vivir no es un sustantivo, es un verbo. Y todo es un verbo. Observa y te darás cuenta: todo es devenir, nada es estático.

Eddington dijo que en el idioma inglés hay unas cuantas palabras que son totalmente falsas: por ejemplo, *descanso*. ¿Alguna vez has visto algo descansando? Incluso cuando tú descansas, es descansar, no descanso. Se trata de un proceso, de algo que sucede, porque sigues respirando.

Tenderse en el suelo, relajarse... no es descanso; tienen lugar muchas cosas. ¿Algunas vez has visto algo descansando? Es imposible, el descanso no existe. Ni siquiera cuando una persona muere, pues el cuerpo continúa con sus procesos.

Puede que no lo sepas, pero a veces sucede: los musulmanes, los cristianos, y los pueblos que entierran a sus muertos, a veces saben que aunque la persona está muerta su barba crece, y también le crece el pelo y las uñas. ¡Y está muerta!

Vamos a ver, porque esto es muy extraño. Si afeitas a un hombre y le entierras y al cabo de seis meses abres la tumba y te das cuenta de que le ha crecido la barba... ¿Qué dices? ¿Está muerto o vivo? Todo eso te asustará mucho; te irás corriendo a casa, y todo ello te dará miedo por la noche. ¿Qué es lo que ha pasado? ¿Cómo es que le ha crecido la barba si está muerto? ¿Está fingiendo?

La vida son millones de procesos. Incluso cuando tu ego desaparece de esta base, despega de este aeropuerto y aterriza en otro vientre, siguen teniendo lugar muchos procesos. Los procesos no se detienen, porque hay muchos de ellos que no tienen relación con tu ego; nada que ver... tu ego puede desaparecer, pero ellos continúan. El pelo crece, las uñas crecen, y no tienen nada que ver...

E inmediatamente, en el momento en que tu ego se marcha, millones de pequeños microbios empiezan a vivir, a trabajar y funcionar. Te conviertes en una especie de mercado. En ese sentido estás totalmente vivo. Tienen lugar muchas cosas: muchos microbios corriendo de aquí para allá, haciendo el amor, casándose, muriendo... todo eso sucede. En el momento en que dejas el cuerpo, éste se convierte en terreno abonado par muchos otros que esperaban diciendo: «¡Por favor, vete! Déjanos entrar».

La vida es un proceso continuo... no sólo un proceso, sino procesos, un continuo.

El Buda dice que la idea del ser proviene del lenguaje. Sientes hambre. Decimos: «Yo tengo hambre». El lenguaje es el que crea la idea de un yo. ¿Cómo decirlo? Para decirlo correctamente habría que decir únicamente: «Hambre». «Yo tengo hambre» contiene una falsedad. «Hambre» es suficiente.

Observa tus procesos y te darás cuenta. Cuando hoy sientas hambre, obsérvate. ¿Hay realmente alguien que tiene hambre o sólo está el hambre? Se trata únicamente de un giro del lenguaje que la divide en dos y entonces empiezas a sentir: «Yo tengo hambre».

El budismo fue la primera religión que trajo este mensaje al mundo: que vuestras religiones, vuestras filosofías, están más basadas en vuestras pautas lingüísticas que en cualquier otra cosa. Y si podéis comprender mejor vuestro lenguaje, podréis entender mejor vuestros procesos internos. El Buda fue el primer lingüista, y su comprensión resulta muy significativa.

Usted ha dicho que el Buda no habló de Dios porque no podía demostrarse

Sí, no habló de Dios porque no puede demostrarse y no habló de Dios porque el dios que crees que existe, no existe. Tu dios no es más que la misma falacia del ser. Crees que tienes un ser, y por tanto de ahí deduces que el universo también ha de tenerlo. Como tú tienes un ser, el universo debe tener un ser supremo. Ése es dios.

El Buda dijo que tú no tienes ser alguno. El universo es, pero no tiene ningún ser... millones de procesos sí, pero ningún ser supremo. No hay centro; todo es circunferencia.

Resulta muy difícil de comprender, a menos que se medite. Por eso el Buda nunca entra en discusiones metafísicas, sino que dijo: «Medita». Porque en la meditación todas esas cosas se vuelven claras. Cuando se detiene el pensamiento, de repente se ve que el pensador ha desaparecido. Era una sombra. Y cuando desaparece el pensador, ¿cómo puedes decir, cómo puedes sentir «Yo soy»? No queda "yo" alguno, eres puro espacio. Eso es lo que el Buda denominó *anatta*, el puro espacio del no-ser. Es una experiencia tremenda.

...y no obstante, luego habló de otras vidas y de reencarnación

Así es. Y los budistas siempre han tenido problemas por esa causa. El Buda fue tan científico que no pudo tergiversar el hecho. Si no hubiera sido un hombre científico, si se hubiese limitado a ser metafísico, habría bien aceptado el ser para que toda su filosofía pareciese coherente, o habría abandonado la idea de la reencarnación, porque ambas cosas parecen contradictorias. Pero fue un científico tal que no intentó forzar nada sobre la realidad a partir de su mente. Simplemente enunció un hecho. Y si resulta contradictorio... Por eso dijo: «Tal vez sea contradictorio, pero así es».

Eso es lo que sucede con la ciencia moderna. Hace tan sólo cincuenta años, cuando los científicos penetraron en el núcleo de la materia, se sintieron perplejos, porque los electrones actuaban de manera muy ilógica.

Pero no se puede obligar a los electrones a ser lógicos, no se los puede enviar a la universidad para que estudien a Aristóteles, ni se les puede decir: «Estáis comportándoos de manera ilógica, ¡portaos bien! No está bien lo que hacéis». No, no podemos decirles eso. Si se comportan ilógicamente, ¡se comportan ilógicamente!... Eso tiene que quedar claro, eso es todo; no puede hacerse nada al respecto.

Y lo ilógico era *realmente* grande, no se trataba de algo ordinario. A veces el mismo electrón se comportaba como una onda y en ocasiones como un cuanto, como una partícula. Ahora bien, ambas cosas son imposibles, no son euclidianas ni aristotélicas. Como si los electrones no creyesen en Euclides ni en Aristóteles. ¿Qué es lo que hacen? ¿Es que nunca han oído hablar de Euclides?

Es geometría simple, la que todos hemos aprendido en la escuela... y que dice que un punto no puede ser una línea y que una línea no puede ser un punto. Una línea tiene muchos puntos juntos, en secuencia; por ello un simple punto no puede comportarse como una línea, si no toda la geometría se vendría abajo. ¡Haces un punto y te vas al cuarto de baño, y cuando vuelves se ha convertido en una línea! ¿Qué hacer?

Pero eso es exactamente lo que ocurre en el núcleo de la materia. Observas y te das cuenta de que parecía un punto y de repente es una línea. Y el salto es de tal orden que ni siquiera ves cómo se convierte en línea.

En un instante de tiempo es un punto, y en otro es una línea... ni siquiera crece convirtiéndose en una línea, sólo da un salto, tan repentino, tan ilógico. Si creciese lentamente, podríamos entenderlo: tal vez es como una simiente, que germina y se convierte en un árbol. Muy bien, eso podríamos entenderlo. En un momento de tiempo es una simiente, en otro momento crece, y poco a poco, de manera gradual, se convierte en un árbol. Eso podemos entenderlo.

Si un punto se convierte en línea lentamente, podremos entenderlo. ¿Pero y si lo hace de repente? Y no sólo de repente, sino que todavía ocurre de manera más ilógica: dos observadores en un mismo momento de tiempo pueden observar simultáneamente... y uno de ellos lo ve como un punto y el otro como una línea. ¿Qué hacemos entonces? ¿Uno lo ve como semilla y el otro como árbol? Y todo en el mismo instante de tiempo.

Toda la ciencia occidental se ha desarrollado a partir de la lógica griega. Los electrones se han rebelado contra Aristóteles y no hay manera de corregirlos. Los científicos lo han intentado de muchos modos, porque la mente tiende a aferrarse a sus propios conceptos y pautas. No es fácil relajarse y rendirse ante esos estúpidos electrones.

Durante al menos dos o tres décadas, los científicos se sintieron perplejos e intentaron hallar una explicación, o al menos descartar lo que sucedía. Pero finalmente tuvieron que admitir el hecho y lo aceptaron. De ahí la teoría de la física cuántica.

"Cuanto": la palabra en sí misma es una invención; no existía antes porque el hombre nunca se había hallado frente a un fenómeno ilógico. "Cuanto" significa un punto y una línea juntos, simultáneamente. "Cuanto" significa una partícula y una onda a la vez, simultáneamente. Tuvimos que buscar un nombre para algo totalmente ilógico y para lo que carecíamos de símbolo.

Y cuando la gente les pregunta a los científicos: «¿Cómo lo explicáis?» «Es ilógico –responden éstos–. Es ilógico pero así es y no podemos hacer nada al respecto. Hemos de escuchar la realidad. Si la realidad es ilógica es que entonces hay algo que falla en nuestra lógica, eso es todo. Podemos cambiar la lógica, pero no podemos cambiar la realidad.»

Eso es lo que sucedió cuando el Buda apareció en el mundo. Penetró en el núcleo del denominado "ser" y también se quedó perplejo... ¿Qué hacer? No hay ser, y hay reencarnación. Si no hubiera sido un científico tan grande, si sólo hubiera sido un filósofo ordinario, se habría olvidado de ello; no habría hablado de ese hecho... habría escogido. La elección es simple: o dices que no hay reencarnación porque no hay ser...

Eso es lo que siempre han dicho los que no creían en el alma. Los ateos, los epicúreos, siempre han dicho que no hay ser, que cuando mueres no hay nada que sobreviva, y que no hay renacimiento. Es simple y lógico. O también están los eternalistas, los teístas, la gente que cree en el ser. Dicen que mueres pero que sólo muere el cuerpo; tu ser, tu centro, sobrevive. Tu alma, tu *atman* sobrevive, es eterna. Eso también es lógico.

El Buda es muy ilógico, y lo es porque su insistencia en no ir contra la realidad es absoluta. Pone el énfasis en lo siguiente: que hemos de poner atención a todo lo que nos revele la realidad. No estamos aquí para imponerle nuestras propias ideologías. ¿Quiénes somos para intentarlo?

Si así están las cosas, es que en nuestra lógica, en nuestro lenguaje, en nuestra manera de pensar, hay algo que falla. Hemos de cambiar todo eso en lugar de evitar la realidad, de escapar de ella. Por ello el Buda parece ser el pensador más absurdo del mundo, porque ése es el más absurdo de los planteamientos: que no existes pero que renaces.

Está claro, es totalmente absurdo. ¿Cómo puedes renacer si no existes? Y él dice: «Eso no lo sé. No existes pero renaces... eso es lo que sé, eso es lo que he visto. Y si tú también quieres verlo, entonces medita. Profundiza en tu ser como yo he profundizado en el mío y te quedarás perplejo, muy confuso. Pero poco a poco te asentarás en la realidad. Y entonces cambiarás todo tu lenguaje».

El Buda cambió todo el lenguaje, todo el estilo filosófico. Nunca antes de él apareció nadie tan original. Era casi imposible entenderle porque no hablaba el mismo lenguaje que hablamos, y porque trajo nuevas visiones al mundo.

No hay nada nuevo en no creer en el alma. Marx no dice nada nuevo. Durante miles de años han existido ateos que han negado la existencia del alma y la reencarnación. Ni Mahavira ni Patañjali dijeron nada nuevo, porque siempre ha habido gente que ha creído en el alma y la reencarnación.

El Buda trae al mundo una visión real, muy original. Él dice: no hay alma y no obstante hay reencarnación. Es un salto cuántico. Así que cuando afirmo que es un científico, lo digo de verdad. Y si comprendes el lenguaje de la física moderna, podrás comprender al Buda. De hecho, comprender al Buda sin comprender la física moderna es algo imposible. Por primera vez, la física moderna ha proporcionado una analogía. Heisenberg, Planck y Einstein han proporcionado una analogía. La materia ha desaparecido; sólo hay energía, sin ningún ser en ella, sin sustancia. Y el Buda dijo lo mismo: *anatta*, sin ser.

¿Cómo encaja todo ello con los hechos científicamente demostrables?

Encaja perfectamente. De hecho, cuando el interpelante pregunta cómo encaja en la ciencia, su idea de la ciencia corresponde al siglo XIX; no es consciente de la ciencia moderna, no es consciente de los últimos avances. Su idea de la ciencia es muy ortodoxa, muy vieja, desfasada. La ciencia ha cambiado tremendamente.

Si Newton regresase, no sería capaz de comprender la ciencia, porque la ciencia ha cambiado muy rápidamente, y sus revelaciones han resultado tan pasmosas que los científicos hablan como metafísicos, como místicos. No hablan como matemáticos, sino como místicos y poetas.

He creído entender que lo que queda pudiera ser lo carente de forma

No, no podrás entenderlo intelectualmente, porque tu carencia de forma será una cierta forma. ¿Cómo puedes concebir lo carente de forma? La palabra está bien, pero en el momento en que tratas de concebir lo carente de forma, inmediatamente empieza a tomar una forma, porque sólo puede concebirse la forma; lo carente de forma no puede concebirse. Es una frase vacía.

Puedes decir que Dios carece de forma, pero no puedes concebirlo. Y siempre que alguien incluso como Shankara, que habla de un dios carente de forma, va a adorar a Dios, adora a una forma. Empieza con los cantos devocionales. Y también ahí cuenta con una imagen, un ritual, un dios, una diosa, una forma.

Incluso alguien como Shankara, que habla sobre la carencia de forma, la carencia de atributos –el *nirguna*–, pero su venera-

ción, sus oraciones, son del *saguna* –con atributo, con forma–
porque es imposible concebir lo carente de forma. La concepción
pertenece a la forma; cualquier cosa que concibas, la misma posibilidad de ser concebida, tiene necesidad de una forma. Por ello
es sólo una idea vaga.

El que pregunta dice: «Me ha parecido entender que lo que
queda pudiera ser lo carente de forma». No, no se trata de comprender de manera vaga, intelectual. La única manera es meditativa, existencial. No te lo imaginas intelectualmente, sino que simplemente profundizas en la meditación, abriendo una nueva
dimensión. Nadie ha insistido tanto en la meditación como el
Buda. Todo su método es meditación.

¿Y qué es la meditación? Meditar es ir haciéndose "irreflexi-
vo"; no es caer en la somnolencia, sino permanecer alerta y no
obstante sin pensamientos. Una vez que desaparecen los pensamientos todo aparece claro y transparente: el pensador sólo era
un derivado de los pensamientos en movimiento. Era un montón
de pensamientos y nada más. Sin existencia separada.

Caminas, pero no hay caminante; comes, pero no hay comensal; duermes, pero no hay durmiente; vives pero no hay vividor;
mueres, y no hay nadie que muere.

Eres puro espacio en el que existe un millón de procesos, en
el que fluye la vida con todos sus procesos, mientras permaneces
incorrupto por ellos. Eres como un cielo despejado... en el que las
nubes van y vienen.

Uno de los más bellos nombres conferidos al Buda es *tatha-
gata*. Significa "así llegado, así ido". No había nadie que llegase
ni nadie que se fuese, sólo ir y venir. Ése es el significado de *ta-
thagata*, un proceso de venir y un proceso de irse; no hubo nadie
que vino ni nadie que se marchó.

Los maestros zen siempre han dicho que ese hombre nunca
existió, que Gautama el Buda nunca existió. Sí, lo cierto es que
vino, y que se fue, pero nunca existió. Fue simplemente como un
sueño. Un sueño llega y se va, y por la mañana sabes que nunca
existió.

Una vez que te comprendes a ti mismo como puro espacio en el que suceden muchas cosas, te desapegas. Entonces te vuelves audaz, porque no hay nada que perder, ni nadie que tenga que perder nada. Entonces ya no sientes más apego por la vida, porque no concibes ningún ser. Entonces dejas de tener miedo a la muerte y no te aferras a la vida. No piensas en el pasado y no proyectas el futuro. Entonces simplemente eres... tan puro como el vasto espacio exterior; también te conviertes en un vasto espacio interior. Y el encuentro de esos dos espacios, el interno y el externo, es lo que el Buda llama *nirvana*.

Me ha parecido entender que lo que queda pudiera ser lo que carece de forma, pero ¿puede tener una entidad individual?

No, no tiene entidad individual.

Nunca renace la misma ola

Así es. De hecho, si lo observas detenidamente –si vas al río o al mar y miras las olas–, te sorprenderá ver algo nuevo en lo que nunca habías pensado. Cuando ves llegar una ola, no hay nada que llegue, pues la ola nunca va hacia ti. La ves moverse hacia ti, pero no se está moviendo. Una ola simplemente ayuda a otras olas a surgir al lado. Las otras olas a su vez ayudan a que surjan otras olas. Pero sucede tan rápidamente que provoca un espejismo, una ilusión: crees que la misma ola está viniendo hacia ti. Pero no hay nada que venga hacia ti.

Cuando surge una ola, su impacto hace que surjan otras; a su alrededor surge otra ola. Por la fuerza de la primera ola, aparece la segunda; por la fuerza de la segunda, una tercera; por la fuerza de la tercera, la cuarta... así es como surgen las olas. Pero dan la impresión de que la primera ola está viniendo hacia ti. Y nunca llegan. Cuando ves surgir una ola a lo lejos en el horizonte, esa ola se queda allí; nunca viene hacia ti.

Sí, puede suceder. Puedes colocar un trozo de madera en medio del río y vendrá hacia ti, pero no te dejes engañar por ello, porque la ola no viene. Cuando surge una ola y se alza, la madera se traslada a la siguiente ola; la otra ola se alza y la madera va a parar a la tercera ola. La madera llega a la orilla con el surgir y la desaparición de las olas, pero las olas nunca vienen. Es un hecho científico. Sólo parecen venir.

Exactamente eso es lo que dijo el Buda: «Nunca renace la misma ola». No está diciendo que tú renacerás, simplemente dice que hay renacimiento.

Pero en cierta manera podemos decir que renacerás, porque existirá una continuidad. La misma ola: la ola A crea la ola B, la ola B crea la ola C... es una continuidad; un flujo continuo sería la expresión correcta. Eso también proviene de la física moderna: un flujo continuo.

El Buda lo denomina *santati*. Igual que cuando te nace un hijo: en cierta manera eres tú, y no obstante no lo eres, no del todo. Tendrá su propia personalidad, pero tú creaste la ola. La energía del padre y la de la madre crearon una nueva ola. Esa ola continuará —el padre puede morir, la madre puede igualmente morir—, pero esa ola continuará, y creará otras olas a su manera, a su tiempo. *Santati*, el continuo. No naces, sólo renacen tus deseos; como tú no eres, no puedes nacer. Por eso el Buda dijo que si dejas de desear nunca volverás a nacer. Por ello, si comprendes la futilidad del deseo y dejas de desear, si sueltas el desear, entonces no habrá nacimiento para ti.

Quiero decirte una cosa: toda la idea de la reencarnación no es sino un concepto erróneo. Es cierto que cuando muere una persona su ser se hace parte del todo. No importa si fue santo o pecador. Pero también es cierto que tenía algo llamado mente, memoria. En el pasado no existía información que pudiera explicar la memoria como un montón de pensamientos y de ondas de pensamiento, pero ahora es fácil.

Y ahí es donde, en muchos aspectos, me parece que el Buda Gautama se adelantó a su tiempo. Es el único que hubiera estado de acuerdo con mi explicación. Dio pistas, pero no proporcionó ninguna prueba; no había nada que decir. Lo que dijo es que cuando una persona muere, su memoria –no el ser– se traslada a una nueva matriz. Ahora podemos entenderlo, comprender que cuando se muere se dejan recuerdos en el aire. Si has sido desgraciado, todas tus desgracias hallarán algún lugar; entrarán en algún otro sistema de memoria. Puede que entren totalmente en una única matriz; ésa es la razón de que alguien recuerde una vida pasada. Pero no se trata de tu pasado; se trata de que has heredado la mente de otra persona.

La mayoría de las personas no recuerdan nada porque no han obtenido el conjunto entero, la herencia completa del sistema memorístico de un solo individuo. Pueden haber conseguido fragmentos de aquí y allá, y esos fragmentos son los que crean tu sistema de sufrimiento. Todos los que han muerto en la tierra lo han hecho llenos de infelicidad y sufrimiento. Son muy pocos los que mueren gozosamente. Muy pocos los que mueren realizando la no-mente. Estos últimos no dejan rastro tras de sí. No le "endosan" su memoria a nadie más. Se dispersan en el universo. No tienen ninguna mente y por tanto carecen de sistema memorístico. Lo han disuelto en sus meditaciones. Por eso una persona iluminada nunca renace.

Pero al morir, las personas no iluminadas diseminan todo tipo de pautas de infortunio. Al igual que la riqueza atrae más riqueza, la desgracia atrae más desgracia. Si eres miserable entonces la desgracia llegará hasta ti, porque eres el vehículo adecuado. Se trata de un fenómeno muy invisible, como las ondas de radio. Recorren todo el espacio a tu alrededor, pero no puedes oírlas. No obstante, una vez que cuentas con el instrumento adecuado para sintonizarlas, entonces no hay problema. Pero lo interesante es que ya estaban ahí antes de que existiese la radio.

No hay encarnación, pero la desgracia se encarna. Las heridas de millones de personas pululan a tu alrededor, en busca de alguien dispuesto a ser desgraciado. Claro está, la persona gozosa no deja rastro tras de sí. La persona despierta muere de la misma manera que un pájaro recorre el cielo, sin dejar rastro ni marcas. El cielo permanece vacío. El gozo se mueve sin dejar rastro. Por eso no se recibe herencia alguna de los budas, porque simplemente desaparecen. Pero todo tipo de idiotas y retrasados mentales no hacen más que reencarnarse en sus recuerdos, y por ello cada día hay más y más ondas de ese tipo. Tal vez por eso hemos llegado a un punto en que hay que comprenderlo y disolverlo; si no, todo resulta demasiado espeso como para poder vivir y reír.

Tu propia conciencia carece de heridas. Tu propia conciencia desconoce la desgracia. Tu propia conciencia es inocente y esencialmente gozosa. A fin de entrar en contacto con la propia conciencia hay que hacer el máximo esfuerzo para distraerte de tu propia mente. La mente contiene toda tu desgracia, todas tus heridas. Y no deja de crear heridas, de que manera que, aunque seas consciente, ni siquiera te des cuenta de cómo las crea.

Yo te enseño el testigo. La única manera de librarse de pautas desgraciadas, tanto viejas como nuevas, es ser testigo. Digo que la única manera porque nadie ha escapado de la mente sin convertirse en testigo. Sé testigo y podrás empezar a reírte de tu propia desgracia. Todas tus desgracias son tan superficiales... y lo más importante: son prestadas.

Si todo el mundo se hiciera atento y meditativo, no habría heridas en el mundo. Desaparecerían. No hallarían hogar ni refugio. Eso es algo posible. Si es posible para mí, es posible para cualquiera.

Segunda parte:

COMPRENDER Y ENFRENTAR NUESTROS MIEDOS

1. EN BUSCA DE LA INMORTALIDAD

Vivimos creyendo que estamos separados. Pero no es así, ni siquiera durante un instante. A pesar de lo que crees, eres uno con el todo. Pero tu creencia puede provocar que padezcas pesadillas y, de hecho, las crea. Creer «estoy separado» significa crear miedo.

Si te separas del todo nunca podrás deshacerte del miedo, porque el todo es tan vasto y tú tan pequeño, tan diminuto, tan atómico, y porque siempre tienes que luchar contra el todo para que no te absorba. Has de mantenerte constantemente alerta, en guardia, para que el océano no se te lleve. Has de protegerte con un muro tras otro. Todo ese esfuerzo no es más que miedo. Eres consciente de que la muerte se acerca y que va a destruir tu separación.

Eso es la muerte: la muerte es el todo reclamando la devolución de la parte. Y temes que la muerte llegue y que hayas de morir. ¿Cómo vivir mucho? ¿Cómo alcanzar algún tipo de inmortalidad? El hombre lo ha intentado de muchas maneras.

Tener hijos es una de ellas, de ahí la continua necesidad de tenerlos. La raíz de este deseo de tener hijos no tiene nada que ver con los hijos en sí, sino con la muerte. Sabes que no podrás estar aquí para siempre; intentes lo que intentes, fracasarás. Lo sabes porque son millones los que han fracasado y ni uno solo ha triunfado en el empeño. Mantienes una esperanza contra toda esperanza. Y por ello hay que hallar alguna manera. Uno de los métodos más sencillos, el más antiguo, es tener hijos: llegará un momento en que ya no seguirás aquí, pero parte de ti, una partícula de ti, una célula tuya, continuará viviendo. Se trata de una forma indirecta de convertirse en inmortal.

Ahora la ciencia está descubriendo maneras más elaboradas, porque tu hijo puede parecerse a ti o no. Puede que sea un poco como tú; no existe la necesidad intrínseca de que sea exacto a ti. Por ello la ciencia ha descubierto maneras de duplicarte. Pueden conservarse algunas de tus células para que cuando mueras sea posible crear un duplicado. El duplicado sería exactamente como tú; ni los gemelos podrían parecerse más. Si pudieras ver a tu doble te sorprenderías: sería exactamente como tú, absolutamente igual.

Ahora dicen que para estar más seguros se puede crear un duplicado mientras estás vivo, para congelarlo por si sufres algún accidente –por ejemplo, si mueres en un accidente de tráfico–, y así poder ser inmediatamente sustituido. Tu esposa nunca se daría cuenta; tus hijos no se enterarían de que su papá es sólo una imitación, porque sería igual que tú.

Los hombres han intentado otras muchas maneras, mucho más rebuscadas que esta última. Escribir libros, pintar cuadros, componer grandes sinfonías; tú desaparecerás pero la música permanecerá. Tú te irás pero tu firma continuará en el libro; tú desaparecerás pero la escultura que creaste seguirá ahí. Así te recordará la gente; de esa manera persistirás en su memoria. No podrás caminar por la tierra pero sí en la memoria de las personas. Ser famoso y dejar alguna señal en los libros de historia. Pero, claro está, serán simples notas a pie de página, pero sigue siendo mejor que nada.

El ser humano ha intentado a través de todas las épocas alcanzar algún tipo de inmortalidad. El miedo a la muerte es tan grande que te obsesiona durante toda la vida. En el instante en que sueltas la idea de la separación también desaparece el miedo a la muerte.

Por eso digo que el estado de rendición es el más paradójico. Si mueres por propia voluntad, entonces no puedes morir porque el todo nunca muere; sólo sus partes son sustituidas. Si devienes uno con el todo vivirás para siempre. Irás más allá de nacimiento y muerte. Esa es la búsqueda del *nirvana*, la iluminación, *moksha*, el Reino de Dios... el estado de inmortalidad. Pero la condición que hay que colmar es aterradora. La condición es que tienes que morir como entidad separada.

De eso trata rendirse: de morir como una entidad separada, morir como ego. Y de hecho no es nada que tendría que preocuparte, porque *no* estás separado; sólo es una creencia. Por ello lo que muere es la creencia, no tú. Es sólo una noción, una idea.

Es como si hubieras visto una cuerda en la oscuridad de la noche y la hubieras tomado por una serpiente: escapas de la serpiente aterrado, tembloroso y sudoroso. Entonces llega alguien y te dice: «No te preocupes... La he visto de día y te aseguro que sólo es una cuerda. Si no me crees, ¡ven conmigo! Te demostraré que sólo es una cuerda».

Eso es lo que han estado haciendo los budas desde siempre: «*Ihi passiko*, ¡ven conmigo! ¡Ven y mira!». Toman la cuerda en su mano y te la muestran, para que veas que sólo es una cuerda; la serpiente nunca existió. Todo miedo desaparece y empiezas a reír. Empiezas a reírte de ti mismo, de lo tonto que has sido hasta entonces. ¡Has estado escapando de algo que nunca existió! Pero tanto si existió como si no, esa gotas de sudor eran reales. El miedo, los temblores, el corazón acelerado y la presión sanguínea eran reales.

Las cosas irreales pueden desencadenar realidades, recuérdalo. Si crees que son reales funcionarán para ti como realidades, sólo para ti. Es una realidad soñada, pero que puede afectarte; puede afectar toda tu vida y tu manera de vivir.

El ego no está ahí. En el momento en que te tornes un poco alerta, vigilante y consciente, dejarás de encontrar ego alguno. Será una cuerda que has tomado por una serpiente, pero no la hallarás por ningún lado.

La muerte no existe, la muerte es irreal. Pero tú la creas. La has creado al crear separación.

Rendirse significa abandonar la idea de separación: la muerte desaparece automáticamente, el miedo está ausente y por ello cambia el sabor de toda tu vida. Cada momento adquiere una pureza cristalina... una pureza de deleite, gozo y alegría. Entonces cada momento es eternidad. Y vivir de esa manera es poesía. Vivir momento a momento sin el ego es poesía. Vivir sin el ego es gracia, música; vivir sin el ego es vivir, vivir realmente. A esa vida la llamo poesía: la vida del que se ha rendido a la existencia.

Recuerda, permite que lo repita: cuando te rindes a la existencia no estás rindiendo nada real. Estás simplemente rindiendo una noción falsa, una ilusión, estás rindiendo *maya*. Estás rindiendo algo que nunca estuvo en ti. Y al rendir algo de lo que careces, alcanzas aquello que posees.

Saber que «estoy en casa, siempre he estado y siempre lo estaré» es un gran momento de relajación. Al saber que: «no soy un extraño, no estoy alienado, no estoy desarraigado, pertenezco a la existencia y la existencia me pertenece a mí», todo se vuelve calmo, tranquilo y quedo. Ese sosiego es rendición.

La palabra "rendir" sugiere una idea muy equívoca, como si rindieses algo. Pero no estás rindiendo nada; estás simplemente abandonando un sueño. Estás simplemente abandonando algo arbitrario creado por la sociedad.

El ego es necesario; tiene que satisfacer ciertas funciones sociales. Cuando uno se ha rendido sigue utilizando la palabra "yo", pero ahora se trata únicamente de algo utilitario, nada esencial. Sabe que él no es; utiliza la palabra porque de no hacerlo causaría problemas innecesarios a los demás, la comunicación sería imposible. ¡Ya lo es! Sería todavía más difícil comunicarse con las personas. Pero sólo se trata de un dispositivo arbitrario. Y si sabes que es un dispositivo –arbitrario, utilitario y útil pero carente de existencia– entonces nunca te crea problemas.

El cuerpo pertenece a la tierra; tú perteneces al cielo.

El cuerpo pertenece a la materia; tú perteneces a la existencia. El cuerpo es grosero; tú no.

El cuerpo tiene límites, nace y muere; tú nunca naces y nunca morirás. Eso se convierte en tu propia experiencia y no en una creencia.

Las creencias están alimentadas por el miedo. Te gustaría creer que eres inmortal pero una creencia es sólo una creencia: algo supuesto, proveniente del exterior. La experiencia es totalmente distinta: brota de ti y es tuya. En el momento en que sabes, nada puede agitar tu saber, nada puede destruirlo. Puede que todo el mundo esté en contra, pero tú sigues sabiendo que estás separado. Puede que todo el mundo diga que no hay alma, pero tú sigues sabiendo que hay. Puede que todo el mundo diga que no hay Dios, pero tú sonreirás, porque la experiencia es palmaria, patente.

2. NO ES UNA ENEMIGA, SINO UNA AMIGA

La muerte es el destino. Así debe ser porque es el origen: vienes de la muerte y vas a la muerte. La vida es sólo un momento entre dos inexistencias, el vuelo de un pájaro entre dos estados de no-ser.

Si la muerte es el destino, como sucede, entonces toda la vida se convierte en una preparación, en una formación para llegar a ella, en una disciplina sobre cómo morir adecuadamente y cómo morir total y esencialmente. Toda la vida consiste en aprender cómo morir. Pero por alguna razón en la humanidad ha penetrado una falsa concepción acerca de la muerte, que dice que la muerte es una enemiga. Ésa es la base de todas la concepciones falsas, y la base de que la humanidad se haya apartado de la ley eterna, del *tao*. ¿Por qué? Es algo que hay que comprender.

El ser humano considera la muerte como enemiga de la vida, como si la muerte estuviese ahí para destruir la vida, como si la muerte estuviese contra la vida. Y si esa es la concepción imperante, entonces, claro está, hay que combatir la muerte, y la vida se convierte en un esfuerzo por sobrevivir a la muerte. Entonces luchas contra tu propio origen, contra tu destino, luchas contra algo que va a suceder. Pero toda esa lucha es absurda porque la muerte no puede evitarse.

Si fuese algo externo a ti mismo entonces podrías evitarla, pero está en tu interior. La llevas dentro desde el mismo momento en que naces. Empiezas a morir cuando empiezas a respirar, en el mismo momento. No es correcto decir que la muerte llega al final, porque siempre ha estado contigo, desde el principio. Forma parte de ti, es tu centro más íntimo, crece contigo, y un día alcanza la culminación, un día florece. El día de la muerte no es el día de la llegada de la muerte, es un florecimiento. La muerte ha florecido contigo durante todo este tiempo, y ahora ha alcanzado su culminación; y una vez que ocurre vuelves a desaparecer en el origen.

Pero el ser humano ha adoptado una actitud errónea que da paso a la lucha y la violencia. El ser humano que cree que la muerte está contra la vida nunca puede ser no-violento. Es imposible. Una persona que cree que la muerte es la enemiga nunca puede estar tranquila, serena. Es imposible. ¿Cómo puedes permanecer sereno cuando el enemigo está acechándote? Saltará sobre ti y te destruirá, y la sombra de la muerte siempre se cernirá sobre ti. Puede suceder en cualquier momento. ¿Cómo puedes descansar tranquilo cuando la muerte está ahí? ¿Cómo puedes relajarte? El enemigo, la enemiga en este caso, no te permitirá relajarte.

De ahí la tensión, la ansiedad y la angustia de la humanidad. Cuanto más luchas con la muerte más ansioso te vuelves. Es una consecuencia natural. Si luchas contra la muerte sabes que serás derrotado. ¿Cómo puedes ser feliz viviendo una vida que sabes que acabará en derrota? Sabes que, por mucho que te esfuerces, no hay nada que pueda triunfar sobre la muerte. En tu interior sólo estás seguro de una cosa, y esa cosa es la muerte. En la vida todo lo demás es incierto, y sólo la muerte es segura. Es la única certeza, y en esa certeza tienes un enemigo. Luchar contra la certeza poniendo tus esperanzas en incertezas no puede reportarte reposo. ¿Cómo puedes relajarte, calmarte o recogerte en una situación así? Es imposible.

Las gentes llegan hasta mí y me dicen que les gustaría estar en paz, que les gustaría sentirse como en casa en el mundo, que quisieran guardar silencio, que necesitan cierta relajación. Pero cuando miro en el interior de sus ojos veo el miedo a la muerte. Tal vez intenten relajarse para luchar con la muerte más fácilmente; tal vez intenten hallar una respuesta que les haga más fuertes frente a la muerte. Pero si la muerte está ahí, ¿cómo puedes estar relajado, silencioso, en paz, en casa? Si la muerte es la enemiga, entonces básicamente todo el universo se convierte en tu enemigo. Entonces la sombra se cierne sobre ti en todo momento, en todas partes; el eco de la muerte puede escucharse en todas partes, en todo momento. La vida entera se vuelve hostil y empiezas a luchar.

El concepto básico de la mente occidental es luchar por la supervivencia. Dicen: «La supervivencia del más apto», «la vida es una lucha». ¿Por qué es la lucha? Es una lucha porque se considera la muerte como un contrario. Una vez que se comprende que la muerte no es lo opuesto a la vida, sino parte de ella, una parte intrínseca que nunca puede separarse de ella, una vez que se acepta la muerte como una amiga, de repente tiene lugar una transformación. Te transfiguras, tu visión adquiere una cualidad nueva. Ha dejado de haber lucha, no hay guerra, no se lucha contra nadie, ahora te puedes relajar, sentirte en casa. Una vez que la muerte se convierte en una amiga, ocurre lo mismo con la vida. Puede parecer paradójico, pero así es; lo único paradójico es la apariencia. Si la muerte es la enemiga, entonces, íntimamente, la vida también lo es, porque la vida conduce a la muerte.

Todas las maneras de vivir conducen a la muerte: la vida del pobre, del rico, una vida de éxitos u otra de fracasos, la vida del sabio y la del ignorante, la vida del pecador o la del santo. Todas las vidas, por diferentes que sean, conducen a la muerte. ¿Cómo puedes amar la vida si estás contra la muerte? Entonces tu amor no es nada más que posesividad, tu amor no es más que apego. Contra la muerte te apegas a la vida, pero has de entender que esta vida misma te acerca cada día más a la muerte. Así que estás condenado, todos tus esfuerzos están condenados. Y entonces es cuando surgen todas las ansiedades, cuando todo el ser se pone a temblar. Vives en ese temblor y entonces te vuelves violento y enloqueces.

La proporción de gente loca en Occidente es mucho más elevada que en Oriente. La razón no puede estar más clara. Occidente considera que existe una batalla entre vida y muerte, mientras que Oriente mantiene una perspectiva distinta: vida y muerte son una, dos caras del mismo fenómeno. Una vez que aceptas la muerte se aceptan inmediatamente muchas cosas. De hecho, si aceptas la muerte como parte de la vida, entonces también se aceptan todos los demás enemigos como parte de la amistad porque la dualidad básica se disuelve, la dualidad de vida y muerte, de ser y no-ser. Si la dualidad básica queda resuelta, entonces todas las otras dualidades, que son superficiales, se disuelven. De repente estás como en casa, con la vista clara, sin neblina alguna que la ciegue, y la percepción es absolutamente clara, sin oscuridades.

¿Pero por qué ha sucedido esto en Occidente, y también cada vez más en Oriente, que cada vez se inclina más hacia Occidente? En la educación, en las actitudes científicas, Oriente ha dejado de ser puramente oriental, está contaminado. Oriente se está volviendo ansioso, tiene miedo. ¿Habéis observado que en Occidente hay cada vez más conciencia del tiempo pero que en Oriente no ocurre así, y que incluso cuando la hay, sólo se encuentra entre las partes más culturizadas y educadas? Si vais a las aldeas no hay conciencia del tiempo. De hecho, la conciencia del tiempo es conciencia de la muerte: cuando tienes miedo de la muerte entonces el tiempo es escaso. Con tantas cosas por hacer y tan poco tiempo disponible te haces consciente de cada segundo que pasa. La vida se acorta y te sientes tenso, corriendo de aquí para allá, haciendo muchas cosas, intentando disfrutar de todo, corriendo de un sitio a otro, de un placer al siguiente, sin poder disfrutar de ninguno porque eres demasiado consciente del tiempo.

En Oriente las personas no son tan conscientes del tiempo porque han aceptado la vida. Puede que no sepas que en la India llamamos igual al tiempo y a la muerte. Llamamos *kal* a la muerte, y también al tiempo; *"kal"* significa tiempo y muerte a la vez. Utilizar la misma palabra para ambas cosas revela una comprensión muy profunda, y es muy significativo. El tiempo es muerte, la muerte es tiempo: cuanto más consciente de la muerte eres, también eres más consciente del tiempo; cuanto menos consciente de la muerte, menos lo eres del tiempo. Entonces deja de ser una cuestión de tiempo. Si has absorbido completamente la muerte en la vida, la conciencia del tiempo desaparece. ¿Por qué en Occidente, y ahora en Oriente, existe tanta ansiedad acerca de la muerte, tanta que la vida ya no puede disfrutarse?

Al vivir en un mundo atemporal, las piedras son más felices que el hombre; al vivir en un mundo en que la muerte es desconocida, los árboles gozan más que el hombre; no es que no mueran, sino que la muerte les es desconocida. Los animales son felices, los pájaros cantan, toda la existencia –excepto el hombre– es gozosamente inconsciente de la muerte. Sólo el hombre es consciente de la muerte y de ello surgen todos los problemas; ésa es la raíz de los problemas, la división básica.

Y no debería ser así porque el ser humano es la cumbre más elevada y refinada de la existencia. ¿Por qué sucede eso en el ser humano? Siempre que se alcanza una cima, el valle se hace más profundo. Un pico elevado sólo puede existir con un valle profundo. Para las rocas no hay desdicha, ningún valle, porque su felicidad también es plana. El ser humano es un pico, que se ha elevado, pero a causa de esa elevación también existe un profundo valle. Miras hacia abajo y sientes vértigo, tienes miedo. El valle forma parte del pico, no puede existir sin el pico, y éste no puede existir sin el valle, van juntos, son una unión. Pero un hombre de pie en lo alto del pico mira hacia abajo y siente vértigo, mareos, tiene miedo.

El ser humano es consciente, y ahí es donde radica todo el problema. La consciencia es una espada de dos filos, que corta por ambos. Puede proporcionarte una felicidad tal que resulte desconocida para el resto de la existencia; puede hacerte tan desgraciado y miserable como nada en el mundo. El ser humano es una posibilidad doble; al ser consciente se abren ante él dos caminos posibles.

La consciencia puede convertirse en una bendición, y también en una maldición. Cada bendición llega con una maldición, y el problema es que depende de cómo se elige. Permite que te lo explique, y luego podremos comprender el *sutra*.

El ser humano es consciente. En el momento en que el ser humano se hace consciente, se hace también consciente del fin, de que va a morir. Se hace consciente del mañana, del tiempo, del paso del tiempo, de que el fin llegará más tarde o más temprano. Cuanto más consciente se hace, más problemática se vuelve la muerte, el único problema. ¿Cómo evitarla? Eso es utilizar la consciencia de modo erróneo. Es como darle un telescopio a un niño que no sabe usarlo y que mira por el extremo que no es.

La consciencia es el telescopio, y puede mirarse por el extremo equivocado. Ese extremo cuenta también con algunos beneficios... que crean más problemas. A través del extremo equivocado del telescopio se puede observar que hay muchos beneficios posibles; a corto plazo hay muchos beneficios posibles. Las personas que son conscientes del tiempo ganan algo en comparación con las que no lo son. Las personas que son conscientes de la muerte logran muchas cosas en comparación con las que no lo son. Por eso Occidente no deja de acumular riqueza material mientras Oriente ha permanecido pobre. ¿Qué más te da si no eres consciente de la muerte?

La gente vive momento a momento, como si el mañana no existiese. ¿Quién acumula? ¿Para qué? El presente es tan bello... ¿Por qué no celebrarlo? Ya veremos qué ocurre con el mañana cuando llegue.

En Occidente han acumulado infinita riqueza porque son muy conscientes del tiempo. Han reducido toda su vida a cosas, a cosas materiales... como los rascacielos. Han logrado mucha riqueza... que es el beneficio de mirar por el extremo equivocado del telescopio. Pueden ver únicamente algunas cosas que están en primer plano, cerca, pero no ven nada que esté alejado. Sus ojos se han vuelto como los de un miope que no puede ver de lejos. Sólo mira a lo que tiene al lado, sin pensar que tal vez a la larga el precio sea muy alto. A largo plazo, este beneficio puede que no lo sea. Puedes construir una casa muy grande, y para cuando esté acabada te habrás muerto. Podías haber vivido en una casita bonita, incluso en una cabaña, pero pensaste que sería mejor un palacio. Ahora el palacio está listo, pero el hombre se ha ido. Ya no está.

La gente acumula riqueza a costa de su propio ser. Finalmente, un día, se dan cuenta de que se han perdido a sí mismos y que han adquirido un montón de cosas inútiles. El precio ha sido alto, pero ya no puede hacerse nada: el tiempo ha pasado.

Si eres consciente del tiempo te volverás loco acumulando cosas, transformarás toda la energía vital en cosas. Un hombre que es consciente de todo el espectro disfrutará todo lo que pueda de este momento. Flotará. No se molestará acerca del mañana porque sabe que el mañana nunca llega. Sabe en lo profundo de sí que finalmente sólo hay que lograr una cosa: el propio ser.

Vive, y vive de manera tan total que entres en contacto contigo mismo... No hay otra manera de entrar en contacto contigo mismo. Cuanto más profundamente vivas, más te conocerás, en las relaciones y en soledad. Cuanto más profundices en las relaciones, en amor, más profundamente sabrás. El amor se convierte en un espejo. Y alguien que nunca haya amado no puede estar solo, como mucho puede estar solitario.

Alguien que ha amado y conocido una relación, puede estar solo. Ahora su estar a solas tiene una calidad totalmente distinta, no es soledad. Ha vivido en una relación, colmado su amor, conocido al otro, y conocido a sí mismo a través del otro. Ahora puede conocerse a sí mismo directamente, ya no necesita el espejo. Piensa en alguien que nunca haya visto un espejo. ¿Puede cerrar sus ojos y ver su rostro? Imposible. Ni siquiera puede imaginar su rostro, ni meditar sobre él. Pero una persona que ha llegado ante un espejo, que se ha mirado en él, que ha conocido su rostro a través de él, puede cerrar los ojos y ver el rostro en su interior. Eso es lo que sucede en una relación. Cuando una persona entra en una relación, la relación la refleja y llega a saber muchas cosas de ella misma que ni siquiera sospechaba.

A través del otro llega a conocer su rabia, su codicia, sus celos, su posesividad, su compasión, su amor, y miles de humores que coexisten en su ser. A través del otro descubre muchos climas. Y poco a poco llega un momento en que puede estar a solas. Puede cerrar sus ojos y conocer su propia conciencia de manera directa. Por eso digo que para aquellos que nunca han amado, la meditación resulta muy, muy difícil.

Quienes han amado profundamente pueden convertirse en profundos meditadores; los que han amado en una relación están ahora en situación de ser por sí mismos. ahora han madurado, ahora ya no necesitan al otro. Si el otro sigue allí pueden compartir, pero la necesidad ha desaparecido; ahora ya no hay dependencia.

Al final, conciencia se hace consciente de la muerte. Y cuando eso ocurre surge un temor. Ese temor crea en ti un deseo de escapar. Entonces escapas de la vida; siempre que hay vida tratas de escapar porque siempre que hay vida viene acompañada de un vislumbre de muerte. La gente que tiene demasiado miedo de la muerte nunca se enamora de las personas, siempre se enamora de cosas; las cosas nunca mueren porque nunca viven.

Las cosas pueden sustituirse y duran. Si desaparece un coche te puedes comprar otro diferente o exacto. Pero no puedes sustituir a una persona; si tu esposa muere, es para siempre. Puedes conseguir otra esposa, pero ninguna otra mujer reemplazará a la anterior; para bien o para mal, ninguna otra mujer puede ser la misma mujer. Si se te muere un hijo puedes adoptar otro, pero la calidad de la relación no será la misma que hubieras tenido con tu hijo. La herida permanece, no puede curarse. La gente que tiene demasiado miedo a la muerte acaba teniendo miedo a la vida. Entonces empieza a acumular cosas: un gran palacio, un coche grande, millones de dólares, de rupias, esto y aquello... cosas imperecederas. Una rupia es más imperecedera que una rosa. Y por ello las rosas nos les preocupan, sólo están interesados en acumular rupias.

Una rupia nunca muere, es casi inmortal, pero una rosa... Por la mañana estaba viva y por la noche ya no existe. Temen a las rosas, ni siquiera las miran. O a veces, si surge el deseo, compran flores de plástico. Son estupendas. Puedes estar tranquilo con las flores de plástico, porque dan sensación de inmortalidad. Pueden estar contigo para siempre. Una rosa auténtica, en cambio... por la mañana está llena de vida, y por la noche se ha ido, sus pétalos han caído al suelo, han regresado a la misma fuente. De la tierra sale, florece un tiempo y distribuye su fragancia a toda la existencia. Una vez acaba su misión, cuando ha entregado su mensaje, regresa silenciosamente a la tierra y desaparece sin derramar una sola lágrima, sin lucha. ¿Has visto caer los pétalos de una flor sobre la tierra? ¡Con qué hermosura y gracilidad caen... sin aferrarse!; no tratan de aferrarse a nada, ni siquiera durante un instante. Llega una brisa y toda la flor cae al suelo, regresando a su origen.

Un ser humano que tiene miedo a la muerte tendrá miedo a la vida, le dará miedo el amor, porque el amor es una flor, y una flor no es una rupia. Un hombre que tenga miedo a la vida puede casarse, pero nunca se enamorará. El matrimonio es como una rupia, el amor es como una rosa. Está o no está, pero no puedes estar seguro de ello, no posee una inmortalidad legal. Un matrimonio es algo a lo que apegarse, tiene un certificado, un juzgado que lo apoya. Cuenta con la fuerza de la policía y del presidente, en caso de que algo se tuerza.

Pero con el amor... Está la fuerza de las rosas, claro está; pero las rosas no son policías, ni presidentes, así que no pueden ofrecer protección.

El amor va y viene, mientras que el matrimonio sólo viene. Se trata de un fenómeno muerto, es una institución. Resulta increíble que a las personas les guste vivir en instituciones. Temerosas de la muerte, han acabado con todas las posibilidades de muerte en todas partes. Crean a su alrededor la ilusión de que todo va a permanecer tal y como es. Todo está seguro y a salvo. Ocultos tras esta seguridad sienten un cierto desahogo, pero es una tontería estúpida. No hay nada que pueda salvarles; la muerte llegará y llamará a su puerta, y todos ellos morirán.

La conciencia puede tomar dos perspectivas. Una es temer a la vida porque a través de la vida llega la muerte. Y la otra es amar la vida tan profundamente que también empieces a amar la muerte, porque es su núcleo más profundo. La primera actitud proviene del pensamiento, y la segunda de la meditación. La primera actitud tiene su origen en demasiados pensamientos; la segunda lo tiene en una mente carente de pensamientos, en una no-mente. La conciencia puede ser reducida a pensamientos; los pensamientos pueden deshacerse de nuevo en conciencia.

Sólo tenéis que pensar en un río en el más crudo invierno. Cuando los témpanos de hielo empiezan a aparecer es que ciertas partes del agua están heladas. Luego hace todavía más frío, la temperatura desciende bajo cero y todo el río se congela. Ahora no hay movimiento, no fluye. La conciencia es un río, una corriente; con muchos pensamientos, la corriente se congela. Si hay muchos pensamientos, muchos "obstáculos en forma de pensamientos" entonces no existe posibilidad de fluir. El río está totalmente congelado. Y ya estáis muertos.

Pero si el río fluye completamente, si derretís el hielo, si derretís todo lo que está congelado, todos los pensamientos... entonces... De eso trata la meditación: es un esfuerzo por descongelar todos los pensamientos, que pueden volver a convertirse en conciencia. Entonces el río fluye, vivo, vibrante, danzarín, en dirección al mar. El mar significa la muerte. El río desaparecerá, para siempre, se hará uno con el infinito, dejará de ser un individuo. Carecerá de nombre: el Ganges dejará de ser el Ganges, y el Volga ya no lo será más. Desaparecen en lo desconocido.

Si la mente tiene miedo se convierte en un torbellino de pensamientos. Si piensas demasiado, si te pasas todo el día pensando, de la mañana a la noche, de la noche a la mañana, alimentando pensamientos y más pensamientos, y por la noche sueños y más sueños, entonces tu río está congelado. Eso también forma parte del miedo: tu río está tan congelado que no puedes moverte, y por ello el océano permanece alejado. Si te mueves, acabarás cayendo en el océano.

La meditación es un esfuerzo por descongelarte. Los pensamientos se van deshaciendo como nieve, vuelven a fluir, y la mente se convierte una corriente. Ahora nada le cierra el paso, se dirige libre hacia el mar.

Si la conciencia se vuelve meditativa entonces aceptas la muerte, entonces la muerte no es nada separado, eres tú. Entonces aceptas la muerte como reposo; entonces aceptas la muerte como una relajación final, como un retiro. Te retiras. Has trabajado mucho durante todo el día, llegas cansado a casa y te vas a dormir, te retiras. La vida es como el día y la muerte como la noche.

Pero el miedo, la ansiedad, la neurosis acerca del tiempo, se están convirtiendo en condiciones crónicas. Como si fuese lo más natural estar siempre pendientes, temerosos de si pasa el tiempo. El miedo es básicamente que: «Todavía no he sido capaz de vivir y va pasando el tiempo. No puedo recuperarlo; no puedo deshacerlo; una vez que pasa desaparece. Y cada día la vida es más corta, se hace más y más pequeña».

No es miedo a la muerte, es temor del tiempo, y si lo observas profundamente descubrirás que el miedo es miedo a una vida no vivida, a no ser capaz de vivir. Si vives, entonces no hay miedo. Si la vida colma no existe el miedo. Si has disfrutado y alcanzado las cumbres que puede ofrecer la vida –si tu vida ha sido una experiencia orgásmica, una poesía que ha vibrado en tu interior, una canción, un festival, una ceremonia, y si has vivido totalmente cada minuto de ella–, entonces no temerás el tiempo. Ese miedo desaparecerá.

Estarás listo incluso si la muerte llega hoy; estarás dispuesto porque habrás conocido la vida. De hecho, darás la bienvenida a la muerte porque representará una nueva oportunidad. Una puerta que se abre, un nuevo misterio revelado: «He vivido la vida. Ahora la muerte llama a mi puerta y correré a abrirle la puerta. ¡Vamos! Como he conocido la vida, también quiero conocerte a ti».

Eso es lo que le ocurrió a Sócrates cuando murió. Sus discípulos empezaron a gemir y llorar... algo muy natural. Sócrates abrió los ojos y dijo: «¡Ya está bien! ¿Qué os proponéis? ¿Por qué lloráis y gemís? He vivido mi vida de manera total. Ahora llega la muerte y me siento entusiasmado. La espero con mucho amor, anhelo y esperanza. Una nueva puerta se abre, y la vida me revela un nuevo misterio». Alguien le preguntó: «¿No tienes miedo?». Y Sócrates respondió: «No veo por qué habría que tener miedo a la muerte... porque en primer lugar no sé qué es lo que va a pasar. En segundo lugar, sólo hay dos posibilidades: o bien sobrevivo –y entonces no hay por qué albergar miedo alguno– o no sobrevivo. Entonces tampoco veo por qué hay que tener miedo. Si no sobrevivo no hay problema –si no soy, no puede haber ningún problema–, y si sobrevivo tal y como estoy aquí, si mi conciencia sobrevive, no hay tampoco ningún problema porque sigo estando aquí. También en la vida había problemas y los solucioné. Así que ahora aquí estoy, y si hay algún problema los solucionaré».

Resolver problemas siempre es un gozo, un desafío. Te enfrentas al desafío, entras en él, y cuando lo resuelves tiene lugar una gran liberación de alegría. El miedo a la muerte es miedo al tiempo. Y el miedo al tiempo –en lo más profundo– es miedo a momentos no vividos, de una vida no vivida. ¿Qué hacer? Vivir más y más intensamente. Vivir peligrosamente. Es *tu* vida. No la sacrifiques en todo ese tipo de tonterías para las que te han educado. Es tu vida: ¡*vívela*! No la sacrifiques por unas palabras, teorías, países o políticas. No la sacrifiques por nada. ¡Vívela! No pienses que morir es valeroso.

El único valor es vivir la vida totalmente; no existe ningún otro coraje. Morir es muy simple y fácil. Puedes saltar desde un acantilado o colgarte... así de fácil. Puedes convertirte en mártir de un país, un dios, una religión, una iglesia... ¡Todos carniceros! ¡Todos asesinos!

No te autoinmoles. Estás aquí para ti mismo y para nadie más. Entonces vive. Y vive con total libertad, y con tal intensidad que cada momento quede transformado en eternidad. Si vives un momento intensamente entonces se transforma en eternidad. Si vives un momento intensamente te trasladas a lo vertical, saliendo de la horizontalidad.

Existen dos maneras de relacionarse con el tiempo: una es nadar en la superficie del mar; la otra es bucear hacia las profundidades, ir hacia el fondo. Si te limitas a nadar en el océano del tiempo siempre tendrás miedo, porque la superficie no es la realidad. La superficie no es realmente el mar, sólo es el límite, la periferia. Sumérgete, dirígete a las profundidades. Cuando vives un instante profundamente dejas de formar parte del tiempo.

Si has estado enamorado, profundamente enamorado, el tiempo desaparece. Cuando estás con tu amado o amada, o tu amante, o tu amigo, de repente el tiempo desaparece. Te estás sumergiendo. Si te gusta la música, si tienes un corazón musical, entonces sabes que el tiempo se detiene. Si tienes sentido de la belleza, una sensibilidad estética, el tiempo desaparece al mirar una rosa. Mira a la luna y dime: ¿Dónde está el tiempo? El reloj se detiene al punto. Las manos se mueven y el tiempo desaparece. Si has amado algo profundamente sabes que trasciendes el tiempo. El secreto te ha sido revelado en muchas ocasiones. La vida se te revela.

La vida desearía que tú *disfrutases*, que celebrases tu existencia. La vida desearía que participases tan profundamente que no hubiese arrepentimiento por el pasado, que no recordases el pasado porque cada momento es vivido profundamente. Cada momento de la vida se vuelve más y más bello, más orgásmico, una experiencia cumbre. Y poco a poco, cuando te vas ajustando a la cumbre, acaba convirtiéndose en tu morada.

Así vive una persona iluminada, totalmente y momento a momento. Alguien le preguntó a un maestro zen: «¿Qué ha hecho desde la iluminación?». Y él respondió: «Llevo agua desde el pozo, corto leña en el bosque, como cuando tengo hambre y duermo cuando tengo sueño... eso es todo».

Pero recuerda que cuando un hombre ha alcanzado una profunda comprensión de su propio ser, entonces, cuando corta leña, simplemente corta leña; no hay nadie más. De hecho, tampoco está el leñador; sólo el cortar leña, sólo el partir. Otro gran maestro zen dijo: «Cuando te sientes, siéntate; cuando camines, camina. Por encima de todo, no vaciles».

El tiempo se convierte en un problema porque no has vivido correctamente. Es simbólico, sintomático. Si vives correctamente, entonces desaparece el problema del tiempo; el temor al tiempo desaparece. ¿Qué puede hacerse? Hagas lo que hagas en cada momento, hazlo totalmente. Cosas sencillas, como cuando te bañes, báñate totalmente. ¡Olvídate del resto del mundo! Al sentarte, siéntate; al caminar, camina. Por encima de todo, no vaciles. Siéntate bajo la ducha y permite que te caiga encima toda la existencia. Deshazte con todas esas maravillosas gotas de agua que caen sobre ti. Igual con todas las cosas pequeñas: limpiar la casa, preparar comida, lavar la ropa o salir a dar un paseo; cuando las hagas, hazlas totalmente. Entonces no habrá necesidad de meditación alguna.

La meditación no es más que un método para aprender a hacer una cosa totalmente. Una vez que has aprendido, convierte toda tu vida en una meditación y olvídate de todo lo referente a meditaciones: permite que tu vida sea la única ley, deja que la vida sea la única meditación. Cuando el tiempo desaparece, y recuerda que desaparece, la muerte desaparece. Entonces dejas de temer a la muerte. De hecho, la esperas.

Piensa en ese fenómeno: ¿cómo puede existir la muerte cuando la esperas? Ese esperar no es suicida, ni patológico. Has vivido tu vida. Si has vivido tu vida, entonces la muerte se convierte en la cumbre de toda la existencia. La muerte es el clímax de la vida, el pináculo, la culminación.

Has vivido todas las pequeñas olas de comer, beber, dormir, caminar y hacer el amor; has vivido olas grandes y otras pequeñas. Entonces llega la mayor de todas: mueres. También esa debes vivirla con totalidad. Entonces estás listo para morir. Esa disposición es la muerte de la propia muerte.

Así es como hay gente que llega a saber que no hay nada que muera. La muerte es impotente si estás dispuesto a vivirla; la muerte es muy poderosa si la temes. Una vida no vivida otorga poder a la muerte. Una vida totalmente vivida le quita todo poder a la muerte. La muerte deja de ser.

3. EL CORAJE DE VIVIR

En realidad, nadie tiene miedo a la muerte; si no fuese así, vivir se tornaría algo imposible. Existe una especie de medida de seguridad, y eso es algo básico que hay que comprender.

La naturaleza no quiere que temas a la muerte por la sencilla razón de que si el miedo a la muerte se hiciera insoportable entonces serías incapaz de vivir. La vida sólo puede vivirse si puedes seguir creyendo que vas a estar por aquí para siempre. Las cosas cambiarán, la gente morirá, pero tú permanecerás fuera, ajeno a esos cambios. Y esa percepción está basada en tu experiencia.

Dice el poeta: «Nunca preguntes por quién tocan las campanas, pues tocan por ti». Pero cuando tocan por ti, tu no estás ahí para escucharlas, ése es el problema. Así que te digo que tocan por otra persona; por eso las puedes escuchar. El poeta no conoce las esferas más profundas de la conciencia humana. En cierto modo está diciendo una verdad. Sí, tocan por ti. Pero tú las escuchas... Puedes comprender la implicación, pero esa implicación no crea temor en ti. Puedes estar seguro de que el poeta que escribió esas líneas no temía a la muerte. Ni siquiera él, al oír tocar las campanas, pensó que tocasen por él. Siempre es por algún otro, siempre por alguien que no eres tú.

La gente teme tener cáncer, sida, quedarse ciega, tullida; la gente tiene miedo de que en la vejez le suceda todo tipo de cosas; teme la vejez. Nadie tiene miedo de la muerte. La muerte es tan limpia que ¿cómo podrías tener miedo de la muerte? De hecho, cuanto más te acercas a la vejez y a la muerte, más empiezas a desear que la muerte llegue con rapidez. La muerte es absolutamente limpia y pura. Nunca ha preocupado a nadie, nunca ha torturado a nadie. Nadie tiene miedo de la muerte. Nunca he conocido a una persona que tema la muerte. Lo que la gente teme es quedar tendido en las camas de los hospitales, en alguna extraña postura, con las piernas hacia arriba, las manos hacia abajo, y todo tipo de instrumental penetrándoles en la cabeza y el pecho... de eso es de lo que tiene miedo la gente, ¿pero de la muerte? ¿Has visto alguna vez que la muerte cause algún daño a alguien? ¿Por qué habría que temerla?

La gente teme a la vida, no a la muerte, porque la vida es un problema que hay que resolver. La vida cuenta con miles de complejidades que hay que resolver. La vida tiene tantas dimensiones que siempre está uno preocupado: ¿nos movemos en la dimensión correcta o la hemos dejado atrás, sin darnos cuenta?

Hagas lo que hagas, la pregunta nunca te abandona: ¿es éste el tipo de cosa que realmente querías hacer, o para la que estabas destinado? Todo el mundo está agitado a causa de la vida. La gente teme vivir, y por ello viven de la manera más limitada posible. Han convertido la vida en una preocupación limitada.

Intentan crear una cerca alrededor de su vida. No quieren vivir en las extensiones salvajes de la vida; eso da mucho miedo. Levantan una bonita cerca alrededor de su casa, diseñan un bonito jardín inglés en el interior –siempre simétrico, bien recortado y cuidado– y piensan que eso es la vida. Eso no es la vida, sólo es un esfuerzo por tratar de evitar la vida.

La vida sólo puede ser salvaje. No puede tener cercas; no puede ser un jardín inglés. No es victoriana, ni simétrica. La gente tiene miedo de la vida, y la teme porque la vida sólo es posible si eres capaz de ser salvaje, salvaje en tu manera de amar, en tu canción, en tu danza. Ahí es donde radica el miedo.

Abandona el miedo a la vida... Porque o bien la temes o la vives, depende de ti. ¿Qué temes? No tienes nada que perder, y todo por ganar. Abandona todo temor y salta totalmente a la vida. Un día llegará la muerte como una invitada bien venida, no como una enemiga, y disfrutarás de la muerte más de lo que hayas disfrutado la vida, porque la muerte cuenta con sus propias bellezas. Y la muerte es muy rara porque sólo ocurre en una ocasión... la vida sucede a diario.

En tu interior hay muchas posibilidades, amontonadas unas sobre otras. La primera capa es la corporal. Si te identificas con el cuerpo entonces te estás identificando con lo temporal, lo momentáneo. Entonces surgirá el miedo a la muerte. El cuerpo es un fluir, como un río, que cambia y se mueve constantemente. De hecho, el cuerpo muere cada día. La muerte continúa durante setenta años; es un proceso. La muerte no es un suceso, sino un largo proceso. Poco a poco, el cuerpo llega a un punto en el que ya no puede aguantar y se desintegra.

Si te identificas con el cuerpo, entonces, claro está, vivirás aterrorizado de que la muerte llegue en cualquier instante. Podrás vivir, pero lleno de temor. ¿Qué clase de vida es posible cuando los propios fundamentos están siempre temblando? Cuando uno se sienta en un volcán y la muerte es posible en cualquier momento, cuando sólo una cosa es cierta –que la muerte se aproxima– y todo lo demás es incierto... ¿cómo puede vivirse así? ¿Cómo puede uno celebrar la vida? ¿Cómo puede bailar y cantar de alegría? Es imposible. La muerte no lo permitirá. La muerte está cada día más cerca.

Después está una segunda capa: la de la mente, que es incluso más temporal y cambiante que la corporal. La mente se desintegra continuamente. La mente es la parte interna del cuerpo, y el cuerpo la zona externa de la mente. No son dos cosas. «Mente y cuerpo» no es una expresión acertada. La expresión correcta es «mente-cuerpo». Eres psicosomático. No es que el cuerpo exista y la mente exista. El cuerpo es la mente grosera y la mente es el cuerpo sutil. Son aspectos de la misma moneda, uno externo y el otro interno.

Así pues, hay gente que se identifica con el cuerpo. Son los materialistas. No pueden vivir. Lo intentan desesperadamente, pero no pueden. Un materialista sólo pretende estar viviendo, pero no puede. Su vida no puede ser muy profunda; sólo puede ser superficial porque trata de vivir a través del cuerpo, que está continuamente muriendo. Vive en una casa en llamas. Trata de descansar en una casa que arde. ¿Es posible descansar en un incendio? ¿Es posible amar en esas condiciones?

El materialista sólo puede tener sexo, no amor, porque el sexo es temporal; el amor es algo eterno. Puede llevar a cabo contactos fugaces con las personas pero no puede relacionarse. Está continuamente corriendo porque se identifica con el cuerpo. El cuerpo nunca descansa, está en continuo movimiento. Como mucho, puede relacionarse sexualmente, algo momentáneo y temporal, nada profundo, nada proveniente del alma ni de lo más profundo. Los seres permanecen alejados; los cuerpos se encuentran, se combinan y luego se separan de nuevo. El materialista es una persona idiota porque intenta vivir a través de la muerte. Ésa es su estupidez.

Luego hay otro tipo de persona, la idealista, la que se identifica con la mente, con ideas, ideologías e ideales. Vive en un mundo muy efímero, y no es de ninguna manera mejor que el materialista. Claro está, resulta más gratificante para el ego porque puede condenar al materialista. Habla de Dios y del alma; habla de religión y de grandes cosas. Habla del otro mundo, pero sólo es palabrería. Vive en la mente: siempre está pensando y maquinando, jugando con las ideas y palabras. Crea utopías de la mente –grandes y hermosos sueños– pero también está desperdiciando la oportunidad, porque la oportunidad es aquí y ahora, y él siempre está pensando en otras cosas.

La palabra *utopía* es hermosa. Significa «lo que nunca llega». El idealista piensa en algo que nunca llega y que no puede llegar. Vive en cualquier otro sitio. Existe aquí pero vive en otro sitio. Habita en la dicotomía, en un dualismo. Existe merced a una gran tensión. Los políticos, los revolucionarios, los llamados teólogos y los sacerdotes, viven todos ellos una vida identificada con la mente, cuando la vida real está más allá de cuerpo y mente. Estás en el cuerpo y estás en la mente, pero no estás en ninguno de los dos. El cuerpo es tu cáscara externa y la mente la interna. Pero tú estás más allá de ambas. Esta revelación es el principio de la vida auténtica.

¿Cómo alcanzar dicha revelación? De eso trata la meditación. Empieza a ser testigo. Al caminar por la calle, conviértete en un testigo. Observa andar al cuerpo. Tú, desde el núcleo más interno, estás simplemente observando, presenciando, mirando. De repente sentirás una sensación de libertad. De repente verás que el cuerpo anda y que *tú* no estás andando.

A veces el cuerpo está sano y en otras ocasiones está enfermo. Observa, simplemente observa, y de repente tendrás una sensación totalmente distinta de la calidad de ser. No eres el cuerpo. El cuerpo está enfermo, claro, pero tú no. El cuerpo está sano, pero no tiene nada que ver contigo. Tú eres un testigo, un observador en las colinas... allá, a lo lejos. Atado al cuerpo, desde luego, pero no identificado con el cuerpo; arraigado en el cuerpo, pero siempre más allá y trascendiendo.

La primera meditación es separarte del cuerpo. Y poco a poco, cuando puedas afinar más tu observación del cuerpo, empieza a observar los pensamientos que no cesan de aparecer en la mente. Pero primero observa el cuerpo. Como es grosero puede observarse con mayor facilidad, no se requiere demasiada atención. Una vez que te acostumbres empieza a observar la mente.

Todo aquello que puede ser observado se separa de ti. Todo aquello que puedes presenciar deja de ser tú; tú eres la conciencia presente. Lo observado es el objeto; tú eres la subjetividad. El cuerpo y la mente también permanecen alejados cuando te vuelves testigo. De repente estás ahí –sin cuerpo ni mente–... pura conciencia, sólo pureza, una inocencia y un espejo.

En esta inocencia descubres por primera vez quién eres. Eres, por primera vez. Antes estabas simplemente dormido y soñando; ahora eres. Y cuando eres no hay muerte. Entonces sabes que también presenciarás tu muerte. Quien es capaz de presenciar la vida se vuelve capaz de presenciar la muerte porque la muerte no es el final de la vida, sino su culminación. Su auténtica cumbre. La vida llega a la cumbre con la muerte. Pero como tienes miedo, no te das cuenta. Si no, la muerte se convierte en el mayor de los éxtasis, el orgasmo más grande. Ya conoces el pequeño orgasmo del sexo. También en el sexo tiene lugar una muerte pequeña: una cierta parte de energía vital se libera de tu cuerpo y te sientes orgásmico, liberado y relajado. Piensa en la muerte: ahí liberas toda la energía que posees. La muerte es el mayor orgasmo.

En el orgasmo sexual sólo se libera una pequeña y diminuta parte de tu energía. Y te sientes de maravilla. Además, te sientes tan relajado que caes en un profundo sueño; todas las tensiones se han disuelto. Estás en armonía. Piensa en la muerte como la liberación de toda la vida, que sale por todos los poros de tu cuerpo para reintegrarse en el todo. Es el mayor orgasmo posible.

Sí, la muerte es el mayor de los orgasmos, pero la gente no se da cuenta por culpa de su miedo. Lo mismo sucede con el orgasmo sexual. Son muchos los que no llegan. No pueden llegar a ningún orgasmo por culpa de su miedo. No pueden soltarse. Recuérdalo, la gente que tiene miedo de la muerte también lo tiene del sexo. Es algo que puedes observar en la India. Este país ha permanecido temeroso del sexo y también de la muerte. No podrás hallar mayores cobardes en ningún otro sitio. ¿Qué ha pasado? Esa gente que tiene miedo a la muerte también teme el sexo porque en el sexo tiene lugar una pequeña muerte. La gente que teme el sexo se aferra mucho a la vida. Se tornan miserables. Los miserables no consiguen orgasmos sexuales y además no alcanzan el mayor de los orgasmos, la culminación de toda la vida.

Una vez que sabes lo que es la muerte podrás recibirla con gran alborozo. Le darás la bienvenida. Es la culminación de todo el esfuerzo de tu vida. Es la fruición de todos tus esfuerzos. Ahí acaba el viaje, y uno regresa a casa.

En la muerte no mueres.

La energía que se te había dado a través del cuerpo y de la mente queda liberada y regresa al mundo. Regresas a casa. Si no mueres de manera correcta volverás a nacer. Permite que te lo explique. Si no mueres correctamente, si no alcanzas el orgasmo total que es la muerte, volverás a nacer porque te lo habrás perdido y necesitarás otra oportunidad.

La existencia es muy paciente contigo. No te da más que oportunidades. Tiene compasión. Si has errado en esta vida, la existencia te proporciona otra. Si has fracasado en esta ocasión, te volverá a enviar al mundo. A menos que alcances el objetivo, regresarás una y otra vez. Ése es el significado de la teoría de la reencarnación.

El dios cristiano es un poco miserable: sólo otorga una vida. Eso crea mucha tensión. ¿Una sola vida? Ni siquiera hay tiempo para fracasar ni para descarriarse. Eso crea una tensión muy profunda. En Oriente hemos creado el concepto de un dios más compasivo que no deja de dar. ¿Que has fallado en esta? ¡Pues toma otra! Y en cierta manera es muy sensible. No existe ningún dios personificado que te dé la vida. De hecho eres tú.

¿Lo has observado en alguna ocasión? Por la noche, cuando te duermes. Observa. Observa el último pensamiento cuando te quedas dormido, el último deseo y el último fragmento de tu mente. Cuando te sientes despierto por la mañana no abras los ojos, simplemente observa. El último fragmento será también el primero.

Si pensaste en dinero cuando te dormías, ese será precisamente el primer pensamiento por la mañana. Volverás a pensar en dinero, porque ese pensamiento permaneció en tu mente, esperando a que regresaras a él. Si pensabas en sexo, por la mañana te descubrirás pensando en sexo. Sea lo que sea... Si pensaste en Dios, y lo último que hiciste fue rezar, entonces lo primero que harás por la mañana será rezar.

El último pensamiento de la noche es el primero de la mañana. El último pensamiento de esta vida será el primero de la siguiente. El último pensamiento que tengas al morir en esta ocasión será la primera semilla de tu próxima vida.

Pero cuando muere un buda, alguien que ha alcanzado la budeidad, simplemente muere sin pensar. Disfruta del orgasmo, que colma tanto, que es tan satisfactorio que no hay necesidad de regresar. Desaparece en el cosmos. No es necesario volverse a encarnar.

En Oriente hemos observado la experiencia de muerte de la gente. La manera en que mueres refleja toda tu vida y cómo viviste. Si puedo observar tu muerte podré escribir tu biografía, porque en ese momento se condensa toda tu vida. En ese único momento, como un relámpago que todo lo ilumina.

Una persona miserable morirá con los puños apretados, aferrándose y apegado, intentando no morir y no relajarse. Una persona generosa morirá con los puños abiertos, compartiendo... compartiendo su muerte de la misma manera que compartió su vida. Puedes verlo todo escrito en el rostro, puedes ver si esa persona vivió su vida atenta y consciente. Si así fue, entonces su rostro será luminoso, y alrededor de su cuerpo habrá un aura. Te acercarás a él y te sentirás en silencio... no triste, sino en silencio. Si resulta que una persona ha muerto gozosamente, totalmente orgasmada, entonces te sentirás feliz en su proximidad.

Me sucedió de niño, cuando murió una persona muy santa de mi pueblo. Yo sentía un cierto apego por ella. Era el sacerdote de un templo muy pequeño, un hombre muy pobre. Siempre que pasaba por allí –solía hacerlo al menos un par de veces al día–, al ir al colegio, que estaba cerca del templo, me llamaba y me daba una fruta o algún dulce.

Cuando murió yo fui el único niño que fue a verle. Toda la población se hallaba allí reunida. De repente, no pude creer lo que sucedía... ¡y empecé a reírme! Mi padre se hallaba presente; intentó detener mi risa porque se sentía avergonzado. Una muerte no es motivo de risa. Intentó que me callase. Me repetía constantemente: «¡Estate quieto!».

Nunca más volví a tener un ataque de risa parecido. No he vuelto a sentir una necesidad tal; y nunca antes me había reído con tantas ganas, como si estuviese sucediendo algo maravilloso. No podía aguantarme, y me reía como un loco. Todo el mundo se enfadó y me enviaron a casa. Mi padre me dijo: «¡Nunca más te dejaré estar presente en una situación seria! Me has hecho pasar vergüenza. ¿A qué venía tanta risa? ¿De qué te reías? ¿Qué es lo que pasaba? ¿Qué tiene la muerte de graciosa? Todo el mundo lloraba y gemía y tú te *reías*».

«Es que pasó algo... el viejo soltó algo que era muy hermoso. Murió una muerte orgásmica», le dije, no exactamente con esas palabras, sino que había sentido que era muy feliz al morir, que había muerto lleno de gozo, y que yo había querido participar de su risa. Se reía, toda su energía se reía. Creyeron que me había vuelto loco. ¿Cómo es posible que un hombre se muera riendo? Desde entonces he presenciado muchas muertes, pero nunca he vuelto a ver una como aquélla.

Cuando mueres liberas tu energía, y con esa energía también se libera toda tu experiencia vital. Fueres lo que fueres –triste, feliz, cariñoso, colérico, apasionado o compasivo, fueses lo que fueses– esa energía está impregnada de las vibraciones de toda tu vida. Siempre que muere un santo, es un don poder estar cerca de él; bañarse en su energía es una gran inspiración. Te coloca en otra dimensión totalmente distinta. Su energía te drogará y te sentirás borracho.

La muerte puede ser una satisfacción total, pero sólo es posible si se ha vivido la vida.

4. RESPUESTAS A PREGUNTAS

¿Por qué me da tanto miedo envejecer? Enséñeme a desembarazarme de ello.

La vida, si se ha vivido correctamente, si se ha vivido realmente, nunca tiene miedo a la muerte. Si has vivido tu vida, darás la bienvenida a la muerte. Llegará como un descanso, como un gran sueño. Si has alcanzado la plenitud de tu vida, entonces la muerte es como un hermoso descanso, como una bendición. Pero si no has vivido, entonces, claro está, la muerte provoca miedo. Si no has vivido, entonces la muerte te arrebatará el tiempo de las manos, cualquier oportunidad futura de vivir. En el pasado no viste, y no habrá futuro, y por ello surge el miedo. El miedo aparece no a causa de la muerte sino por no haber vivido la vida.

Y la vejez da miedo a causa del miedo a la muerte, porque es el primer paso de la muerte. Si no, la vejez también es hermosa. Es una maduración de tu ser, un crecimiento. Si vives momento a momento, haciendo frente a todos los desafíos que te presenta la vida, y utilizas todas las oportunidades que te abre, si te atreves a aventurarte en lo desconocido a lo que te invita la vida, entonces la vejez es una madurez. De otro modo se convierte en una enfermedad.

Por desgracia, son muchas las personas que simplemente envejecen, sin ninguna madurez. Entonces la vejez es una carga. El cuerpo ha envejecido, pero tu conciencia permanece joven. Has envejecido de cuerpo, pero tu vida interior no ha madurado. No hay ninguna luz interior, y la muerte está cada día más cerca; claro que tiemblas, y tendrás miedo y sentirás mucha angustia.

Quienes viven correctamente, aceptan la vejez con gracia, porque la vejez simplemente les dice que ahora van a florecer, a madurar, y que serán capaces de compartir lo que han alcanzado.

Por lo general, la vejez es desagradable porque se trata simplemente de una enfermedad. Tu organismo no ha madurado, sólo se ha vuelto cada vez más enfermizo, débil e impotente. Sin embargo, la vejez también puede ser la mejor época de la vida. Una vez desaparecida toda la tontería de la infancia, y toda la fiebre y la pasión de la juventud... surge una serenidad, un silencio, una meditación, un *samadhi*.

La vejez es enormemente hermosa, y debe serlo porque toda la vida se desplaza hacia ella. Debe ser la cumbre. ¿Cómo puede estar la cumbre al principio? ¿O en el medio? Pero si consideras que tu cumbre es la infancia, como le ocurre a muchos, entonces sufrirás toda tu vida porque ya habrás alcanzado la cumbre, y ahora todo se convertirá en un declive, en un descenso. Si consideras que la juventud fue tu cumbre, como también le ocurre a muchos, entonces después de los treinta y cinco te entristecerás y deprimirás, porque cada día que pase perderás más y más sin ganar nada. Se perderá la energía, te debilitarás, las enfermedades penetrarán en tu ser y la muerte empezará a llamar a tu puerta. El hogar habrá desaparecido, y aparecerá el hospital. ¿Cómo puedes ser feliz así? No, es imposible. En Oriente nunca hemos creído que la infancia o la juventud sean la cumbre. La cima espera para el final.

Y si la vida fluye correctamente, poco a poco vas alcanzando cimas más elevadas. La muerte es la última cima que corona la vida, la culminación. ¿Por qué fracasamos en la vida? ¿Por qué envejecemos y no maduramos? Algo ha fallado en algún lugar, en algún sitio hay alguna pieza que no encaja, y tú has estado de acuerdo en dejarte llevar por ahí. Ese estar de acuerdo debe cesar; hay que quemar ese contrato. Tienes que comprender que hasta ahora has vivido de manera equivocada, que en lugar de vivir te has comprometido.

Cuando eras un niño ya transigiste. Vendiste tu ser a cambio de nada. Y no ganaste nada con ello, sólo tonterías. Has perdido tu alma a cambio de menudencias. Has estado de acuerdo en ser alguien distinto de quien realmente eres; ahí es donde te perdiste. Tu madre quería que fueses alguien, tu padre quería que fueses alguien, la sociedad quería que fueses alguien; y tú estuviste de acuerdo. Poco a poco fuiste decidiendo no ser tú mismo. Y desde entonces has pretendido ser otro.

No puedes madurar porque ese otro no puede madurar. Es falso. Si me pongo una máscara, la máscara no puede madurar: está muerta. Sólo mi rostro puede madurar, pero no una máscara. Y sólo tu máscara envejece. Tras la máscara con la que te ocultas sigues sin crecer. Sólo puedes crecer si te aceptas a ti mismo, si aceptas que vas a ser tú mismo y nadie más.

El rosal ha convenido en convertirse en elefante; el elefante en hacerse rosal. El águila está preocupada, a punto de consultar a un psiquiatra, porque quiere ser perro, y el perro está hospitalizado porque quiere volar como un águila. Eso es lo que le ha sucedido a la humanidad. La peor de las calamidades es aceptar ser alguien distinto; así nunca madurarás.

Nunca conseguirás madurar siendo otro. Sólo puedes madurar siendo tú mismo. Hay que abandonar los "debería", y toda esa preocupación acerca de qué dirá la gente. ¿Qué importancia tiene su opinión? ¿Quiénes son para opinar? Estás aquí para ser tú mismo. No estás aquí para colmar las esperanzas de nadie más; y todo el mundo trata de obligarte. Puede que tu padre haya muerto, pero tú tratas de cumplir una promesa que le hiciste. Y él trató de cumplir una promesa que hizo a su propio padre, y así para siempre. La misma insensatez desde el principio.

Trata de comprender, y reúne el valor necesario para tomar tu vida en tus manos. De repente sentirás un repentino aumento de

139

energía. En el momento en que decidas: «voy a ser yo mismo y nadie más, me cueste lo que me cueste, pero voy a ser yo mismo», en ese instante notarás un gran cambio. Te sentirás vivo. Sentirás bullir la energía en tu interior.

A menos que eso suceda, seguirás temiendo la vejez, porque ¿cómo puedes dejar de considerar el hecho de que estás desperdiciando el tiempo, sin vivir realmente, cuando la vejez está a punto de echársete encima? ¿Cómo puedes evitar considerar el hecho de que la muerte te está esperando y que cada día te acercas más sin haber vivido? Estás condenado a angustiarte enormemente.

Así que si me preguntas qué puedes hacer, te sugeriré lo más básico. Y siempre es cuestión de lo básico. Nunca hay que preocuparse de cuestiones secundarias porque, aunque las cambies, no cambiarás nada. Para que algo cambie hay que modificar lo básico.

Por ejemplo, lo secundario. «¿Por qué me da tanto miedo envejecer? Enséñeme a desembarazarme de ello». La propia pregunta es un resultado del miedo. Quieres «desembarazarte de ello», no quieres comprender, así que, claro está, estás destinado a pasar a ser víctima de alguien o de alguna ideología que pueda ayudarte a desembarazarte de ello. No puedo ayudarte a desembarazarte de ello. De hecho, ése es el problema. Me gustaría que comprendieses y que tu vida cambiase. No es cuestión de desembarazarse del problema; es cuestión de deshacerte de tu máscara, de tu falsa persona, de la manera como has intentado ser y que no es verdadera. No eres auténtico. No eres sincero contigo mismo; siempre has traicionado tu ser.

Así que si preguntas –a sacerdotes, filósofos y demagogos–, si vas por ahí y les preguntas cómo desembarazarte de ello, te contestarán: «El alma nunca envejece. No te preocupes. Sólo tienes que recordar que eres el alma. Es el cuerpo el que envejece; pero tú no eres el cuerpo». Con eso te habrán consolado. Tal vez te sientas bien durante unos momentos, pero no te servirá de mucho, no te cambiará. Al día siguiente, o al otro, cuando ya estés alejado de la influencia del sacerdote, te hallarás en el mismo apuro. Y lo peor de todo es que el mismo sacerdote tendrá miedo, al igual que el filósofo.

He escuchado lo siguiente:

El nuevo vicario ha trabajado demasiado y los análisis han revelado que sus pulmones se hallaban muy afectados. El médico le ha dicho que era esencial que descansase mucho. El cura ha protestado diciendo que no le era posible dejar de trabajar.

–Bien –dijo el médico–, tendrá que elegir entre Suiza y el cielo.

El cura paseó un rato por la habitación y contestó:

–Usted gana: Suiza.

Cuando se trata de una cuestión de vida y muerte, te das cuenta de que ni siquiera el sacerdote, el filósofo o a quien vayas a preguntar, han vivido. Existen muchas posibilidades de que ellos hayan vivido menos que tú; de otra manera no podrían ser sacerdotes. Para convertirse en sacerdote han tenido que negar su vida por completo. Para convertirse en monjes, *sadhus* y *mahatmas* han tenido que negar su ser y han aceptado aquello que la sociedad quería que fuesen. Han estado totalmente de acuerdo. Han discrepado consigo mismos, con su propia energía vital, y se han avenido a aceptar cosas falsas y estúpidas: aprecio y respetabilidad.

Y resulta que vas a preguntarles a ellos. A ellos, que también tiemblan, que en lo más profundo de su ser tienen miedo, a ellos y a sus discípulos, que viajan en el mismo barco.

He escuchado lo siguiente:

El Papa se hallaba gravemente enfermo en el Vaticano, y se emitió un comunicado diciendo que un cardenal iba a realizar un importante anuncio desde el balcón de San Pedro.

Cuando llegó el día anunciado, la famosa plaza se hallaba a rebosar de fieles. El anciano cardenal habló con voz temblorosa:

–Su Santidad sólo puede salvarse mediante un trasplante de corazón, y yo hago un llamamiento dirigido a todos vosotros, buenos católicos, aquí reunidos, en busca de un donante.

Levantó una pluma y continuó:

–Dejaré caer esta pluma entre vosotros, y aquél sobre el que caiga, esa persona, será la elegida por la Sagrada Providencia para salvar la vida al Santo Padre.

Tras así hablar dejó caer la pluma, y todo lo que puedo escuchar fue los soplidos de veinte mil devotos católicos.

Todo el mundo tiene miedo. Si el Santo Padre quiere sobrevivir, ¿por qué tendrían que ser los donantes esos pobres católicos?

No voy a ofrecer ningún consuelo. No esperes que te diga: «El alma es eterna. No te preocupes, tú nunca mueres. Sólo muere el cuerpo». Ya sé que eso es cierto, pero esa verdad hay que obtenerla. No puedes aprenderla escuchándola de labios de otro. No se trata de una afirmación, sino de una experiencia. Yo sé que es así, pero para ti no tiene ningún sentido. Si tú no sabes lo que es la vida, ¿cómo podrías saber lo que es la eternidad? Si no has sido ni siquiera capaz de vivir en el tiempo, ¿cómo podrías vivir la eternidad?

Uno se hace consciente de la inmortalidad cuando es capaz de aceptar la muerte. A través de la puerta de la muerte se revela la inmortalidad. La muerte es un medio a través del cual se te revela la inmortalidad... pero como tienes miedo, cierras los ojos y te vuelves inconsciente.

No, no voy a ofrecerte un método, o una teoría para desembarazarte de ello. Es sintomático. Es bueno si te indica que has estado viviendo una vida falsa. Por eso está ahí el miedo. Aprovecha la indicación y no intentes cambiar el síntoma; más bien intenta cambiar la causa de base.

Cierra los ojos durante un momento: escucharás la voz de tu padre, de tu madre, de tus iguales, y de tus profesores y maestros, y nunca escucharás tu propia voz. Hay mucha gente que viene a verme y que me dice: «Usted habla acerca de la voz interior, pero nunca la hemos escuchado». Hay una multitud de voces. Cuando Jesús dijo: «odia a tu padre y a tu madre» no estaba diciendo que había que odiar a los padres. Lo que dice es que odies al padre y a la madre que se han convertido en conciencias en tu interior. Odia, porque es el peor acuerdo que podrías haber alcanzado, un contrato suicida. Odia, destruye esas voces, de manera que tu propia voz sea libre, para así poder sentir quién eres y qué es lo que quieres.

Al principio, claro está, te sentirás totalmente perdido. Eso es lo que sucede en la meditación. Mucha gente viene a verme y me dice: «vinimos para hallar un camino pero, por el contrario, las meditaciones nos hacen sentirnos perdidos». Ésa es una buena señal. Demuestra que se está soltando la presa ajena. Por eso os sentís perdidos, porque esas voces de los otros os ofrecían una guía, y empezasteis a creer en ellas. Habéis creído en ellas durante tanto tiempo que se han convertido en vuestras guías. No obstante, cuando meditáis, esas voces se desestructuran. Os libráis de la trampa. Volvéis a ser niños y no sabéis adónde ir, porque todos los guías han desaparecido. La voz del padre ya no está ahí, la de la madre tampoco, ni la del profesor o la escuela; de repente estáis solos. Y empezáis a asustaros: «¿Dónde están mis guías? ¿Dónde están todos los que me guiaban por el buen camino?».

De hecho, nadie puede guiarte por el buen camino, porque toda dirección será equivocada. Cualquiera a quien permitas que te dirija acabará dañándote porque empezará a hacer algo, forzándote a hacer algo, dándote una estructura; pero tienes que vivir una vida desestructurada, una vida libre de toda estructura y carácter, libre de todo marco, referencia, contacto... libre en este momento del pasado.

Así pues, todos los guías desorientan, y cuando desaparecen, y has creído en ellos durante mucho tiempo, de repente te sientes vacío, rodeado de vaciedad y sin ningún camino que seguir. ¿Adónde ir?

Ese período es un período revolucionario en la vida de un ser. Uno tiene que pasar por él con valentía. Si puedes permanecer ahí, sin miedo, no pasará mucho tiempo sin que puedas escuchar tu propia voz, que has reprimido durante tanto tiempo. Al cabo de poco empezarás a aprender su lenguaje, porque también lo habías olvidado. Sólo conoces el lenguaje que te han enseñado. Y este otro, el lenguaje interno, no es verbal, es de sentimientos. Y todas las sociedades están contra los sentimientos; porque un sentimiento es una cosa viva, peligrosa. Un pensamiento está muerto, no es peligroso. Así que todas las sociedades te han forzado a meterte en tu cabeza, te han empujado a partir de todo el cuerpo para que acabases metido en la cabeza.

Vives únicamente en la cabeza. Si te cortaran la cabeza y de repente te cruzases con tu cuerpo sin cabeza, no podrías reconocerlo. Sólo se reconocen los rostros. Tu cuerpo está hundido, ha perdido luminosidad, suavidad, fluidez. Está casi muerto, como una pata de palo. Lo usas, es funcional, pero no hay vida en su interior. Toda tu vida ha ido a parar a la cabeza. Apostado ahí arriba tienes miedo de la muerte porque el único sitio en que puedes vivir, el único espacio en el que puedes vivir, tiene que ser en todo tu cuerpo. Tu vida tiene que ensancharse y extenderse por todo tu cuerpo. Tiene que convertirse en un río y fluir.

Uno debe vivir como una unidad totalmente orgánica. Hay que reclamar todo el cuerpo. Como estás en contacto con la tierra, como estás arraigado a través de los pies, si te cortases las piernas y te quedases con unos miembros amputados, dejarías de estar arraigado. Eres como un árbol cuyas raíces hubiesen muerto o se hubieran podrido, que está débil. El árbol no podrá vivir mucho más de esa forma, ni podrá seguir sano, completo. Tus pies necesitan estar arraigados en la tierra, son tus raíces.

Para funcionar bien, la cabeza necesita poca energía. Pon demasiada energía en la cabeza y no dejará de funcionar, no parará, porque no sabe cómo disipar esa energía. Piensa y piensa que te piensa, y sueña que te sueña –día y noche, año tras año–, durante setenta años. Tu vida se limita únicamente a pensar. Y claro, luego no es de extrañar que te dé miedo la vejez. El tiempo pasa, y uno empieza a temer la muerte. La muerte llegará en cualquier momento y tú no has hecho más que darle vueltas a la cabeza. No has ido a ningún otro sitio. El territorio de tu vida permanece virgen.

Vive, mueve la vida por todo el cuerpo. Acéptala con verdadero amor. Enamórate de tu cuerpo. Es un don divino, un templo en el que Dios ha decidido residir. Entonces dejará de existir el miedo a la vejez; empezarás a madurar. Tu experiencia te madurará. La vejez dejará de ser como una enfermedad. Se convertirá en un hermoso fenómeno. Toda la vida no es sino una preparación para ella. ¿Cómo podría ser una enfermedad? Te diriges hacia ella durante toda la vida. Es una culminación, la última canción y el último baile que interpretarás. Y no esperes ningún milagro. Tendrás que hacer algo tú. Tu mente afirma que sucederá una u otra cosa y que todo irá bien. Pero no será de esa manera. Los milagros no existen. Permite que te explique una historia.

Abe se rompió ambas piernas en un accidente. Los huesos se le arreglaron y Abe demandó a la empresa responsable por daños, alegando que se había quedado tullido para siempre y que tendría que permanecer en una silla de ruedas para siempre. La compañía aseguradora contrató a unos cirujanos para que evaluaran la situación. Los médicos informaron que los huesos habían curado perfectamente, que Cohen podía andar y que simplemente estaba fingiendo. No obstante, cuando llegaron a juicio, el magistrado se apiadó de aquel cuerpo en la silla de ruedas y le concedió diez mil libras de indemnización, por daños y perjuicios. Abe fue más tarde en silla de ruedas hasta las oficinas de la compañía para recoger el cheque.

–Señor Cohen –le dijo el gerente–, no crea que se va a librar así como así. Sabemos que está fingiendo. Y permita que le diga que vamos a dedicarnos en serio a su caso. Le vamos a vigilar día y noche. Le vamos a fotografiar y, si descubrimos que puede andar, no sólo tendrá que devolver la indemnización, sino que le denunciaremos por perjurio.

–Señor, me hallo totalmente inválido en esta silla de ruedas.

–Muy bien, aquí tiene el cheque por diez mil libras. ¿Qué va a hacer con él?

–Verá, mi esposa y yo siempre quisimos viajar. Así que empezaremos desde el norte de Noruega y descenderemos por Escandinavia (movió los dedos para crear el efecto), luego Suiza, Italia, Grecia... y me tiene sin cuidado si sus agentes y espías me siguen, porque estoy inválido en esta silla de ruedas. Naturalmente, también iremos a Israel, luego Persia, la India y cruzaremos a Japón (volvió a imitar con sus dedos el movimiento de andar) y luego las Filipinas –y como estaré en una silla de ruedas me darán igual sus espías siguiéndome con sus cámaras–, y desde allí nos dirigiremos a Australia y a continuación a México y Estados Unidos –y recuerde, todavía seguiré inválido en mi silla de ruedas, ¿de qué le servirán sus espías y cámaras?– y Canadá. Y una vez allí cruzaremos hasta Francia, donde visitaremos un lugar llamado Lourdes, ¡y allí tendrá la oportunidad de presenciar un milagro!

Pero en la vida real no existen los milagros. No hay ningún Lourdes para ti. Si estás inválido tienes que hacer algo, porque tú eres el que te has "invalidado", al aceptar algo que es una tontería. Pero ya sé, tenías que aceptarlo. Así que para sobrevivir decidiste permanecer muerto. Para vivir tuviste que vender tu ser. Pero ahora no hay necesidad alguna de continuar con esa estupidez. Puedes salir.

Siempre he oído decir que la muerte es el sueño eterno, pero no estoy muy convencido. Me encantaría estar convencido de ello; representaría todo un consuelo.

Las convicciones no sirven de gran cosa, porque una convicción sólo quiere decir que alguien está silenciando y reprimiendo tus dudas; alguien que se ha convertido en una autoridad para ti. Tal vez en términos lógicos él sea más convincente, tal vez cuente con una mente más racional y pueda convencerte de que la muerte no existe, y puede que tú hayas silenciado tus dudas. Pero las dudas silenciadas también regresan, más tarde o más temprano, porque no desaparecen, sólo han sido reprimidas por argumentos lógicos.

Las convicciones no ayudan demasiado; las dudas persisten subyacentes. Uno es cristiano, otro es un hinduista convencido. He visto a todo tipo de gente: están todos comidos por las dudas, todos: cristianos, hinduistas y mahometanos. De hecho, cuanto más llena de dudas está una persona, más terca es, más trata de creer porque esas dudas son dolorosas. Y por ello dice: «Creo profundamente en la Gita, en el Corán, en la Biblia. Soy un católico acérrimo».

¿Por qué necesitas ser un católico acérrimo? ¿Para qué? Debes padecer muchísimas dudas. Si no tuvieses dudas tampoco tendrías creencias.

Las dudas son las enfermedades y las creencias son las medicinas, pero todas las creencias son medicinas alopáticas: reprimen y son venenos. Todas las creencias son venenosas. Sí, durante un tiempo dan la sensación de que deja de haber problemas, pero no pasa mucho antes de que las dudas vuelvan a ser palmarias; lo único que hacen es esperar el momento adecuado. Y un día estallan con gran urgencia. Entran en erupción como un volcán; se vengan. Como las has reprimido han conseguido acumular demasiada energía. Y un día, en algún momento de debilidad, cuando bajes la guardia, se vengarán. Tus pretendidos santos sufren de grandes dudas.

147

Tu propia experiencia será una transformación auténtica; entonces las dudas nunca podrán retornar. Y una vez que sepas, te sorprenderá que todos los poetas que te han estado diciendo que la muerte es sueño, un profundo sueño, un sueño eterno, te han contado mentiras. Mentiras consoladoras, hermosas, útiles, pero mentiras al fin y al cabo, y la ayuda sólo ha sido momentánea.

Es como cuando estás preocupado, demasiado tenso, e ingieres alcohol. Sí, durante unas pocas horas puedes olvidar todas tus preocupaciones y tensiones, pero el alcohol no puede acabar con ellas para siempre; no puede solucionarlas. Y mientras te ahogas en alcohol esas preocupaciones no han hecho sino aumentar, ganar fuerza; les has dado tiempo para crecer. Cuando regresas a la mañana siguiente con resaca y dolor de cabeza, además de ver que las preocupaciones siguen ahí, te sorprendes al comprobar que son más intensas que cuando las dejaste.

Todo el proceso se convierte en una pauta vital: te intoxicas una y otra vez para poder olvidar. Pero llega un momento en que debes encarar tu vida, pues esa no es manera inteligente de vivir.

Mi enfoque es el de la experiencia existencial. No quiero que seáis creyentes, me gustaría que lo experimentáseis por vosotros mismos. No quiero convenceros. Lo que os estoy contando no es sino mi experiencia: no hay muerte. No estoy diciendo: «Creed que no hay muerte». Estoy simplemente expresando y compartiendo mi experiencia de que no hay muerte. Es un desafío, no un esfuerzo por convenceros. Es un desafío para que exploréis.

A menudo surge en mí el miedo a la muerte, intenso y fuerte, y el miedo a tener que dejar toda esta belleza, esta amistad y amor. ¿Cómo es posible estar tranquilo con esta certitud de la muerte?

En primer lugar, sólo es posible relajarse cuando la muerte se convierte en una certeza. Resulta difícil relajarse cuando las cosas son inciertas. Si sabes que hoy morirás, desaparece todo el miedo a la muerte. ¿Qué sentido tiene malgastar el tiempo? Te queda un día de vida, vívelo todo lo intensamente que puedas, vívelo de manera total.

Puede que la muerte no llegue. La muerte no puede llegarle a la gente que vive de manera intensa y total. Y si llega, quienes han vivido intensamente le dan la bienvenida porque representa un gran alivio. Están cansados de vivir, han vivido de manera tan total e intensa, que la muerte llega como una amiga. Al igual que tras todo un día de trabajo duro la noche representa un gran descanso, un hermoso sueño, con la muerte ocurre lo mismo tras la vida. No hay nada horrible en la muerte; no podrás hallar nada más limpio.

Si surge el miedo a la muerte, eso significa que existen algunas lagunas que no se han llenado al vivir. Esos miedos a la muerte son muy sintómaticos y útiles. Muestran que tienes que bailar con más rapidez, que has de quemar la antorcha de tu vida por ambos extremos. Baila tan deprisa que el bailarín desaparezca y quede sólo la danza. Entonces será imposible que te visite ningún temor respecto a la muerte.

«Y el miedo a tener que dejar toda esta belleza, esta amistad y amor.» Si estás aquí y ahora de manera total, ¿por qué te debería preocupar el mañana? El mañana se ocupará de sí mismo. Jesús tenía razón cuando rogó a Dios: «Señor, dame mi pan de cada día». No pidió para mañana, con el de hoy tenía suficiente.

Tienes que aprender que cada momento tiene culminación. El miedo a tener que partir aparece sólo porque no vives completamente en el instante. Si no, no hay tiempo, y no hay mente, ni espacio.

En una ocasión le preguntaron a un comerciante:
–¿Qué edad tiene?
–Trescientos sesenta años –dijo él.
El otro no podía creérselo.
–Por favor, repítalo. Creo que no he oído bien –pidió.
–¡Trescientos sesenta años! –contestó gritando el comerciante.

–Perdone, pero no puedo creerle. ¡No aparenta más de sesenta! –dijo el hombre.

–Tiene usted razón. Teniendo en cuenta el calendario tengo sesenta. Pero si miro mi vida, he vivido seis veces más que cualquier otro. En sesenta años he conseguido vivir trescientos sesenta –aclaró el comerciante.

Depende de la intensidad.

Hay dos maneras de vivir. Una es a la manera del búfalo: vive horizontalmente, en una única línea. La otra es la de un buda: vive verticalmente y en profundidad. Entonces cada momento se convierte en eternidad.

No malgastes tu tiempo en trivialidades, vive, canta, baila, ama tan total y saturadamente como seas capaz. Que ninguna lágrima interfiera con tu vida, ni preocupaciones acerca de lo que sucederá mañana. Con hoy hay bastante, es suficiente en sí mismo. Si se lo vive resulta completo; no deja espacio para pensar en nada más.

Me enfrento a la muerte. La acepto, o al menos eso creo, y luego está toda la gente que enferma, y que acude al hospital para acabar muriendo, y entonces siento ese enorme nudo de miedo atenazándome el estómago. La muerte y el morir me asustan tanto que enloquezco.

La muerte es un problema. Puedes evitarla y posponerla, pero no puedes disolverla por completo. Hay de enfrentarse a ella. Sólo se disolverá atravesándola hasta el final. Es muy arriesgado y te dará mucho miedo: todo tu ser empezará a temblar y sufrir sacudidas. La idea de morir es inaceptable. Parece injusta y carente de sentido. ¿Qué sentido tiene la vida si hay que morir? ¿Para qué vivo, entonces? ¿Si la muerte va a acabar llegando, por qué no suicidarse ahora? ¿Para qué levantarse cada mañana, trabajar duro, acostarse, levantarse de nuevo, trabajar duro, acostarse... para qué? ¿Para acabar muriendo?

La muerte es el único problema metafísico. El hombre empieza a pensar a causa de la muerte. A causa de la muerte el hombre se vuelve contemplativo, meditador. De hecho, la religión nace a causa de la muerte. Todo el mérito va a parar a la muerte. La muerte sacude la conciencia de todo el mundo. El problema es tal que debe ser resuelto. Así que no hay nada de malo en ello.

«Me enfrento a la muerte»... Todo el mundo se enfrenta a la muerte. Martin Heidegger dijo: «El hombre es un ser hacia la muerte». Y ésa es la prerrogativa del ser humano. Los animales mueren pero no saben que mueren o que van a morir. Los árboles mueren pero no se enfrentan a la muerte. Es prerrogativa del ser humano; sólo él sabe que va a morir. Por ello el hombre puede crecer más allá de la muerte. Por ello existe la posibilidad de penetrar la muerte y superarla.

«La acepto, o al menos eso creo»... No, la aceptación no es posible. No te engañes; puedes pensar que la aceptas porque resulta demasiado turbadora como para mirarla de frente. Incluso pensar en ella resulta tan turbador que uno piensa: «Sí, vale. Voy a morir. ¿Y qué? Voy a morir, pero no hace falta que hables de ello. No hables de ello». Uno se mantiene alejado y aparta el asunto a un lado para que no se interponga. Uno lo aparca en la inconsciencia. La aceptación no resulta posible. Tendrás que dar la cara, y cuando la hayas mirado de frente no necesitarás aceptarla porque sabrás que no hay muerte.

«Y luego está toda la gente que enferma, y que acude al hospital para acabar muriendo, y entonces siento ese enorme nudo de miedo atenazándome el estómago.» Ahí es donde hay que resolver el problema. Ese enorme nudo de miedo en el estómago es justamente donde tiene lugar la muerte. Los japoneses lo llaman *hara*. Justo por debajo del ombligo, unos cinco centímetros por debajo, hay un punto en que alma y cuerpo entran en contacto. Cuando mueres, la desconexión tiene lugar en ese sitio. Nada muere porque el cuerpo no puede morir, el cuerpo ya está muerto. Y no puedes morir porque eres vida. Lo que desaparece es la conexión entre ti y el cuerpo. Ese nudo es exactamente el lugar en el que hay que trabajar, así que no lo evites.

Me gustaría decirte que siempre que sientas ese nudo lo consideres un momento muy valioso. Cierra los ojos y profundiza en él. Es el *hara*. Siéntelo y permite que esté ahí, pues tiene algún mensaje para ti y quiere decirte algo. Si se lo permites, te entregará el mensaje. Si te relajas en él, si profundizas en él, poco a poco verás que el nudo irá desapareciendo y que en su lugar surge una flor de loto, algo que florece. Se trata de una hermosa experiencia. Si profundizas más verás que hay un puente, que esa flor es un puente. a este lado está el cuerpo y al otro tu realidad, tu alma. Esa flor los conecta a ambos; la flor es el puente. Las raíces de la flor están en el cuerpo; la fragancia de la flor y sus pétalos están en el alma. Es un vínculo. Pero si te asustas y no vas hasta allí, se siente como un nudo, una tensión y un estrés.

«La muerte y el morir me asustan tanto que enloquezco.» No hay necesidad de enloquecer. ¡Vuélvete cuerdo! Es perfectamente normal que cuando alguien muere, cuando alguien es hospitalizado una y otra vez, recuerdes tu muerte. No hay nada malo en ello. No es un problema; ¡sólo tienes que mirarlo de frente!

Estás tratando de evitar la muerte. Pero es algo a lo que hay que enfrentarse. Es parte de la labor de esta vida; es una de las grandes lecciones que hay que aprender. No es necesario enloquecer; eso no nos servirá de mucho. Da la cara. Recuerda que sí, que uno u otro día te tocará a ti ser hospitalizado, caer enfermo y morir; así que no hay necesidad de posponerlo. Es mejor comprenderlo antes de que sea demasiado tarde.

El mulá Nasrudín enfermó y se preocupó, así que envió a buscar al sacerdote, e insistió en que a partir de entonces fuese a verle a diario para cuidar de su alma abandonada. Un día, cuando el sacerdote acudía a su visita diaria, encontró al mulá Nasrudín muy animado y contento: «Me encuentro cada vez mejor –sonrió Nasrudín–. El médico dice que viviré otros diez años, así que no es necesario que vuelva usted por aquí durante un tiempo. ¿Qué le parece si regresa al cabo de nueve años, once meses y veintinueve días?».

Un día habrá que enfrentarse a ello. No seas tonto; no lo pospongas, porque si lo pospones hasta el final será demasiado tarde. No estamos seguros de cuándo sucederá. Puede ser hoy, o mañana; puede suceder en cualquier momento. La muerte es muy impredecible. Vivimos en la muerte, así que puede ocurrir en cualquier instante. Enfréntate a ella, y ese nudo que tienes en el estómago es el lugar del encuentro. Ésa es la puerta por la que entrar en la vida y por la que salir de ella.

La muerte me da miedo y, no obstante, también ejerce una increíble atracción sobre mí. ¿Qué significa?

La muerte es el mayor misterio de la vida. La vida tiene muchos misterios, pero ninguno comparable con la muerte. La muerte es el clímax, la culminación. Se la teme porque nos perderemos y disolveremos en ella. Se la teme por causa del ego, porque el ego no puede sobrevivir a la muerte. Será abandonado en esta orilla cuando empieces a moverte hacia la otra; no puede acompañarte.

Y el ego es todo lo que conoces acerca de ti mismo; de ahí el temor, el miedo: «No existiré en la muerte». Pero también tiene un gran atractivo. El ego se pierde, pero no tu realidad. De hecho, la muerte te revelará tu auténtica identidad; la muerte echará abajo todas tus máscaras y revelará tu rostro original.

La muerte te permitirá por primera vez descubrir tu más profunda subjetividad, tal cual es, sin ningún camuflaje, sin pretensiones, sin falsas personalidades.

Por eso todo el mundo teme a la muerte y al mismo tiempo se siente atraído por ella. Esta atracción fue mal entendida por Sigmund Freud, que pensó que en el hombre había un desco de muerte, al que llamó THÁNATOS. Y dijo: «El hombre tiene dos instintos básicos y fundamentales: uno es EROS –un intenso deseo de vivir, de vivir para siempre, un deseo de inmortalidad–, y el otro es THÁNATOS, el deseo de morir, de acabar con todo». Se equivocó de medio a medio porque no era un místico; sólo conoció un rostro de la muerte –que acaba con la vida–, sólo sabía una cosa: que la muerte es un fin. No fue consciente de que la muerte también es un principio. Cada final es siempre un principio, porque nada acaba totalmente, nada puede nunca acabar. Todo continúa, sólo la forma cambia.

Tu forma morirá, pero en ti también hay algo carente de forma. Tu cuerpo no estará ahí, pero tienes algo en ti, en el interior del cuerpo, que no forma parte del cuerpo. Tu parte terrenal regresará a la tierra –el polvo al polvo–, pero en ti tienes algo del cielo, algo del más allá, que emprenderá un nuevo viaje, una nueva peregrinación.

La muerte provoca miedo si piensas en el ego, y la muerte te atrae si piensas en tu verdadero ser. Por eso uno siempre se siente vagamente atraído hacia la muerte. Si eres consciente de ello, esa atracción podrá convertirse en una comprensión transformadora, en una fuerza de mutación.

Intenta comprender tanto el miedo como la atracción. Y no pienses que son contrarios, no se solapan, ni siquiera son opuestos; no interfieren entre sí. El miedo va en una dirección: el ego; y la atracción está dirigida a una dimensión totalmente distinta: el ser carente de ego. Y la atracción es mucho más importante que el miedo.

El meditador tiene que superar el miedo. El meditador ha de enamorarse de la muerte, invitar a la muerte. El meditador no debe esperarla, debe llamarla porque la muerte es una amiga del meditador. Y el meditador muere antes de la muerte del cuerpo. Y ésa es una de las más bellas experiencias de la vida: el cuerpo sigue viviendo, externamente sigues siendo igual que antes, pero interiormente ya no hay ego, el ego ha muerto.

Ahora estás vivo y muerto a la vez. Te has convertido en un punto de encuentro de vida y muerte; ahora contienes los polos opuestos y eso conlleva una enorme riqueza, pues se trata de los polos opuestos por excelencia, de vida y muerte. Si puedes contener ambos, serás capaz de contener a Dios, porque Dios es ambos. Uno de sus rostros es la vida, el otro la muerte.

Eso es una maravilla, así que no lo conviertas en un problema. Medita sobre ello, conviértelo en una meditación y te beneficiará inmensamente.

Tercera parte:

HITOS EN EL CAMINO

«La meditación es el único camino para descubrir tu inmortalidad.
Entonces desaparecerá todo el miedo. El resto de los temores también
desaparecerán porque no eran más que vástagos, ramas secundarias,
que tal vez se habían alejado mucho de las raíces, pero que seguían
conectadas a ellas.»

1. AHOGARSE EN EL VACÍO

¿Qué ocurre en la muerte? De repente pierdes tu cuerpo, de repente pierdes tu mente. De repente sientes que te alejas de ti mismo, de todo eso que tomas por ti mismo.

Resulta doloroso porque sientes que te vas a ahogar en el vacío. Ahora no estarás en ningún sitio, porque siempre te identificaste con el cuerpo y la mente, y nunca conociste el más allá; nunca te conociste a ti mismo más allá del cuerpo y la mente. Te obsesionaste tanto con la periferia que olvidaste el centro por completo. En la muerte has de enfrentarte al hecho de que el cuerpo desaparece, que no puede retenerse por más tiempo. La mente te abandona, dejas de controlarla. El ego se disuelve; ni siquiera puedes decir «yo». Tiemblas de miedo, al borde de la nada. Dejarás de ser.

Pero si te has preparado, si has estado meditando –y prepararse significa realizar todos los esfuerzos para utilizar la muerte, para utilizar ese abismo de nada–, en lugar de dejarte arrastrar a ella podrás saltar a ella, lo cual es muy distinto. Si has sido arrastrado de mala gana hacia la muerte –no quieres entrar y te han tenido que llevar a rastras– entonces resulta doloroso, y tan intensamente angustioso que en el momento de la muerte estarás inconsciente. Entonces habrás fracasado.

Pero si estás dispuesto a saltar no habrá angustia alguna presente. Si la aceptas y le das la bienvenida, sin quejas –en lugar de ello, estás feliz y celebras que el momento haya llegado, que ahora puedas saltar del cuerpo limitado, saltar fuera del cuerpo, que es un confinamiento, saltar fuera del ego que siempre ha sido un sufrimiento–, si puedes dar la bienvenida a la muerte, entonces no habrá necesidad de caer inconsciente. Si puedes aceptar y mostrarte cordial –lo que los budistas denominan *tathata*, aceptarla pero no sólo aceptar... porque la palabra "aceptar" no es muy adecuada, pues hay algo de no aceptación oculto en el fondo–, no... sería acoger, si puedes acoger a la muerte, se convierte en una celebración, en un éxtasis, entonces resulta ser una bendición y no tienes necesidad de caer inconsciente.

Si es una bendición te harás perfectamente consciente en ese instante. Recuerda estas dos cosas: si rechazas, si dices no, serás totalmente inconsciente; si aceptas, acoges y dices sí con todo tu corazón, entonces serás perfectamente consciente.

Decir sí a la muerte te hace perfectamente consciente; decir no a la muerte te vuelve perfectamente inconsciente... y ésas son las dos formas de morir.

2. UTILIZAR EL DOLOR COMO MEDITACIÓN

El preparativo más importante para entrar en la muerte en un estado consciente es entrar en el dolor de manera consciente, porque la muerte no es algo que suceda a menudo, no nos llega cada día. La muerte sólo llegará una vez, tanto si estás preparado como si no; no puede haber un ensayo previo. Pero el dolor y la desgracia aparecen a diario.

Podemos prepararnos mientras pasamos por el dolor y el sufrimiento; y recuerda, si podemos hacerlo enfrentándonos a ellos, entonces nos resultará muy útil a la hora de morir.

Por eso, los buscadores espirituales siempre han dado la bienvenida al dolor. No existe otra razón. No se trata de que sufrir sea algo bueno. La razón es simplemente que el sufrimiento proporciona al buscador una oportunidad de prepararse y de autorrealización. Un buscador siempre ha agradecido a la existencia el sufrimiento por el que atraviesa por la sencilla razón de que, en momentos de gran desdicha, cuenta con una oportunidad para desidentificarse de su cuerpo.

Por lo general, durante las épocas de sufrimiento intentamos olvidar el dolor. Si una persona tiene problemas se dará a la bebida. Alguien que sufre va a ver una película. Alguien que se siente desdichado intentará olvidar su desgracia mediante oraciones y cantos devocionales. Todo ello no son más que métodos y maneras para olvidarse del dolor.

Cuando alguien bebe podemos estar seguros de que es una táctica. Y si alguien va al cine es que se trata de otra. Una persona acude a un concierto; es una tercera manera de olvidar el dolor. Si alguien se dirige al templo y se sumerge en rezos e himnos estará utilizando una cuarta estrategia. Pero hay mil y una maneras, que pueden ser religiosas o no. Eso no tiene realmente importancia. Pero subyacente a todas ellas está el hecho de que una persona quiere olvidar su desdicha.

Una persona que sale para olvidar su desdicha nunca puede percibir su desdicha. ¿Cómo podemos ser conscientes de algo cuando tendemos a olvidarlo? Sólo podemos ser conscientes de algo adoptando una actitud de recuerdo continuo. Por eso, sólo recordando el dolor podemos hacernos conscientes de él.

Así que siempre que te encuentres en una situación desdichada, acéptala como una oportunidad. Sé totalmente consciente de ella, y tendrás una experiencia maravillosa. Cuando llegues a ser totalmente consciente de tu dolor, cuando lo mires cara a cara, sin escapar de él, tendrás un vislumbre de tu separación respecto de él.

El ser humano exagera su sufrimiento. Magnifica su desgracia, que en realidad nunca es tanta. La razón tras ello es la misma: identificación con el cuerpo. La desgracia es como la llama de una lámpara, pero la experimentamos como la luz dispersa de la lámpara. La desgracia es como la llama, limitada a una muy pequeña sección del cuerpo, pero la percibimos como la luz expandida de la lámpara, que cubre un área mucho mayor. Cierra los ojos e intenta localizar el dolor desde el interior.

Recuerda asimismo que siempre hemos conocido el cuerpo desde el exterior, nunca desde dentro. Aunque conozcas tu cuerpo, lo conoces tal y como los demás lo ven. Si has visto alguna vez tu mano siempre lo has hecho desde fuera, pero también puedes sentir la mano desde dentro. Es como si alguien se conformase con ver su casa desde fuera. Pero la casa también tiene una cara interna.

El dolor tiene lugar en las zonas internas del cuerpo. El punto en el que duele está localizado en algún lugar del interior del cuerpo, pero ese dolor se extiende a las zonas externas. Ocurre de la siguiente manera: la llama del dolor está localizada dentro, mientras que la luz irradia hacia fuera. Como estamos acostumbrados a observar el cuerpo desde el exterior, el dolor parece muy extendido. Intentar observar el cuerpo desde el interior es una experiencia maravillosa. Cierra los ojos e intenta sentir y experimentar cómo es el cuerpo desde dentro. El cuerpo humano también cuenta con un muro interior, con una mampostería interna. El cuerpo también tiene un límite interno. Esa frontera interna puede experimentarse con los ojos cerrados.

Ya has visto levantarse tu mano. Ahora cierra los ojos y levanta la mano, y experimentarás el levantarse de la mano desde el interior. Ya sabes lo que es sentir hambre desde fuera. Cierra los ojos y experimenta tener hambre desde dentro, y por primera vez podrás sentirla desde dentro.

Si observas de cerca tu desdicha descubrirás una separación entre tú y la miseria, porque sólo puede observarse lo que está separado de uno. Obviamente, lo que es uno e inseparable no puede verse. Alguien que sea consciente de su desdicha, que esté lleno de conciencia, de remembranza, experimenta la desdicha como si estuviese en un sitio y él en algún otro lugar, a distancia.

El día que el ser humano se dé cuenta de la diferencia entre él mismo y la desdicha, en cuanto sepa que su dolor está sucediendo a distancia, cesará de existir la inconsciencia causada por la desdicha. Y una vez que una persona comprende que tanto los sufrimientos como las alegrías del cuerpo suceden en otra parte, que uno sólo es un conocedor de ellos, cesa su identificación con el cuerpo. Entonces sabe que no es el cuerpo. Ésa es la preparación inicial. Una vez completada es fácil entrar en la muerte conscientemente.

3. RESPUESTAS A PREGUNTAS

*Una visita reciente al médico me enfrentó a la
inmediatez de la muerte. Me han dicho que me quedan
dos años de vida. ¿Cómo puedo responder a eso
celebrándolo tal y como usted sugiere?*

La muerte siempre está ahí. Puedes no ser consciente de ella,
pero siempre se te enfrenta con su proximidad. No puedes estar
seguro del momento siguiente. Pero seguimos viviendo y nadie
cree que vaya a morir; siempre es el otro el que muere.

Cada uno de tus cumpleaños es un esfuerzo por olvidar que no
recuerdas tu nacimiento, sino el día de tu muerte; has muerto un
año más. Pero gracias a las flores, las velas y los pasteles, uno se
olvida de la inmediatez de la muerte. Siempre te acompaña. Nacer es el principio de morir.

Así que lo que te ha dicho el médico no debería preocuparte;
por el contrario, deberías estar más alerta y consciente, porque
eres de las pocas personas para las que la muerte es una certeza y
ya no puedes dejar de engañarte. Son muchos los que no están en
tu situación pero que morirán antes que tú; pero su muerte llegará
sin que lo sepan. Y saber es siempre mejor que no saber. Cuando
se conoce un hecho que va a suceder siempre se puede hacer algo
al respecto.

Te han dicho que vas a morir en dos años. Esta inmediatez de
la muerte debería despertarte. Ahora ya no tienes tiempo para se-

guir haciendo el tonto ni para engañarte. La muerte te está esperando y tienes la fortuna de saberlo. Conocer tu muerte puede convertirse en algo transformador.

Si sabes que morirás en dos años, esos años deberías dedicarlos a la meditación. En cambio la gente siempre lo está posponiendo; siempre calculan que será mañana, y el mañana nunca acaba de llegar. Hay muchas cosas que hacer, no se tiene tiempo para meditar. Pero una persona totalmente consciente de que no hay más camino, que mañana no estará, sólo cuenta con este momento... Ésta es la realidad, tanto si tienes una enfermedad terminal como si no, pero saber que vas a morir hace que se sienta con mucha intensidad, y eso puede convertirse en una bendición encubierta. Ha llegado la hora de meditar. Ahora puedes olvidar todas esas cosas nimias y estúpidas en las que te habías involucrado.

Hay millones de personas que juegan a las cartas, que miran partidos de fútbol, sin ser en absoluto conscientes de lo que hacen. Si les preguntas te dicen que matan el tiempo. ¡Estupendo! El tiempo te está matando y tú sigues con la idea de que eres tú el que matas el tiempo. ¿Cómo puedes matar el tiempo? Nunca lo has visto. Tus espadas no pueden hacerle mella, ni siquiera pueden tocarle todas vuestras armas nucleares. ¿Cómo podrías matar el tiempo? Pero el tiempo te está matando, a cada instante.

Deberías comprender tu situación como una gran bendición. Ahora puedes dejar de jugar a las cartas, de perder el tiempo estúpidamente observando estúpidos partidos de fútbol. Ahora tienes todo el tiempo, es tuyo, y lo único que te queda por hacer antes de que llegue la muerte es conocerte a ti mismo. La muerte está tan cerca que no puedes permitirte el permanecer ignorante de ti mismo. La cercanía de la muerte hace posible que comprendas la inmortalidad que está en tu interior.

De eso trata el arte de la meditación: de profundizar todo lo posible hacia el centro de tu ser. Te sorprenderá descubrir que en el centro de tu ser eres eterno. No hay muerte y nunca ha habido ninguna muerte. En realidad nada muere, sólo cambia de forma. La enfermedad puede destruir tu cuerpo pero de todas formas acabaría siendo destruido; eso no es problema. Es mejor que sepas que no puedes esperar sobrevivir; con el diagnóstico del doctor también ha muerto tu esperanza. No hay curación posible, has de aceptar el hecho. No es posible esperar ninguna ayuda externa; dependes de tu interior, estás solo.

De hecho, todo el mundo está siempre solo. Desde el nacimiento a la muerte, todo el camino se realiza en soledad. Puede que te halles en medio de una multitud, pero tu soledad no puede destruirse: está ahí. Se hacen todo tipo de esfuerzos por camuflarla, pero nadie tiene nunca éxito en ese empeño. Puedes intentar posponerlo un poco más...

Está bien que te hayas dado cuenta de que la muerte está ahí, que estés seguro de ello. Ahora es el momento de hallar ese algo en ti que es inmortal, que está más allá de la muerte. No podrías encontrar un momento mejor para la meditación.

Y no te sientas mal, porque la muerte es natural, y su causa no tiene importancia. No te dejes llevar por la paranoia. De hecho, debes disfrutar del hecho de que eres uno de entre muy pocos elegidos; todo el resto vive en la oscuridad respecto a su propia muerte, pero tú no. Y el hecho de que sepas que la muerte está llegando creará un espacio en el que podrás conocerte. Conocer tu ser eterno, conocer que siempre has estado aquí y que siempre lo estarás es una revelación tremenda. En esa revelación hay celebración.

Son tantas las terapias entre las que elegir... tantas emociones en un solo día... Me siento más bien confuso y desconcertado. ¿Qué puedo hacer? ¿Cómo puedo aclararme?

La confusión representa una gran oportunidad. Los que no está confundidos tienen un gran problema: creen saber, y en realidad no saben nada. La gente que cree poseer claridad sufre un gran problema; su claridad es muy superficial. De hecho, desconoce lo que es la claridad; lo que denomina claridad no es más que estupidez. Los idiotas lo tienen todo muy claro; claro en el sentido de que no cuentan con la inteligencia suficiente como para sentir confusión. Para sentir confusión se necesita una gran inteligencia.

Sólo los inteligentes se sienten confusos; los mediocres siguen haciendo esto y lo otro en la vida, sonríen, ríen, acumulan dinero, luchan por obtener más poder y fama. Si les observas te sentirás tal vez un poco celoso; parecen tan seguros de sí mismos, e incluso felices. Y tú estás ahí, confuso acerca de qué hacer y qué no hacer, de lo que es correcto y lo que está equivocado. Pero siempre ha sido así; los mediocres siempre están seguros. Sólo los más inteligentes sienten confusión y caos.

La confusión es una gran oportunidad. Simplemente te está diciendo que no hay salida a través de la mente. Si estás realmente confuso, tal y como dices, entonces es una bendición. Ahora es posible algo, algo de un valor inmenso; estás al borde. Si estás muy confuso significa que la mente ha fracasado; ahora la mente ya no puede suministrarte ninguna certeza. Te estás acercando a la muerte de la mente.

Eso es lo mejor que puede sucederle en la vida a cualquier ser humano, la mayor de las bendiciones. Porque una vez que te das cuenta de que la mente es confusión y que no hay salida a través de la mente, ¿cuánto tiempo seguirás aferrándote a ella? Más pronto o más tarde la abandonarás; e incluso si no lo haces, ella misma se encargará de hacerlo por propia voluntad. La confusión será de tal grado, tan espesa, que la mente caerá por sí misma. Y cuando la mente caiga, la confusión desaparecerá.

No puedo decir que alcanzarás la certeza, no, porque esa palabra también es únicamente aplicable a la mente y al mundo de la mente. Cuando hay confusión también existe la certeza; cuando desaparece la confusión también lo hace la certeza. Simplemente tienes claridad –ni confusión, ni certeza–, sólo una claridad, una transparencia. Y esa transparencia tiene belleza, esa transparencia es gracia y es exquisita.

El momento más bello de la vida de una persona es cuando no hay ni confusión ni certeza. Uno simplemente es, es un espejo que refleja lo que es, sin dirección, sin ir a ninguna parte, sin idea de hacer nada y sin futuro... sólo y fundamentalmente en el instante, tremendamente en el instante.

Cuando no hay mente no puede haber futuro, ni programa de futuro. Entonces este momento se convierte en todo; este momento es toda tu existencia. Toda la existencia empieza convergiendo en este momento, y el instante se vuelve muy significativo. Tiene profundidad y calado, misterio e intensidad. Tiene fuego, inmediatez. Te agarra, te posee y te transforma.

Pero no puedo ofrecerte certidumbre alguna; la certidumbre es algo que proporciona la ideología. La certidumbre no es nada más que parchear tu confusión. Estás confuso y alguien te dice: «no te preocupes», y lo dice con autoridad, convenciéndote con sus argumentos, echando mano de escrituras sagradas, y así parchea tu confusión, la recubre con una hermosa manta, con la Biblia, el Corán, con la Gita. Te sientes bien, pero se trata de una sensación momentánea, porque la confusión sigue bullendo en el interior. No te has desembarazado de ella; sólo la has reprimido.

Por eso la gente se aferra a creencias, iglesias, escrituras, doctrinas y sistemas de pensamiento. ¿Por qué invierten tanto en sistemas de pensamiento? ¿Por qué alguien es cristiano o hinduista? ¿Por qué tiene que haber alguien que sea comunista? ¿Para qué? Pero existe una importante razón para ello. Todo el mundo anda confuso, y por tanto hace falta alguien que te dé certidumbre. La persona inteligente duda, pondera y vacila. Los no inteligentes nunca vacilan ni dudan. Cuando el sabio susurra, el tonto simplemente grita desde el tejado.

Lao Zi dijo: «Puede que sea el único hombre confuso del mundo. Todo el mundo parece tan seguro, menos yo». Tenía razón. Era tan enormemente inteligente que no podía estar seguro de nada.

No puedo prometerte certeza si abandonas la mente. Sólo puedo prometerte una cosa: que obtendrás claridad. Habrá claridad y transparencia, y podrás ver las cosas tal cual son. No estarás confuso ni seguro. La certeza y la confusión son las dos caras de una misma moneda.

La existencia es sencilla en esa claridad; no hay nada que elegir. Y recuerda, cuando no hay nada que elegir, te harás indivisible. Cuando hay algo entre lo que elegir, también te divide a ti. La división es una espada de doble filo: divide la realidad externa y te divide internamente. Si eliges, eliges la división, eliges estar escindido, eliges la esquizofrenia. Si no eliges, si sabes que no hay nada bueno ni malo, entonces eliges la cordura.

No elegir nada es elegir la cordura, no elegir es estar cuerdo, porque entonces no existe división externa; ¿cómo podrá existir división interna? Lo interno y lo externo van juntos. Te vuelves indivisible, te conviertes en individual. Ése es el proceso de individuación. Nada es bueno, nada es malo. Cuando eso surge en tu conciencia, de repente eres completo; todos los fragmentos han desaparecido en la unidad. Estás cristalizado y centrado.

Los médicos, los amigos y mi familia me ofrecen todo tipo de consejos diversos sobre lo que puedo hacer, qué comer y qué no comer. No sé qué decidir ni a quién hacer caso.

Escucha, pero no hagas caso, no sigas a nadie. Escucha bien, pero sigue tu propia intuición, no sigas el consejo ajeno. Escucha, eso sí, meditativamente; intenta comprender lo que tratan de comunicarte. Tal vez tengan buena voluntad al hacerlo, pero si sigues sus consejos ciegamente nunca llegarás a conectar con tu propia inteligencia. Dependerás de unas muletas; siempre buscarás a otros para que te digan lo que tienes o no tienes que hacer. Siempre necesitarás líderes... todo lo cual te colocará en un estado nada saludable.

Escucha, porque la gente tiene grandes experiencias, y si tiene ganas de compartirlas contigo sería una tontería no escuchar.

Compartir sus experiencias puede que te proporcione alguna intuición –te puede ayudar a ser más consciente–, pero no sigas sus consejos.

La gente sigue a otros literalmente y se vuelven ciegos. Cuando los demás te ofrecen todo lo que necesitas, entonces ¿para qué necesitas tus ojos? Y cuando los demás mastican por ti, ¿para qué necesitas masticar por ti mismo? Poco a poco te irás debilitando, empobreciendo y estarás cada vez más hambriento.

Un hombre que acababa de abrir una tienda tenía un gran cartel encima de la puerta que ponía: «Aquí se vende pescado fresco».

Llegó un amigo que le dijo:

–¿Por qué has puesto «aquí» en el anuncio?

Así que cortó lo de «aquí».

Luego vino otro y le dijo:

–¿«Se vende»? Pues claro que lo vendes. ¿Es que acaso lo regalas?

Así que quitó el «se vende».

Apareció un tercero y le dijo:

–¿«Pescado fresco»? Tiene que ser fresco. ¿Es que te crees que vendría alguien a comprar pescado podrido? Quita lo de «fresco».

El tendero así lo hizo. Ahora sólo quedaba la palabra «pescado», y apareció un cuarto conocido, que dijo:

–¿«Pescado»? ¡Tiene gracia que lo pongas! Puede olerse a un kilómetro.

El tendero acabó borrando la última palabra del anuncio.

Llegó un quinto y dijo:

–¿Qué sentido tiene tener colgado un cartel en blanco sobre la tienda?

El tendero acabó quitando el cartel.

Vino un sexto y dijo:

–Has abierto una tienda muy grande. ¿No podrías colgar un cartel que pusiese: «Aquí se vende pescado fresco»?

Pues eso es lo que ocurre cuando escuchas a la gente, que cada vez estás más confundido; así es como te confundes. Tu confusión es la siguiente: que has estado escuchando a demasiadas personas que te han ofrecido consejos distintos. Y no digo que lo hiciesen con mala idea; lo hacen con buena intención, pero no muy conscientemente, de otro modo no te darían consejos. Te darían un punto de vista, una intuición, pero no un consejo. No te dirán qué tienes que hacer y qué no. Te ayudarán a hacerte más consciente de manera que puedas ver por ti mismo lo que tienes o no tienes que hacer.

Un amigo de verdad no da consejo sino que te ayuda a estar más alerta, más consciente de la vida, de sus problemas, desafíos y misterios, te ayuda a realizar tu propio viaje, te da valor para experimentar, decisión para buscar e indagar, te da el arrojo para cometer muchos errores... porque alguien que no esté listo para cometer equivocaciones nunca podrá aprender nada.

Los amigos de verdad te ayudarán a afinar tu inteligencia. No te darán un consejo determinado, porque eso no tendría sentido. Lo que vale para hoy puede no ser cierto mañana, y lo que es correcto en una situación puede no serlo en otra. Las situaciones cambian continuamente, y por ello lo que necesitas no es una pauta fija de vida, sino una manera de ver, de forma que seas quien seas, y te encuentres en la situación que estés, sepas cómo actuar de manera espontánea y cómo depender de tu propio ser.

No dejo de preguntarme: ¿por qué yo? Siento mucha rabia por lo que me está sucediendo. ¿Cómo puedo lidiar con mis emociones? He intentado observarme y ocuparme con las cuestiones prácticas cotidianas, pero no me ha servido de nada.

Vive todas las emociones que sientas. Eres tú. Odioso, feo, indigno... sea lo que sea, sé en ello. Primero da a tus emociones la oportunidad de aparecer totalmente en la conciencia. Ahora, mediante tu esfuerzo de atención no haces sino reprimirlas en el inconsciente. Te implicas en tus tareas cotidianas y las fuerzas a retroceder. Ésa no es forma de deshacerse de ellas.

Deja que se manifiesten, vívelas, súfrelas. Será difícil y tedioso pero inmensamente provechoso. Una vez que las hayas vivido, sufrido y aceptado –que son tú, que tú no te has hecho de esa manera y que no necesitas condenarte por ello, que ésa es la manera como te has descubierto–, una vez que las has vivido conscientemente, sin reprimirlas, te sorprenderá descubrir que desaparecen por sí solas. Su fuerza sobre ti irá disminuyendo; ya no te agarrán del cuello con la misma fuerza. Y cuando se hayan ido tal vez llegue un momento en que podrás empezar a observar.

Una vez que todo pasa por la mente consciente se dispersa, y cuando sólo restan las sombras es cuando llega el momento de ser consciente. Ahora, en este momento, crearía esquizofrenia; entonces creará iluminación.

Soy un luchador. No sé hacer nada excepto luchar... y lo que es peor, me encanta. Me apasiona enfrentarme a la mayor de las tormentas y reír. No me gusta tenderme al sol y derretirme.

No hay ningún problema. Si sientes que eres un luchador, si disfrutas luchando, no sólo eso, si resulta que estás orgulloso de ser un luchador, entonces relájate. ¡Pelea totalmente! No luches contra tu naturaleza luchadora. Eso sería perderte.

Es estupendo plantarse frente a la mayor de las tormentas y reír. No te sientas culpable. Sólo intenta comprender una cosa: cuando digo soltar, no digo que haya que cambiar nada. Simplemente significa que, sientas lo que sientas, permítelo en su totalidad.

Sé un luchador con todo tu ser, y en esta totalidad hallarás la fusión del corazón. Ésa será la recompensa de tu ser total. Para ello no necesitas hacer nada; las recompensas llegan por sí mismas. Sólo tienes que ser total en cualquier cosa que sientas que amas, que estés orgulloso de ello... sé totalmente ello. No crees ninguna fractura. No actúes a medias; no seas parcial. Si eres total, un día –al plantarte frente a la mayor de las tormentas, riendo– de repente sentirás que tu corazón se derrite al sol. Eso te llegará en forma de recompensa.

El ser humano crea problemas innecesarios. Quiero que comprendas que en la vida no hay más problemas que los que tú te creas. Intenta verlo: todo lo que sientas que es bueno para ti, lo es. Entonces adelante. Aunque todo el mundo se te oponga, no importa. La recompensa indicará si te has lanzado a ello total y completamente.

Si en un momento determinado empiezas a sentir un súbito derretimiento entonces sabrás que no te has engañado a ti mismo, que has sido sincero y auténtico. Y entonces podrás sentirte orgulloso.

Expreso mi rabia con todo mi ser, y no obstante continúa como una corriente subyacente, presente en todos mis pensamientos.

Sólo conoces dos maneras de lidiar con la rabia: la expresión y la represión. Y la auténtica manera de hacerlo no tiene nada que ver con ninguna de ellas. No es expresión, porque si expresas tu rabia creas rabia en el otro, y todo se convierte en una cadena. El otro también la expresará, y tú volverás a sentirte provocado; el proceso nunca tendrá fin. Y cuanto más la expreses, más se convertirá en un hábito, en un hábito mecánico. Cuanto más la expreses, ¡más la practicarás! Te será difícil deshacerte de ella.

De ese miedo surge la represión: no la expresas porque conlleva una gran desdicha para ti y para los demás, y porque no tiene sentido. Te afea, crea situaciones desagradables en la vida, y luego tienes que pagar por ellas. Y poco a poco se va convirtiendo en un hábito hasta que se convierte en una segunda piel. La represión surge del miedo a expresarla. Pero si la reprimes vas acumulando veneno. Que tendrá que explotar.

El tercer enfoque es el de que toda la gente iluminada del mundo no expresa ni reprime, sino que observa. Cuando surge la rabia, siéntate en silencio, permite que la rabia te rodee en tu mundo interior, deja que la nube te rodee y sé un observador silencioso. Mírala: «esto es rabia».

El Buda dijo a sus discípulos: «Cuando surja la rabia, escuchadla, escuchad su mensaje. Y recordad una y otra vez, decíos continuamente: "rabia, rabia...". Manteneos alerta y no os durmáis. Manteneos alerta y observad cómo os rodea la rabia. ¡Pero no sois eso! Sois el que observa. Y ahí es donde radica la clave».

Poco a poco, observando, podrás separarte de ella de manera que no te afecte. Te desapegarás tanto de ella, a tal distancia, que dejará de tener importancia. De hecho empezarás a reírte de las cosas ridículas que hicieras en el pasado a causa de esa rabia. No eres tú. Está fuera de ti, te rodea. Pero en el momento en que dejes de identificarte con ella dejarás de alimentarla.

Recuerda, alimentamos la rabia con nuestra energía; sólo entonces se vuelve vital. Carece de energía en sí misma; depende de nuestra cooperación. Al observarla se interrumpe la cooperación; dejas de alimentarla. Seguirá ahí durante unos momentos, tal vez minutos, y luego desaparecerá. Al no poder arraigar en ti, al ver que eres inalcanzable, al verte alejado, como un observador en las colinas, se disipará y desaparecerá. Y esa desaparición será hermosa. Esa desaparición es una gran experiencia.

Al ver desaparecer la rabia surge una gran serenidad: el silencio que sigue a la tormenta. Te sorprenderá ver que cada vez que surge la rabia y puedes observarla, descansas en una tranquilidad antes desconocida. Caerás en profunda meditación. Cuando la rabia desaparezca te sentirás refrescado, más joven e inocente que nunca. Entonces te sentirás agradecido incluso a la rabia; no la odiarás, porque te habrá proporcionado un nuevo y hermoso espacio en el que vivir, una nueva y fresca experiencia por la que pasar. La habrás usado; la habrás convertido en un trampolín para salir de ella.

A menudo me siento totalmente inundado de una increíble tristeza por vivir esta vida. ¿Qué puedo hacer?

La tristeza es triste porque te disgusta. La tristeza es triste porque te gustaría no estar en ella. La tristeza es triste porque la rechazas. Pero de gustarte, incluso la tristeza puede convertirse en una flor de tremenda belleza, silencio y profundidad.

Nada está equivocado. Así es como debería ser; poder ser capaces de gustar de todo lo que sucede, incluso de la tristeza. También la muerte debe ser amada; sólo entonces podrás trascenderla. Si puedes aceptar la muerte, si puedes amarla y acogerla, entonces la muerte no podrá matarte; la habrás trascendido.

Cuando llegue la tristeza, acéptala. Escucha su canción. Es algo que te ofrece. Tiene un regalo que ninguna felicidad puede ofrecerte, que sólo puede darte la tristeza.

La felicidad siempre es superficial; la tristeza es siempre profunda. La felicidad es como una ola; la tristeza es como las profundidades de un mar. En la tristeza permaneces contigo mismo, solo. En la felicidad empiezas a tratar con gente y a compartir. En la tristeza cierras tus ojos y moras en lo profundo de ti mismo.

La tristeza tiene una canción... la tristeza es un fenómeno muy profundo.

Acéptala. Disfrútala. Pruébala sin rechazarla, y verás que te otorga muchos dones que la felicidad ni siquiera imagina. Si puedes aceptar la tristeza entonces ella deja de serlo; la habrás dotado de una nueva cualidad. Habrás crecido a través de ella. Ahora no será una piedra, una roca que bloquea el camino; se habrá convertido en un escalón.

Y recuérdalo siempre: una persona que no ha conocido una tristeza profunda es una persona pobre. Nunca alcanzará la riqueza interior. Una persona que siempre ha vivido feliz, sonriente, superficial, no ha penetrado en el templo más profundo de su ser. Ha pasado por alto el santuario interior.

Sé capaz de tratar con todas las polaridades. Cuando llegue la tristeza, sé triste de verdad. No trates de escapar de ella, permítela, coopera con ella. Déjala disolverse en ti y te disolverás en ella. Sé uno con ella. Sé realmente triste: sin resistencia, sin conflicto ni lucha. Cuando llegue la felicidad, sé feliz: baila y extasíate. Cuando llegue la felicidad, no intentes aferrarte a ella. No digas que debería durar para siempre; ésa es la manera segura de perderla. Cuando llegue la tristeza, no digas: «no vengas a mí», o: «ya que has venido, no tardes en marcharte». Ésa es una equivocación. No rechaces la tristeza y no te aferres a la felicidad.

No tardarás en descubrir que felicidad y tristeza son dos caras de la misma moneda. Entonces te darás cuenta de que la felicidad también conlleva una tristeza, y que la tristeza conlleva una felicidad. Así se enriquecerá tu ser interior. Entonces podrás disfrutar de todo: de la mañana y de la noche, de la luz del sol y de la oscuridad de la noche, del día y de la noche, del verano y del invierno, de la vida y la muerte... podrás disfrutarlo todo.

Tengo tantos pensamientos contradictorios que es como estar subido en una montaña rusa, sin saber nunca cómo me sentiré en el instante siguiente.

Observa tus pensamientos, observa tus emociones, y sólo observándolos llegarás a darte cuenta de un nuevo factor: el espectador. Esta conciencia es el principio de una revolución interior: tú eres el observador, no lo observado. Tú no eres la mente, ni el cuerpo, sino algo oculto en lo más profundo de ti: el espectador.

El espectador observa los altibajos de la vida. Deja de existir la necesidad de identificarse. Cuando estás de capa caída no tienes por qué estar triste, porque el espectador sólo es un espectador. Cuando estás contento no necesitas ser egoísta; eres sólo el espectador. Poco a poco se va asentando toda la agitación que te rodea.

Tu identificación con las cosas que no eres es el problema.

Tu desidentificación es meditación.

Desidentifícate de todo hasta que sólo quede el puro espectador. Permanece asentado en el espectador, hagas lo que hagas, vayas donde vayas. Serás un hombre nuevo, con frescura, con una vida como nunca antes conocieras, con algo de eterno en tus ojos, con algo de existencia inmortal en cada uno de tus gestos.

Cuanta más gente me rodea, apoyándome a través de la enfermedad, más solo me siento... y es algo que resulta muy doloroso. ¿Qué puedo hacer?

Enfrentarse cara a cara con uno mismo en soledad es temible y doloroso, y hay que sufrirlo. No hay que hacer nada por evitarlo, no hay que hacer nada para desviar la mente o para escapar de ello. Hay que sufrirlo y pasar por ello. Este sufrimiento y este dolor son una buena señal que indica que te acercas a un nuevo nacimiento, porque todo nacimiento viene precedido de dolor. No puede y no debe evitarse porque forma parte de tu crecimiento.

¿Por qué está ahí ese dolor? Eso es algo que hay que comprender porque te ayudará a pasar por ello, y si pasas por ello sabiéndolo, podrás salir del dolor con más facilidad y rapidez.

¿Por qué hay dolor cuando estás solo? Primero porque tu ego está enfermo. Tu ego sólo puede existir con los demás. Se ha desarrollado a través de las relaciones, no puede existir en soledad. Así que si la situación es tal que no le permite existir, entonces se siente asfixiado, al borde de la muerte. Ése es el sufrimiento más profundo. Te sientes como si fueses a morir. Pero no eres tú el que muere, sino el ego con el que te identificas. No puede existir porque te ha sido dado por los demás. Es una contribución. Cuando abandonas la presencia de los demás no te lo puedes llevar contigo.

Por ello, en soledad te parece que todo lo que conoces de ti mismo está a punto de venirse abajo; va desapareciendo poco a poco. Puedes prolongar la existencia de tu ego durante un cierto período –y para ello también es necesaria la imaginación–, pero no por mucho tiempo. Te sientes desprotegido fuera de la sociedad; no estás en terreno seguro. Ése es el dolor básico. No estás seguro de quién eres; eres una personalidad dispersa, una personalidad en disolución. Pero todo eso está muy bien, porque a menos que ese falso tú desaparezca, no podrá salir a la superficie el real. Para ello debe desaparecer el falso, y el falso es una gran inversión. Has invertido tanto en él... lo has cuidado tanto... todas tus esperanzas están basadas en él. Así que cuando se inicia su disolución sientes temor, miedo y temblores: ¿Qué te estás haciendo a ti mismo? Estás destruyendo toda tu vida, toda la estructura.

Por eso surge el miedo. Pero tendrás que pasar por él; sólo entonces podrás ser audaz. No digo que serás valiente, no. Digo que serás audaz. La valentía forma también parte del miedo. Por muy valiente que seas, el miedo estará siempre oculto por detrás. Digo audaz, «carente de miedo». No serás valiente; cuando no existe el miedo no es necesario ser valiente. Valentía y miedo se vuelven irrelevantes. Son dos caras de la misma moneda. Por ello todos los valientes son lo mismo que tú pero del revés. Tu valentía está oculta en tu interior y tu miedo en la superficie; su miedo está oculto en el interior mientras que su valentía aparece en la superficie. Por ello, cuando estás solo te sientes muy valiente. Cuando piensas en algo eres muy valiente, pero frente a la situación real te vuelves miedoso.

Se dice que los soldados, incluso los mejores, antes de ir al frente tienen tanto miedo como cualquiera. Tiemblan interiormente, pero van. Apartarán de sí sus temblores, arrojándolos al inconsciente; y cuanto más temblor interno exista, más tenderán a crear la fachada de que son valientes. Eso crea una armadura. Si miras la armadura descubrirás que por fuera parecen valientes, pero que en lo profundo está llena de miedo.

Uno pasa a carecer de miedo cuando ha pasado por el peor de los miedos: el de la disolución del ego, el de la disolución de la imagen y la de la personalidad.

Ésa es una muerte porque no sabes si de ella surgirá una nueva vida. Durante el proceso sólo conoces la muerte. Sólo cuando mueres a lo que eres, como entidad falsa, sabes que la muerte es sólo una puerta hacia la inmortalidad. Pero eso sucederá al final; durante el proceso simplemente mueres. Todo aquello que tanto querías se te arrebata: tu personalidad, tus ideas, todo lo que considerabas hermoso. Todo te abandona. Te quedas desnudo. Todos los papeles y coberturas se retiran.

El miedo aparecerá durante ese proceso, pero es un miedo básico, necesario e inevitable... hay que pasar por él. Debes comprenderlo pero no intentar evitarlo, no trates de escapar de él porque cada intento de evadirte te devolverá de nuevo al mismo sitio. Regresarás a la personalidad.

Quienes penetran en un gran silencio y soledad me preguntan: «¿Qué puedo hacer cuando surja el miedo?». Yo les digo que no hagan nada, que vivan su miedo. Si aparecen los temblores, tiembla. ¿Para qué tratar de evitarlo? Si existe un miedo interno y te hace temblar, entonces tiembla. No hagas nada. permite que suceda. Desaparecerá por sí mismo. Si lo evitas... Si empiezas a cantar: «Ram, Ram, Ram»... Si te aferras a un *mantra* de manera que tu mente se distraiga, te sentirás pacificado y el miedo dejará de ser aparente... lo habrás apartado, echándolo al inconsciente. Salía a la superficie –lo cual era estupendo, porque te ibas a librar de él–, te estaba abandonando, porque cuando te abandona tiemblas. Es natural, porque de cada célula del cuerpo y de la mente desaparecía una energía que siempre había estado allí aplastada. Habrá temblores y sacudidas; será como un terremoto. Toda el alma se desasosegará. Pero déjalo estar. No hagas nada. Ése es mi consejo. Ni siquiera cantes. No intentes nada porque todo lo que hagas intentará suprimirlo. Por el contrario, al permitir que sea, al dejarlo, te abandonará y, una vez te haya dejado, serás una persona totalmente distinta.

El ciclón habrá pasado y ahora estarás centrado, centrado como nunca lo estuviste. Y una vez que conozcas el arte de dejar ser las cosas, conocerás una de las llaves maestras que abren todas las puertas interiores. A partir de entonces, y fuere cual fuere el caso, déjalo ser; no hagas nada por evitarlo.

Si durante tres meses pudieras permanecer en completa soledad, en completo silencio, sin luchar con nada, permitiendo ser a todo, sea lo que fuere, en esos tres meses desaparecería lo viejo y aparecería lo nuevo. Pero el secreto es permitirlo ser, por muy horroroso, doloroso, aparentemente peligroso y mortífero que sea. Serán muchos los momentos en que empezarás a hacer algo. Has de saber que no puede hacerse nada, pero no tendrás el suficiente control y empezarás a hacer algo.

Es como si fueses por una calle oscura, de noche, a media noche, y sintieses miedo porque no hay nadie alrededor y la noche es oscura y la calle desconocida, y empezases a silbar. ¿Qué puede arreglar un silbido? De sobras sabes que nada. Entonces empiezas a cantar una tonada. Sabes que cantar una canción no soluciona nada –no puede disipar la oscuridad, seguirás solo–, pero distrae la mente. Si empiezas a silbar recobras la confianza y olvidas la oscuridad. Tu mente silba y empiezas a sentirte bien.

Pero no ha sucedido nada. La calle es la misma, la oscuridad también, y el peligro, en caso de existir alguno, continúa allí, pero ahora te sientes más protegido. Todo es igual, pero ahora estás haciendo algo. Empiezas a cantar un nombre, un *mantra*, que también es una especie de silbido. Eso te proporcionará fuerza, pero dicha fuerza será peligrosa, se convertirá en un problema, porque esa fuerza será tu viejo ego. Lo estarás reviviendo.

Permanece siendo testigo y permite que suceda lo que tenga que suceder. Hay que aceptar el miedo e ir más allá. Para trascender la angustia hay que aceptarla. Y cuanto más auténtico sea el encuentro, cuanto más se mire cara a cara, cuanto más mires a las cosas tal cual son, más pronto sucederá algo.

Es cuestión de tiempo porque tu autenticidad no es intensa. Así que puede llevar tres días, tres meses o tres años... depende de la intensidad. En realidad, también podría suceder en tres minutos, e incluso en tres segundos. Pero entonces tendrías que pasar por un infierno de tal intensidad que tal vez no lo podrías soportar ni tolerar. Si uno puede mirar cara a cara lo que está oculto en su interior, acaba pasando, y cuando ha desaparecido eres diferente porque todo lo que te ha dejado formaba parte de ti antes y ahora ha dejado de serlo.

Así que no preguntes qué hacer. No es necesario hacer nada. Inacción, observación, mirar cara a cara sin esfuerzo, sea lo que sea, sin realizar el mínimo esfuerzo, permitiéndolo ser... Permanecer pasivo y dejarlo pasar. Siempre acaba pasando. En cambio es contraproducente hacer algo, porque interfieres.

¿Quién interfiere? ¿Quién tiene miedo? El mismo que es el mal, el mismo ego que hay que dejar atrás es el que intenta interferir. Ya te he dicho que el ego forma parte de la sociedad. Abandonas la sociedad pero no quieres dejar la parte que la sociedad te ha dado. El ego está arraigado en la sociedad; no puede vivir fuera de ella. Así que o tienes que abandonarla, o bien crear una nueva sociedad en la que puedas vivir. Ser solitario significa no crear una sociedad alternativa. Abandona la sociedad y te abandonará todo aquello que te ha sido dado por ella. Tendrás que soltarlo. Será doloroso porque te has adaptado mucho a ella. Y ese ajuste se ha llegado a hacer tan cómodo que todo resulta conveniente. Cuando cambias y te vas solo, estás dejando atrás todas las comodidades, todas las conveniencias, todo lo que la sociedad puede ofrecer. Pero cuando la sociedad te ofrece algo, también te quita algo: tu libertad y tu alma.

Así que se trata de un intercambio, y por ello, cuando intentas alcanzar la pureza del alma debes detener el juego. Será doloroso, pero si puedes pasar por ello, tendrás muy cerca el mayor de los goces. La sociedad no es tan dolorosa como la soledad. La sociedad es tranquilizadora, la sociedad es conveniente y cómoda, pero te adormila. Si sales de ella te enfrentarás a la incoveniencia, a todo tipo de inconveniencias, que habrás de padecer comprendiendo que forman parte de la soledad y parte del volver a recobrarte.

Saldrás de ese proceso como nuevo, con una nueva gloria y una nueva dignidad, con una nueva pureza e inocencia.

Creo que pensar positivamente puede hacer que me sienta mejor. Así que he adoptado la actitud de que no me estoy muriendo de cáncer, sino viviendo con el cáncer. Creo que pensar en mi muerte es invitar a que eso suceda. Me parece más sano concentrarme en vivir el instante.

El equilibrio ocurre cuando no se elige, cuando se miran los hechos tal cual son. La vida no es una cuestión de esto o aquello. No hay nada que elegir, es un conjunto. A través de tu elección nada cambia. Mediante tu elección sólo obtienes una especie de ignorancia.

Lo que eliges es una parte y lo que no eliges también es otra parte de la realidad. La parte de la realidad no elegida permanecerá suspendida a tu alrededor, esperando ser aceptada. No puede desaparecer, no hay manera de que desaparezca. Si amas la vida demasiado y no quieres ver el hecho de la muerte... ésta permanecerá suspendida a tu alrededor, como una sombra.

En el zen se dice: Mira ambas... son una sola pieza, están juntas. Al verlas juntas, sin elegir, sin prejuicios, las trasciendes. Al verlas juntas no te identificas con la vida ni con la muerte. Cuando no te identificas eres libre, estás liberado.

Elegimos una parte pequeña y afirmamos que es el todo. Elegimos la vida; sacamos la vida de su contexto básico –la muerte– y decimos: «Eso soy yo. Soy vida». Pero entonces aparecen los problemas. Estarás encajonado en esa identificación. ¿Cómo tratarás con la muerte? También está ahí, sucediendo a cada instante, y un día te sobrevendrá sin que te enteres.

Una vez que se abandonan las identificaciones, una vez que dejas de identificarte con algo, te conviertes en testigo... sin decir soy esto o lo otro. Simplemente eres testigo. Ves pasar la vida, la muerte, el sexo, y ves pasar la frustración, la alegría, el éxito y el fracaso... Observas, eres un puro observador. No te aferras a nada; no afirmas: «yo soy esto».

¿Dónde estás cuando no afirmas? Si puedes permanecer sin confinarte ni definirte a ti mismo, sin limitarte, si puedes fluir, sólo viendo, llega la liberación, una gran liberación. Sin identificarse, uno es libre. Identificándose, uno está encerrado.

Cuando puedes ver a través, cuando puedes ver con transparencia y no eliges, eres algo trascendente... el testigo. Ese testigo no nace ni muere.

Vida y muerte aparecen en la visión del testigo, pero el testigo es eterno. Estaba ahí antes de que nacieses y seguirá ahí cuando hayas desaparecido. Has estado viniendo al mundo millones de veces y puede que todavía hayas de seguir regresando. El mundo aparece en ti al igual que un reflejo aparece en un espejo.

Esa cualidad especular es lo que significa testimoniar. Por eso el espejo permanece limpio de todo tipo de impresiones. Refleja, pero no acumula impresiones. Ese es el estado de percatarse. De eso trata la meditación.

Observar, ver, permanecer alerta, pero sin elegir.

Al vivir te apegas, acumulas polvo. La muerte se lleva todos tus apegos y todo el polvo acumulado. Si puedes comprenderlo te sentirás enormemente agradecido a la muerte. Pero no puedes hacer lo que la muerte hace por ti. Por eso, si lo logras, entonces no habrá muerte para ti; entonces no será necesario morir. Si un hombre puede limpiar su conciencia a través de la meditación, entonces nunca morirá. No estoy diciendo que no morirá en el cuerpo, eso es algo natural, sino que nunca se topará con la muerte. La muerte sólo le ocurre al polvo que se acumula en el espejo. El espejo nunca muere, el espejo en sí mismo no puede morir. El testigo es un proceso que no muere, es eterno. El viajero continúa, sólo que las ropas se gastan y pudren y han de cambiarse. Pero el viajero continúa; el polvo se acumula en el cuerpo y hay que darse un baño. Pero si empiezas a pensar que tú eres el polvo, entonces no te darás baño alguno.

La muerte es una gran amiga; te descarga de un montón de peso. Te descarga de todo lo que has ido acumulando. Una vez que se permite voluntariamente dicha descarga, la muerte se convierte en *samadhi*, en resurgir. Si no la permites proceder voluntariamente, entonces la muerte no es *samadhi* alguno, sino un dolor. Fíjate bien. La misma cosa puede ser un dolor infinito o un goce también infinito. Depende de tu interpretación, de cómo consideres las cosas, de cómo penetres cierta experiencia y cuán profundamente te metas en ella.

Si te aferras y eres muy posesivo, entonces la muerte será muy dolorosa y sufrirás mucha angustia. No sufrirás a causa de la muerte, sino a causa de tu apego, de tu posesividad, de aferrarte, de tu codicia y todo lo demás. Pero si no te aferras, si no eres muy posesivo, si no eres codicioso o egoísta, si no eres agresivo, entonces cambiará la cualidad de la muerte. Se convertirá en una dulce brisa de existencia. Llegará y te limpiará. Te proporcionará el descanso que tanto necesitas. Te purificará. Te conducirá hasta la fuente eterna de la que volverás a surgir. Si vas de manera voluntaria resurgirás en una forma mejor porque habrás aprendido algo de la última forma. Pero si no acudes voluntariamente, entonces también la muerte te arrojará al horno y te quemará a la fuerza, debiendo regresar de nuevo en la misma forma porque no aprendiste nada.

La muerte conlleva una gran lección, mucho más grande que la vida. Y la muerte trae consigo la intensa posibilidad de comprender, porque la vida es muy extensa; la muerte llega en poco tiempo. Te sacude en un solo instante. Y si no estás alerta no percibirás ese instante. Ese momento es muy diminuto. Si permaneces alerta, entonces ese momento se convierte en una puerta hacia lo eterno.

Intento entablar amistad con el miedo que me acompaña constantemente. ¿Es una actitud adecuada?

Uno no tiene que entablar amistad con la oscuridad, la muerte o el miedo. Uno ha de desembarazarse de ellos. Uno tiene simplemente que despedirlos para siempre.

Ese miedo es tu apego; la amistad lo profundizaría. No creas que entablando amistad con el miedo estarás preparado para profundizar. Eso es algo que puede evitar incluso el miedo más amistoso; de hecho, lo impediría incluso más. Lo impediría de manera amistosa; te aconsejaría: «No hagas tal cosa. No hay nada ahí dentro. Caerás en la nada y regresar de ella resulta imposible. Ten cuidado y no caigas en tu interioridad. Aférrate a las cosas».

El miedo ha de ser comprendido –no hay que entablar amistad con él– para que desaparezca.

¿Qué es lo que te asusta? Cuando naciste lo hiciste desnudo. No trajiste contigo ningún balance bancario... ni estabas asustado. Llegaste al mundo básicamente desnudo, pero como un emperador. Ni siquiera un emperador puede llegar al mundo tal y como lo hace una criatura. Es lo mismo que penetrar interiormente. Se trata de un segundo parto: vuelves a ser un niño, con la misma inocencia, desnudez, y la misma carencia de posesividad. ¿De qué has de tener miedo?

En la vida no puedes tener miedo de nacer. Ha sucedido; ahora no puede hacerse nada al respecto. No puedes temer a la vida; ya está sucediendo. No puedes temer a la muerte; hagas lo que hagas sucederá. ¿Entonces, qué es ese miedo?

Siempre me han preguntado, incluso gente muy erudita: «¿Nunca le ha preocupado lo que sucederá tras la muerte?». Siempre me he preguntado qué es lo que sabe toda esa gente. Yo a mi vez les planteo: «Un día no había nacido y no existían las preocupaciones. Nunca, ni siquiera por un instante, pensé a qué clase de problemas, ansiedades o angustias debería enfrentarme cuando no nací. ¡Simplemente no era! Así que con su pregunta ocurre lo mismo: Cuando mueres, ¡mueres!».

Mencio, el discípulo más importante de Confucio, le preguntó en una ocasión a su maestro. «¿Qué sucederá tras la muerte?». Confucio le contestó: «No pierdas el tiempo. Cuando estés en la tumba, tendido en ella, ya tendrás ocasión de pensarlo. ¿Para qué preocuparte ahora?».

¡Así que hay mucha gente pensando en sus tumbas! Piensa que parece no haber ningún problema. En todos los cementerios, y hay millones de ellos, la gente simplemente permanece tendida. Ni siquiera se incorporan para preguntar: «¿Qué ha pasado? ¿Qué ha sucedido hoy?». Ni siquiera se cambian de lado. Están muy relajados.

Cuando alguien muere, los demás les cierran los ojos llenos de miedo: «El pobre seguiría mirando en la tumba». Da miedo pensar que miles de personas miran con los ojos abiertos desde sus tumbas... Hay que cerrarles los ojos.

Tengo una tía lejana que era única, porque dormía con un ojo abierto. Y podía hacerlo porque ese ojo era falso. Pero siempre que venía a visitarnos a casa a mí me gustaba asustar a la gente. Cuando se iba a dormir los llevaba hasta ella y les decía: «Mira, eso es lo que sucede: incluso cuando duerme tiene un ojo abierto». En la muerte intentas cerrar los ojos de la gente, pero no estás seguro de conseguirlo. Abrirán los ojos y mirarán alrededor preguntando: «¿Qué ha pasado?».

Tener miedo de lo que sucederá cuando mueras es innecesario. Lo que tenga que pasar pasará, y no puedes hacer nada al respecto de antemano. No lo sabes, así que no tienes por qué hacer nada, ni prepararte para el tipo de preguntas que te harán ni para el tipo de personas que conocerás, ni para aprender sus costumbres o idioma. No sabemos nada. No hay necesidad de preocuparse; no pierdas el tiempo.

Pero hay miedo, miedo de que suceda algo tras la muerte ¡y estarás tan solo...! Nadie va a escucharte, ni aunque grites desde tu tumba. La gente cierra completamente la tumba a causa del miedo. Si se dejase alguna ventana abierta y los muertos empezasen a mirar por allí... ¡Todo el mundo se moriría del susto!

No tiene sentido temer, sólo hace falta un poco de inteligencia... no entablar amistad con el miedo, sino inteligencia: el corazón aventurero, el valor de quienes se adentran en lo desconocido. Son unos benditos porque pueden hallar el sentido y significado de la vida. Otros sólo vegetan; sólo ellos viven.

Un francés, un judío y un polaco son sentenciados cada uno a treinta años de cárcel. Cada uno de ellos puede pedir un deseo, que le proporcionará el director de la cárcel.

–Una mujer –pide el francés.

–Un teléfono –pide el judío.

–Un cigarrillo –pide el polaco.

Treinta años después, el francés sale con la mujer y diez hijos. El judío lo hace llevándose consigo una comisión de diez mil dólares que obtuvo durante ese tiempo. Y el polaco sale y pregunta:

–¿Alguien tiene una cerilla?

¡No seas el polaco! Treinta años aguantando el cigarrillo y esperando: «Cuando se abra la puerta preguntaré si alguien tiene una cerilla».

Lo primero: hace falta un poco de inteligencia, un poco de sentido del humor, un poco de dulzura... no se necesita gran cosa para entrar en tu propio ser. La gente seria se queda fuera con la cara larga.

El padre Murphy quería reunir algo de dinero para su iglesia y se enteró de que en las carreras podía hacerse un montón de dinero. No obstante, no poseía una cantidad suficiente como para comprar un caballo, así que adquirió un burro y lo inscribió en una carrera. Para su sorpresa, el burro acabó tercero. El titular del periódico anunció: «Gana el asno del cura». Eso fue demasiado para el obispo, que ordenó al padre Murphy que se deshiciese del burro. Se lo dio a la madre Teresa, y en la prensa se les coló un gazapo al dar cuenta de la noticia y cambiaron "asno" por "ano": «Una monja tiene el mejor ano de la ciudad».

Al obispo casi le dio algo, así que ordenó a la hermana Teresa que se quitase de encima al asno. La monja se lo vendió a Paddy por diez dólares. Al día siguiente encontraron muerto al obispo sobre la mesa del comedor estrujando un periódico entre las manos. Los titulares decían: «La monja vende su ano por diez pavos».

Un poco de sentido del humor, de risas, una inocencia infantil...
¿Qué tienes que perder? ¿Qué tienes que temer? No tenemos nada.
Nosotros llegamos con nada, y nos iremos con nada. Antes de que
eso suceda, aventúrate un poco interiormente para ver quién es ese
que se oculta tras la ropa, en el interior del esqueleto. ¿Quién es ese
tipo que nace, se convierte en joven, se enamora y un día muere sin
que nadie sepa adónde va? Un poco de curiosidad para investigar
en el propio ser. Es muy natural; no hay nada que temer.

**Cuando llega el momento, la hoja suelta su tierno
asidero y saluda su muerte con gracia. ¿Es en ese
momento cuando la vida puede abrazarlo todo antes de
que la hoja llegue al suelo?**

Sí, ése es el secreto de la vida y la muerte, el mayor de los secretos: cómo permitir que la existencia pase a través tuyo sin obstáculos ni obstrucciones; cómo permanecer en un estado de no-
resistencia absoluta. El Buda lo llamó *tathata*, talidad.

Dices: «Cuando llega el momento, la hoja suelta su tierno asidero y saluda su muerte con gracia». Así has de aprender a morir.
Y tu asidero debe ser tierno; si no, será difícil soltarlo. Tu asidero no puede ser un apego. Quienes se apegan no comprenden este
juego polar de la existencia, y su apego lo destruye todo. Tienen
que morir, pero su muerte carece de toda gracilidad. Han de morir, como todo el mundo, pero su muerte se convierte una agonía.

La palabra agonía proviene de *agon*, que significa lucha. Agonía
significa luchar. Mueren luchando. Toda esa lucha es un ejercicio
de futilidad: no ganarán por mucho que lo intenten. Son millones
los que los han intentado y han fracasado; y no obstante, seguimos siendo tan tontos como para repetir el mismo modelo. Seguimos esperando que: «tal vez yo sea la excepción, tal vez pueda
arreglármelas de alguna manera».

Nadie ha sido nunca capaz de «arreglárselas», no porque no lo
hayan intentado, ni porque no hayan probado, sino porque no es

posible en la naturaleza de las cosas. Han hecho todo lo posible, no han dejado piedra sin remover, pero la muerte ha llegado. De hecho, ya empezó a suceder desde el instante de tu nacimiento. Nacer es una polaridad; la otra está oculta en la primera.

Que tu asidero sea tierno, tan tierno que pueda caer en cualquier instante y que no exista lucha al hacerlo, ni siquiera un instante de retraso, porque ese instante puede llevar a no comprender lo que sucede, a no reparar en la gracia de ello.

Mi tarea consiste en enseñarte cómo vivir y morir, cómo estar alegre y cómo estar triste, cómo disfrutar de tu juventud y cómo disfrutar de tu vejez, cómo disfrutar de tu salud y de tu enfermedad. Si sólo te enseñase cómo disfrutar de la salud, la alegría y de tu vida, dejando de lado el resto, entonces te estaría enseñando algo que crearía una división, una separación en ti.

Te enseño la totalidad de la existencia. No poseas, no te agarres a nada y no te aferres. Deja que las cosas lleguen y desaparezcan. Permite que todo pase por ti, y permanece siempre vulnerable, disponible. Ahí radica una gran belleza, una gran gracia y un enorme éxtasis. Tu tristeza también te reportará profundidad, tanta como tu alegría. Tu muerte te proporcionará grandes dones, tantos como tu vida. Entonces un ser humano sabe que su existencia es suya: días y noches, veranos e inviernos... todo es suyo.

Al permanecer vulnerable, abierto y relajado, te conviertes en un maestro. Se trata de un extraño y paradójico fenómeno: al rendirte a la existencia te conviertes en vencedor. Esos momento regresarán una y otra vez a ti. Mi esfuerzo consiste en aportar más momentos de ese tipo, penetrantes, momentos penetrantes para ti. No seas estúpido, no repitas viejas estrategias, antiguas pautas mentales. Aprende nuevas maneras de ser.

Lo mejor que puede aprenderse es no aferrarse a nada: tu amor, tu alegría, tu cuerpo o tu salud. Disfruta de todo –tu alegría, tu cuerpo, tu amor, tu mujer o tu hombre–, pero no te aferres. Mantén las manos abiertas, no las conviertas en un puño. Si te conviertes en un puño permaneces cerrado –cerrado a los vientos y las lluvias, al sol y la luna, cerrado a la propia existencia–, que es la peor manera de vivir. Es crear una tumba a tu alrededor. Entonces tu existencia se vuelve asfixiante. Te ahogas en el interior y ocurre así porque piensas que estás creando seguridad para ti mismo.

He oído contar una antigua parábola sufí:

Había un rey que temía mucho la muerte, como todo el mundo..., cuanto más tienes, más te asusta. Un pobre no tiene tanto miedo a la muerte. ¿Qué tiene que perder? ¿Qué es lo que le ha dado la vida? No le preocupa.

Por eso en los países pobres puede percibirse una gran indiferencia hacia la muerte, la pobreza y el hambre. La razón es que las gentes viven en tal estado de pobreza durante tanto tiempo que dejan de preocuparse por la muerte. La muerte les llega como un gran alivio... como un alivio de todas sus miserias y ansiedades, como un alivio del hambre, el sufrimiento y la pobreza.

La gente que viene de países ricos, piensa: «¿Por qué son tan indiferentes ante la muerte?». La razón es simple: no tienen nada a lo que aferrarse. Su vida no les ha proporcionado nada. Su vida es tan pobre que la muerte no puede arrebatarles nada; no les puede empobrecer más. Pero cuanto más tienes, más temes a la muerte. Cuanto más rica es la sociedad, más miedo a la muerte alberga.

En las sociedades pobres el tabú es el sexo, y en las ricas la muerte. Es una indicación de si la sociedad es rica o pobre... no hay más que observar cuál es su tabú. Si están contra el sexo entonces significa que son pobres; si están contra la muerte, si incluso temen mencionarla, simplemente significa que son ricos. Por eso es tan difícil un encuentro entre países ricos y pobres, porque sus tabúes chocan.

Así que el rey tenía mucho miedo, claro. La muerte se lo arrebataría todo, y había malgastado toda su vida acumulando riquezas. ¿Cómo podía protegerse? Al acumular tanta riqueza se había creado muchos enemigos que siempre andaban en busca de una oportunidad de cortarle la cabeza y acabar con él.

Así que pidió consejo a la gente anciana y sabia de su reino. Éstos le dijeron que construyese un castillo con una sola puerta, sin puertas ni ventanas excepto la que utilizaría para entrar y salir. Así estaría a salvo. Y en la puerta podía situar una fuerza de seguridad de mil soldados, para que no pudiese entrar nadie. La idea le resultó atractiva. Hizo construir un enorme castillo sin ventanas ni puertas excepto la que estaba custodiada por mil guerreros.

El rey vecino, su amigo, también temía la muerte. Oyó hablar del castillo y se acercó a verlo. Se sintió muy impresionado, y se dijo: «Empezaré a trabajar inmediatamente para construir un castillo así para mí. ¡Este parece tan seguro...!».

Cuando se alejaba –el rey había salido del castillo para despedirle–, volvió a apreciar el castillo. Mientras lo hacía, un mendigo que se hallaba sentado junto al camino empezó a reírse a carcajadas. Ambos reyes se sorprendieron y le preguntaron:

–¿De qué te ríes? ¿Es que te has vuelto loco? ¿Es que no sabes comportarte en presencia de reyes?

El mendigo contestó:

–Es que no puedo controlarme. ¡Perdonadme! Pero yo también fui un rey, y permitid que os diga el porqué de mi risa. He estado observándolo todo, porque pido limosna en este camino y he visto cómo construían el castillo. Pero estoy perplejo, y os digo que sólo hay un error, pero que resultará fatal.

–¿Cuál es ese error? Dínoslo y lo corregiremos –preguntó el rey, dispuesto a escuchar, y también a corregir el error.

El mendigo se explicó:

–Haced una cosa: meteos dentro y decid a la gente que cierre la puerta para siempre, porque esa puerta es peligrosa. ¡La muerte podría entrar por ahí! Esos mil guerreros apostados no podrán impedir que entre; ni siquiera la verán. Cerrad la puerta por completo. Levantad un muro y quedaos dentro del castillo. ¡Así estaréis totalmente a salvo! Nadie podrá mataros, y ni siquiera la muerte podrá entrar.

–¡Pero eso significaría estar ya muerto! Si no puedo salir, ¿cuál es el sentido de vivir? –dijo el rey.

–Por eso me río –dijo el mendigo–. ¡Ya estáis muerto en un noventa y nueve coma nueve por ciento! Sólo queda la puerta, y eso es lo que os resta de vida.

Cuanto más seguro, más muerto estás. Y no se trata de una muerte hermosa, de la muerte grácil de la hoja, del pétalo de rosa cayendo al suelo y regresando a la fuente. Se trata de una muerte horrible, invención del ser humano. Una muerte natural es hermosa; el ser humano la ha convertido en horrible. El ser humano lo ha convertido todo en algo horrible; cualquier cosa que toca se estropea. Si toca el oro se convierte en polvo.

Deja que esta comprensión penetre en ti lo más profundamente posible. Deja que se convierta en tu médula y tu convicción. Sí, así es. No poseas, no te aferres. Permanece relajado, no posesivo. Si hay algo disponible, disfruta de ello. Cuando desaparezca, déjalo desaparecer con gratitud, con gratitud por todo lo que ha hecho por ti, sin resentimiento ni quejas. Y conocerás la mayor de las alegrías tanto de la vida como de la muerte, de la luz y la oscuridad, de ser, y no-ser.

Me da la impresión de que he expresado todas mis emociones y que sólo queda el vacío.

Si lo aceptas, si le das la bienvenida y lo recibes con reverencia, el vacío se convierte en plenitud. Si no lo recibes –si estás un poco asustado, temeroso–, continúa vacío y negativo.

Convertir lo negativo en positivo es de lo que trata la alquimia de convertir un metal de baja ley en oro. El vacío es un metal de baja ley. En sí mismo no tiene demasiado valor; es vacío. Pero si le das la bienvenida con mucho amor y respeto, si lo abrazas, de repente cambia su naturaleza. A través de tu aceptación se transforma en un vacío positivo. Deja de estar vacío: está repleto de sí mismo. Tiene una especie de plenitud desbordante... y eso es lo divino.

Así que has de entrar una y otra vez. Y aparecerá en muchas ocasiones. Permanecerá a tu alrededor, llamará a tus puertas... así que recíbelo, sé su anfitrión. ¡Ámalo! No hay nada más valioso. Si lo transformas en plenitud, entonces no hay nada más que hacer. Pero las personas se equivocan. A veces llega... y no se dan cuenta porque tienen miedo, se ponen en guardia contra él. Empiezan a reprimirse y controlarse.

Recuerda: hay que evitar el control. El control crea conflicto. Considérate enemigo del vacío y se creará un conflicto. En ese conflicto se disipará mucha energía innecesariamente... y se trata de energía muy valiosa, muy preciada.

Una gran oportunidad llama a tu puerta. Si tienes miedo –si cierras la puerta a cal y canto y escapas al interior, ocultándote bajo la cama– habrás fallado. Puede que no vuelva a llamar a tu puerta sino al cabo de muchos años o muchas vidas, nunca se sabe. Ahora estás muy cerca de algo que puede convertirse en una transformación. Puedes dejarlo pasar, y la manera de lograrlo es permanecer en el miedo. En el miedo empieza el control; en el control uno se convierte en su antagonista. Pero ha de ser amado. El vacío debe convertirse en tu amado. Has de perderte en él y él ha de perderse en ti. Deja que tenga lugar un profundo orgasmo con este vacío; permite que se convierta en un idilio. No pasará mucho antes de que descubras que el vacío ya no está vacío, ¡sino repleto! Es la experiencia más plena posible para la conciencia humana.

4. TÉCNICAS PARA LIDIAR CON EL DOLOR

Aceptar el dolor con talidad

Primero intenta comprender la palabra *talidad*. El Buda dependió mucho de esta palabra. En el propio lenguaje del Buda es *tathata*, talidad. La meditación budista consiste en morar en esta palabra, vivir con esta palabra, con tanta profundidad que la palabra desaparezca y te conviertas en talidad.

Por ejemplo, imagina que estás enfermo. La actitud de talidad es: acéptalo... y dite a ti mismo: «Ése es el camino del cuerpo», o: «Así son las cosas». No crees una lucha, no empieces a pelearte.

Una vez que aceptas, que dejas de quejarte y que no peleas, la energía se ha hecho una en el interior. La brecha se ha cerrado. Y se libera tanta energía porque no ha existido conflicto; la liberación de energía se convierte así en una fuerza sanadora.

Algo no marcha bien en el cuerpo: relájate y acéptalo, y di interiormente –no con palabras sino sintiéndolo– que así es la naturaleza de las cosas. Un cuerpo es un compuesto de muchas cosas combinadas entre sí. El cuerpo nace y está destinado a morir. Es un mecanismo y es complejo; existe todo tipo de posibilidades de que algo vaya mal.

Acéptalo y no te identifiques. Cuando aceptas te sitúas por encima de ello, permaneces más allá de ello. Cuando luchas desciendes al mismo nivel. Aceptar es trascender. Cuando aceptas estás sobre una montaña; el cuerpo queda atrás. Y entonces dices: «Sí, así es la naturaleza. Las cosas que nacen tienen que morir, y si lo que nace ha de morir, también enferma de vez en cuando. No hay que preocuparse demasiado», como si no fuese contigo, como si sucediese en el mundo de las cosas.

Ésa es la belleza inherente en esa actitud: cuando no luchas, trasciendes. Dejas de estar al mismo nivel. Esa trascendencia se convierte en una fuerza curativa. De repente el cuerpo empieza a cambiar.

El mundo de las cosas es un flujo; nada es permanente. ¡Ni lo esperes! Si esperas permanencia en el mundo en que todo es impermanente entonces empezarán las preocupaciones. En este mundo nada es para siempre; todo lo que pertenece a este mundo es momentáneo, transitorio. Ésa es la naturaleza de las cosas, su talidad.

Si lo aceptas a regañadientes, entonces morarás en el dolor y el sufrimiento. Si lo aceptas sin quejas –no a causa de su inevitabilidad, sino a través de la comprensión– entonces se convierte en talidad. Entonces dejas de preocuparte y no hay ningún problema. El problema surgió no a causa del hecho sino porque no pudiste aceptar la manera como sucedía. Querías que la vida te hiciese caso.

Recuerda que la vida no va a hacerte caso, sino que eres tú el que tiene que seguirla. Por las buenas o por las malas, como tú decidas. Si la sigues a regañadientes, entonces hallarás sufrimiento. Si sigues feliz, entonces te convertirás en un buda. Tu vida se convierte en un éxtasis.

Penetrar en el dolor

La próxima vez que tengas dolor de cabeza intenta poner en práctica una pequeña técnica meditativa, experimentalmente; luego podrás pasar a enfermedades más graves y a síntomas más importantes.

Siéntate en silencio y observa tu dolor de cabeza, míralo, pero no como se mira a un enemigo. Si lo miras con enemistad entonces no podrás mirar correctamente, estarás evitándolo. Nadie mira al enemigo directamente; uno lo evita, tiende a evitarlo. Míralo como si fuese tu amigo. Es tu amigo; está a tu servicio. Te está diciendo: «algo va mal, míralo». Siéntate en silencio y observa el dolor de cabeza sin intención de detenerlo, sin desear que desaparezca, sin conflicto, lucha ni antagonismo. Sólo míralo, en lo que es.

Observa, por si el dolor de cabeza te trajese un mensaje. Tiene un mensaje codificado. Y si observas pacientemente te sorprenderás. Si miras en silencio sucederán tres cosas.

Primera: cuanto más lo mires, más doloroso se volverá. Entonces te sentirás un poco perplejo: «¿Cómo puede esto ayudarme si resulta que todavía me duele más?». Se vuelve más doloroso porque lo has estado evitando. Estaba ahí, pero tú lo evitabas; lo reprimías, incluso sin la aspirina con que lo ibas a reprimir. Cuando lo miras directamente desaparece la represión. El dolor de cabeza alcanzará su intensidad natural. Entonces estarás escuchando sin orejeras, sin tapones para los oídos. Te dolerá mucho.

La segunda cosa es que se hará más identificable; no parecerá extenderse por una gran superficie. Antes pensabas: «Me duele toda la cabeza». Ahora te das cuenta de que no es toda la cabeza, sino sólo un pequeño punto. Ésa también es una indicación de que ahora estás profundizando en él. La sensación general del dolor es un truco, es un modo de evitarlo. Si estuviese localizado en un punto sería más doloroso, y por ello creas la ilusión de que te duele toda la cabeza. Al estar extendido por la cabeza no resulta tan intenso en un punto. Son trucos con los que jugamos.

Míralo y el segundo paso será que se hace más y más pequeño. Y llega un momento es que es sólo la punta de una aguja, muy agudo, increíblemente agudo y muy doloroso. Nunca habías tenido un dolor de cabeza así, pero está confinado en un punto diminuto. Sigue observándolo.

Entonces sucede la tercera cosa, y la más importante. Si sigues observando ese lugar donde resulta tan intenso, confinado y concentrado en un punto, verás que desaparece en muchas ocasiones. Cuando tu mirada es perfecta desaparece. Y cuando desaparece tendrás un vislumbre de dónde proviene, de cuál es su causa. Cuando el efecto desaparece puedes percibir la causa.

Sucederá en muchas ocasiones, y volverá a surgir. Tu mirada dejará de estar tan alerta, concentrada y atenta: entonces regresará. Siempre que lo observes con atención acabará desapareciendo, y al hacerlo revelará la causa. Y te sorprenderá comprobar que tu mente está lista para revelarte la causa.

Convertirse en el dolor

Sufrir significa resistencia. Has de resistirte a algo; sólo entonces puedes sufrir. Inténtalo. Será difícil que te crucifiquen pero existen crucifixiones cotidianas y pequeñas. Con ellas te bastará.

Te duele la pierna o tienes dolor de cabeza. Puede que no hayas observado su mecanismo. Tienes dolor de cabeza y luchas y te resistes constantemente. No lo quieres. Estás en contra, te divides: tú estás en algún sitio de la cabeza plantando cara y el dolor de cabeza también. Tú y el dolor de cabeza estáis separados, e insistes en que no debe ser así. Ése es el auténtico problema.

Por una vez intenta no luchar. Fluye con el dolor de cabeza y conviértete en él. Di: «Así es. Así es como está ahora mi cabeza, y en este momento no puede hacerse nada. Puede que se vaya en el futuro, pero en este momento el dolor de cabeza está ahí». No te resistas. Permítele que suceda y que sea uno contigo. No te separes de él, fluye con él. Tendrá lugar un aumento repentino de un nuevo tipo de felicidad hasta entonces desconocido.

Cuando no hay nadie que se resiste, ni siquiera un dolor de cabeza resulta doloroso. La lucha provoca el dolor. El dolor significa luchar siempre contra el dolor, que es el dolor auténtico. Inténtalo cuando te duela la cabeza, inténtalo cuando tu cuerpo enferme, inténtalo cuando padezcas algún dolor; fluye con él. Y si puedes hacerlo al menos por una vez, descubrirás uno de los más profundos secretos de la vida: que el dolor desaparece si fluyes con él. Y si puedes fluir totalmente, el dolor se convierte en felicidad.

Cuando te duele, ¿qué es lo que sucede realmente en tu interior? Analiza todo el fenómeno: el dolor está ahí y también está la conciencia de que ahí está el dolor. Pero no hay separación, y de alguna manera «me duele» tiene lugar, «me duele». Pero no sólo eso. Más tarde o más temprano también empezarás a sentir: «yo soy el dolor».

«Soy dolor, me duele, soy consciente del dolor.» Son tres estados muy, pero que muy diferentes. La conciencia trasciende el dolor: eres diferente que él, y existe una profunda separación. En realidad nunca ha existido relación alguna; la relación empieza a manifestarse únicamente a causa de la proximidad, de la íntima proximidad de tu conciencia y de todo lo que sucede a tu alrededor.

La conciencia está tan cerca que te duele; está fuera, pero muy cerca. Así ha de ser, si no el dolor no podría curarse. Tiene que estar cerca para sentirlo, para conocerlo y ser consciente de él. Pero a causa de esta cercanía te identificas y te haces uno con él. También ésta es una medida de seguridad y una seguridad natural. Cuando existe el dolor debes estar cerca; tu conciencia debe correr hacia donde hay dolor, para sentirlo y hacer algo al respecto.

Pero a causa de esta necesidad tiene lugar el otro fenómeno: tan cerca que te haces uno con él; tan cerca que empiezas a sentir que «el dolor, este placer... soy yo». A causa de la proximidad tiene lugar la identificación: te conviertes en rabia o en amor; te conviertes en dolor o en felicidad.

No eres lo que has estado pensando, sintiendo, imaginando y proyectando, sino simplemente el hecho de ser consciente. El dolor está ahí, y puede que al cabo de un momento deje de estarlo, pero tú seguirás. La felicidad llega y se irá; está y dejará de estar, pero tú seguirás. El cuerpo es joven, y luego envejece. Todo viene y va, los huéspedes van y vienen... pero el anfitrión sigue siendo el mismo. Recuerda: el anfitrión. Recuerda constantemente al anfitrión. Concéntrate en el anfitrión, permanece en tu "anfitrionidad". Entonces tiene lugar una separación, una brecha, un intervalo. El puente se rompe y en el momento en que ocurre tiene lugar el fenómeno de la renuncia. Entonces estás en ello pero no perteneces a ello. Entonces eres el huésped y también el anfitrión. No necesitas escapar del huésped, no es necesario.

Recuerda dónde estás, pero no te concentres en el huésped. Concéntrate en ti mismo, recuerda al anfitrión.

Tomar nota dos veces

El Buda enseñó a sus discípulos que cuando tuvieses dolor de cabeza simplemente había que decir dos veces: «Dolor de cabeza, dolor de cabeza». Había que tomar nota, pero sin evaluar. No hay que decir: «¿Por qué? ¿Por qué tengo este dolor de cabeza? No debería pasarme a mí».

Este punto tiene que comprenderse: si puedes observar tu dolor de cabeza sin adoptar una actitud antagónica, sin evitarlo, sin escapar de él; si puedes permanecer ahí, meditativamente –«dolor de cabeza, dolor de cabeza»–, si te limitas a mirarlo, desaparecerá. Desaparecerá en su momento. Pero no será absorbido por tu sistema. No envenenará tu sistema. Estará ahí, tomarás nota de él y desaparecerá. Será liberado.

Detener los sentidos

Utiliza cualquier experiencia... Por ejemplo, te has hecho una herida y resulta dolorosa. Tienes dolor de cabeza o cualquier otro dolor corporal; cualquier cosa servirá como objeto.

¿Qué hay que hacer? Cierra los ojos e imagina que estás ciego y no puedes ver. Tápate las orejas e imagina que no puedes oír. Cierra los cinco sentidos. ¿Cómo conseguirlo? Es fácil. Deja de respirar durante un simple momento: todos tus sentidos se cerrarán. De repente se han ido... lejos.

Adquiere la sensibilidad de una piedra y permanece cerrado al mundo. Cuando estás cerrado al mundo, verdaderamente cerrado, también estás cerrado a tu propio cuerpo, porque tu cuerpo no forma parte de ti, sino del mundo. Cuando estás completamente cerrado al mundo, también lo estás a tu propio cuerpo.

Te encuentras tendido en tu cama; sientes las sábanas frías... muertas. De repente las sábanas se irán, yéndose cada vez más lejos, para acabar desapareciendo. Tu lecho desaparecerá; tu dormitorio desaparecerá; el mundo entero desaparecerá. Estás cerrado, muerto, como una piedra, como una mónada leibniziana sin ventanas al exterior... sin aberturas. No puedes moverte. Entonces, cuando no puedes moverte, vuelves a ti mismo, estás centrado en ti mismo. Por primera vez puedes mirar desde el centro.

5. CLAVES PARA ACEPTAR Y TRANSFORMAR

Tararear (nadabrahma)

(El primer paso de este método es sentarse media hora con los ojos cerrados y tarareando, lo suficientemente alto como para que pudiera escucharlo alguien. En el segundo paso, y durante siete minutos y medio, hay que mover las manos lentamente, con las palmas vueltas hacia arriba, formando un amplio movimiento circular que empieza desde el ombligo hacia fuera, con ambas manos separadas para conformar un gran círculo hasta volver al estómago. Los siguientes siete minutos y medio, girar las palmas de las manos hacia abajo y –también lentamente– invertir la dirección del movimiento. Durante los 15 minutos últimos hay que permanecer tendido con los ojos cerrados, inmóvil y en silencio. Se puede utilizar música especial para guiar esta meditación; ver el sitio web www.osho.com si desea más detalles.)

Se trata de una meditación con *mantra*. Los *mantras* son uno de los instrumentos más poderosos. Son simples pero muy efectivos, porque cuando cantas un *mantra* o un sonido, tu cuerpo empieza a vibrar; tus células cerebrales empiezan a vibrar de manera especial.

Si se hace de manera correcta, todo el cerebro empieza a vibrar, al igual que todo el cuerpo. Una vez que el cuerpo empieza a vibrar, y que tu mente canta, adoptan una tonalidad, una armonía, que generalmente no está ahí. Tu mente sigue su camino, y tu cuerpo el suyo. El cuerpo come, y la mente piensa. El cuerpo camina por la calle y la mente se traslada rápidamente por las estrellas. Nunca se encuentran, siguen caminos separados y ello crea una brecha.

La esquizofrenia básica aparece porque el cuerpo va en una dirección y la mente en otra. Y tú eres el tercer elemento, no eres ni cuerpo ni mente, y por ello te ves arrastrado por ellos dos. La mitad de tu ser es arrastrada por tu cuerpo, y la otra mitad por la mente. Eso crea una gran angustia; uno se siente dividido.

Así es como funciona este mecanismo en el *nadabrahma*: cuando empiezas a tararear, si lo haces resonando desde el interior, el cuerpo responderá. Llega un momento en que cuerpo y mente se alinean en una dirección por primera vez: Cuando cuerpo y mente están juntos, entonces eres libre de cuerpo y mente, no estás dividido. El tercer elemento, que en realidad eres tú –llámalo alma, espíritu, *atman*, cualquier cosa–, está cómodo porque no está siendo arrastrado en direcciones distintas.

El cuerpo y la mente se hallan tan concentrados en el tarareo que el alma puede deslizarse fácilmente fuera de ellos, sin ser observada, convirtiéndose en un testigo, puede incorporarse y observar el juego que tiene lugar entre la mente y el cuerpo. Se trata de una cadencia tan hermosa que la mente y el cuerpo nunca se dan cuenta de que el alma se ha deslizado... porque en general no lo permiten fácilmente; la poseen. Nadie quiere perder su posesión. El cuerpo quiere dominar el alma, al igual que la mente.

Se trata de un método muy astuto para deshacerse de su sujección. Cuerpo y mente se emborrachan con el tarareo y así puedes escapar. Así pues, al practicar *nadabrahma*, recuerda lo siguiente: deja que el cuerpo y la mente se junten totalmente, pero recuerda que has de convertirte en testigo. Salir de ellos, fácil y lentamente, por la puerta de atrás, sin lucha ni peleas. Están bebiendo, y tú sales fuera y lo observas todo desde el exterior.

Ése es el significado de la palabra éxtasis, salir fuera de sí mismo. Salir fuera y observar desde allí. Es tremendamente pacificador. Es silencio, es gozo y bendición.

Acabar las cosas

Todo aquello que haces conscientemente se vive totalmente y deja de estar pendiente. Todo aquello que vives inconscientemente se convierte en algo pendiente, porque no lo viviste totalmente, y algo permanece incompleto. Cuando algo está incompleto no se acaba de soltar, porque espera a ser completado.

Cuando eras niño alguien te rompió un juguete: llorabas y tu madre te consoló y distrajo tu mente. Te dio caramelos, te habló de otra cosa, te contó un cuento y te distrajo. Llorabas y gemías pero te olvidaste. Fue algo que quedó incompleto. Está ahí, permanece en algún sitio, y cualquier día que alguien te quite un juguete –cualquier juguete; puede ser que alguien te quite la novia– empezarás a llorar y gemir. Ahí encontrarás al niño, incompleto. Puede ser un cargo; resulta que eres el alcalde de la localidad y alguien te arrebata el honor –un juguete– y vuelves a llorar y gemir.

Hay que descubrir... hay que regresar al pasado y revivirlo, porque no existe otro medio. El pasado ya no está allí, así que, si se ha quedado algo pendiente, la única manera de liberarlo de la mente es volver atrás.

Cada noche deberías regresar, volver atrás, al menos durante una hora, totalmente alerta, como si volvieses a revivir toda la situación. Serán muchas las cosas que surgirán y que te llamarán la atención. Así que no tengas prisa y no te limites a hacer caso a cualquier cosa y luego dejarlo a medias porque eso volverá a crear la impresión de estar incompleto. Sea lo que sea lo que llegue, préstale una atención total. Revívelo. Y cuando digo revívelo quiero decir que lo vuelvas a vivir, no sólo que lo recuerdes, porque cuando recuerdas algo te conviertes en un observador desapegado, y eso no te va a servir gran cosa. ¡Revívelo!

Vuelves a ser un niño. No mires como si tú estuvieses aparte, observando a un niño a quien le quitan su juguete. ¡No! Sé el niño. No permanezcas fuera del niño, sino dentro... vuelve a ser ese niño. Revive el momento: alguien te quita el juguete, lo destroza y tú empiezas a llorar... ¡Llora de verdad! Tu madre trata de consolarte. Vuelve a revivir la situación pero no te dejes distraer con nada. Deja que todo el proceso se complete. Cuando se haya completado sentirás que tu corazón es menos pesado; algo ha caído.

Querías decirle algo a tu padre; ahora está muerto, no hay manera de decírselo. O tal vez quisiste pedirle que te perdonase por algo que hiciste y que no le gustó, pero tu ego se interpuso y no pudiste pedirle perdón: ahora está muerto, no puedes hacer nada. ¿Qué hacer?... ¡Ahí sigue! Esa cosa te perseguirá y destruirá todas tus relaciones.

Si eres consciente podrás observar. Regresa. Ahora tu padre ya no está, pero para los ojos del recuerdo sigue ahí. Cierra los ojos; vuelve a ser el niño que hizo algo, que hizo algo contra el padre, que quiere ser perdonado pero que no pudo reunir el valor suficiente. ¡Ahora puedes reunirlo! Puedes decir cualquier cosas que quieras y puedes volver a tocar sus pies o enfadarte con él y golpearle... pero acaba. Deja que finalice todo el proceso. Retrocede. Cada noche, al menos una hora antes de acostarte, regresa al pasado y revívelo... Se desenterrarán muchos recuerdos. Muchos de ellos te sorprenderán, pues no eras consciente de que todo eso estuviese ahí, y tan vitales y frescos como si acabasen de suceder. Volverás a la infancia, a ser un joven, un amante: surgirán muchas cosas. Muévete despacio, de manera que todo pueda completarse y acabarse.

Tu montaña irá disminuyendo de tamaño –ese peso es una montaña– y cuanto más pequeña se haga, más libre te sentirás. Te sobrevendrá una cierta calidad de libertad y frescura. Interiormente sentirás que has entrado en contacto con una fuente de vida.

Siempre serás vital. Los demás también sentirán que tu manera de caminar ha cambiado, que ahora tiene algo de danza. Cuando tocas, tu contacto ha cambiado. Ya no es una mano muerta, sino viva. Ahora la vida fluye porque tus bloqueos han desaparecido. Ahora no sientes rabia en la mano; el amor puede fluir con facilidad, sin emponzoñar y en toda su pureza. Te tornarás más sensible, vulnerable y abierto.

Si has hecho las paces con el pasado, de repente estarás aquí y ahora, en el presente, porque no habrá necesidad de estar continuamente regresando al pasado.

Con el pasar del tiempo surgirán menos recuerdos. Habrá intervalos –en los que quisieras liberar algo pero nada surge–, y esos intervalos serán hermosos. Llegará un día en que ya no puedas regresar porque todo esté acabado. Cuando no puedes volver hacia atrás, entonces sólo puedes avanzar. Acaba con el pasado. Al irte liberando del pasado empieza a desaparecer la montaña. Entonces alcanzarás el unísono: poco a poco irás siendo uno.

¡Aah-aah!

Utiliza la respiración como una herramienta de conciencia de vida y muerte, simultáneamente.

La espiración está asociada con la muerte. La inspiración con la vida. Con cada espiración mueres, y con cada inspiración renaces. Vida y muerte no son dos cosas –separadas, divididas–, sino una sola. Y ambas están presentes en cada momento.

Así que recuerda lo siguiente: cuando espires, siéntete como si murieras. No temas. Si tienes miedo, la respiración se verá turbada. Acéptala: la espiración es muerte. Y la muerte es bella; es relajante.

Siempre que te relajes di: «Aah», y espira. Siente una profunda relajación con cada espiración. Cuando inspires, siente: «¡Aah! La vida entra»; renaces. Conviértelo en un ciclo: vida y muerte. Métete en él y sé consciente de él. Se trata de un proceso de limpieza. Muere con cada espiración, renace con cada inspiración. La espiración es muerte. Así que muere, siéntete como si murieses. La inspiración es vida. Siéntete como si renacieses. Recuérdalo durante todo el día, durante las veinticuatro horas, siempre que seas consciente. Cambiará totalmente la calidad de tu mente.

Si la espiración se convierte en muerte, y estás muriendo a cada instante, ¿qué es lo que sucede? Esa muerte significa que estás muriendo al pasado; el hombre viejo ya no está. Y si has de morir a cada momento, entonces no hay futuro. El momento siguiente es muerte, y por lo tanto no puedes proyectarte en el futuro. Sólo este momento, este momento solitario y atómico está en ti. Pero incluso en este mismo momento deberás morir y renacer.

Piensa en el concepto de reencarnación no en términos de vida, sino de respiración. Te renovarás a cada momento, orientándote y refrescándote... volviendo a ser un niño, sin la carga del pasado ni ansiedad por el futuro. El momento presente carece de ansiedad. La ansiedad sólo está causada por el pasado o el futuro.

Recuérdalo. Y no sólo lo recuerdes: practícalo.

Desaparecer

En una de las meditaciones más antiguas que siguen utilizando en algunos monasterios del Tibet enseñan que a veces puedes simplemente desaparecer.

Siéntate en el jardín, y empieza a sentir que desapareces. Observa a ver qué parece el mundo cuando te has ido de él, cuando dejas de estar aquí y cuando te has vuelto absolutamente transparente. Intenta no estar durante un solo segundo. Estate como si no estuvieses.

Piensa que un día no estarás. Un días te habrás ido, estarás muerto; la radio continuará emitiendo, la esposa continuará preparando el desayuno y los niños seguirán preparándose para ir al colegio. Piensa: hoy te has ido y no estás. Conviértete en un fantasma.

Siéntate en la silla y simplemente desaparece. Piensa: «carezco de realidad; no soy», y observa cómo continúa todo en casa. Hallarás una inmensa paz y un gran silencio. Y todo continuará como siempre. Sin ti, todo continúa igual que siempre. Nada faltará. ¿Cuál es entonces la necesidad de permanecer siempre ocupado, de hacer algo, de obsesionarse con la acción? ¿Qué sentido tiene? Desaparecerás y contigo todo lo que hayas hecho, como si hubieras escrito tu nombre en la arena y el viento hubiese llegado, borrando la letra y todo hubiese acabado. Permanece como si nunca hubieras existido.

Es una meditación realmente hermosa. Puedes intentarla muchas veces en veinticuatro horas. Pero bastará con medio segundo. Detente durante medio segundo: no eres, y el mundo continúa. Cuando te hagas más consciente de que el mundo continúa perfectamente bien sin ti, serás capaz de aprender a ver otra parte de tu ser que ha permanecido desatendida durante mucho tiempo, durante vidas enteras... se trata de la modalidad receptiva. Te convertirás en una puerta. Las cosas sucederán sin ti.

A eso se refería el Buda cuando dijo que nos convirtiésemos en madera a la deriva. Flotar en la corriente como madera, e ir allá donde la corriente te lleve; sin hacer esfuerzo alguno.

Meditación om

Cuando te acuestes esta noche y cada noche a partir de ahora, antes de dormir apaga la luz, siéntate en la cama, cierra los ojos y espira profundamente por la boca emitiendo el sonido «O Oo-ooo». Espira profundamente con el sonido «O». Tu estómago se mete hacia dentro, el aire sale, y entonces creas el sonido «O». Recuerda que no estoy diciendo «om», sino simplemente «o». Se convertirá en «om» automáticamente. No necesitas forzarlo, porque sería falso. Simplemente crea el sonido «O». Cuando se haga más armonioso y lo disfrutes, de repente te darás cuenta de que se ha convertido en «om», pero no lo fuerces; entonces sería falso. Cuando se convierta espontáneamente en «om» habrá algo que vibre desde el interior. Y este sonido, «om», es el sonido más profundo, el más armonioso, el más básico.

Cuando sucede y disfrutas y fluyes en su música, se relajan el cuerpo y la mente. Con el sonido «om» te relajarás y dormirás de manera distinta. Tu sueño debe cambiar, pues sólo entonces podrás estar más alerta y ser más consciente.

Apaga la luz por la noche, siéntate en la cama y espira profundamente por la boca con el sonido «O». Cuando hayas espirado por completo y sientas que no es posible espirar más, que ha salido todo el aire, detente durante un instante. No inspires ni espires... sólo detente. En ese momento de detención eres divino. En esa parada no estás haciendo nada, ni siquiera respirar. En esa parada te hallas en el océano.

Permanece parado durante un solo instante y sé un testigo; mira lo que sucede. Sé consciente de dónde estás: observa toda la situación en ese momento detenido. El tiempo ya no está, porque el tiempo se mueve con las respiraciones; respirar es el proceso del tiempo. Como respiras sientes que el tiempo pasa. Cuando no respiras eres como un muerto. El tiempo se ha detenido, no hay ningún proceso. Todo se ha detenido... como si toda la existencia se hubiese detenido contigo. En esa detención te puedes hacer consciente de la fuente más profunda de tu ser y tu energía. Así que para durante un solo instante. Luego inspira por la nariz, pero sin hacer ningún esfuerzo por inspirar.

Recuerda, esfuérzate al espirar pero no al inspirar; deja que sea el cuerpo el que inspire. Tú simplemente relájate y deja que sea el cuerpo el que lo haga. Tú no hagas nada. Eso también resulta muy hermoso y hace maravillas. Has espirado y has parado durante un instante; luego deja que el cuerpo inspire. No realices esfuerzo alguno por inspirar; observa el cuerpo inspirando. Y cuando observas inspirar al cuerpo sientes un profundo silencio rodeándote porque entonces sabes que tu esfuerzo no es necesario para vivir. La vida respira por sí misma. Se mueve por sí misma, por propia voluntad. Es un río; y tú la empujas innecesariamente.

Verás que el cuerpo inspira por sí mismo. Tus esfuerzos no son necesarios, tu ego no es necesario, tú no eres necesario. Tú simplemente te conviertes en el observador; simplemente observas al cuerpo inspirando. Sentirás un profundo silencio. Cuando el cuerpo haya inspirado por completo, vuelve a detenerte un instante. Y observa.

Esos dos momentos son totalmente distintos. Cuando has espirado por completo y te has detenido, esa parada es como la muerte. Cuando has inspirado totalmente y te has detenido, esa parada es el clímax de la vida. Ese momento es un instante de vida: el clímax de la energía, del poder o bioenergía alcanzando la cumbre. Siente ambos instantes. Por eso digo que hay que detenerse dos veces: tras espirar y tras inspirar, de manera que puedas sentir la vida y la muerte, para que puedas observar la vida y la muerte.

Una vez que sepas qué son la vida y la muerte habrás trascendido ambas. El testigo no es ni vida ni muerte. El testigo nunca nace y nunca muere; sólo el cuerpo, el mecanismo, muere. Tú te conviertes en el tercero.

Vida/muerte

Por la noche, antes de acostarte, realiza esta meditación de quince minutos. Es una meditación de muerte.

Tiéndete en el suelo y relaja el cuerpo. Siente como si estuvieses muriendo y no pudieses mover el cuerpo porque estás muerto. Entonces imagina que estás desapareciendo del cuerpo. Hazlo durante diez o quince minutos y empezarás a sentirlo en una semana. Duérmete meditando así. No interrumpas la meditación. Deja que la meditación se convierta en sueño y que el sueño te inunde.

Por la mañana, en el momento en que te sientas despierto –no abras los ojos–, practica la meditación de vida. Siente que estás completamente vivo, que la vida regresa y que todo el cuerpo está lleno de vitalidad y energía. Empieza a moverte, balanceándote en la cama con los ojos cerrados. Siente como si la vida fluyese a tu interior. Siente que el cuerpo cuenta con un gran flujo de energía, al contrario que durante la meditación de muerte. Por ello, practica la meditación de muerte por la noche, antes de dormir, y la de vida antes de levantarte.

Con la meditación de vida puedes respirar profundamente. Siéntete lleno de energía... con la vida penetrando a borbotones con cada respiración. Siéntete lleno y muy feliz, vivo. Incorpórate al cabo de quince minutos.

Estas dos meditaciones –de vida y de muerte– te ayudarán enormemente.

Experimentar el yo más allá del cuerpo

Durante media hora, cada día, concéntrate en dirigir tu fuerza vital a tu ser interno. Si te decides a profundizar y hundirte en ti mismo, y retiras tus energías de lo externo, conseguirás lo que desees. Pero para ello necesitas una práctica diaria y consistente. Descubrirás que tu energía o tu fuerza vital empiezan a dirigirse hacia el interior. Sentirás que tu cuerpo físico ha soltado su agarre sobre ti y que está bastante separado de ti.

Si practicas continuamente esta técnica durante tres meses, llegará un día en el que descubras que tu cuerpo está tendido fuera de ti, separado. Podrás verlo. Al principio lo percibirás desde dentro, pero tras una práctica más prolongada, tras aplicar más valor, podrás sacar el espíritu interior y ver desde fuera tu propio cuerpo, tendido fuera de ti, bastante separado de ti.

Llegar a conocer tu cuerpo desde dentro es como conocer un mundo totalmente distinto, un mundo del que nunca nos han informado. La ciencia médica no sabe nada de este cuerpo interno, ni es capaz de comprenderlo.

Una vez que uno se da cuenta de que el ser interior es distinto y diferente del cuerpo externo, la muerte deja de existir. Cuando no hay muerte uno puede fácilmente abandonar el caparazón del cuerpo y observar las cosas como un espectador desapegado.

Meditación de la luz azul

Por la noche, antes de acostarte, tiéndete, apaga la luz y empieza a sentir que mueres. Relaja el cuerpo y siente que estás muriendo, de manera que ni siquiera puedes mover el cuerpo. No podrías mover la mano ni aunque quisieras. Sigue sintiendo que estás muriendo, durante cuatro o cinco minutos. Siente que estás muriendo, muriendo, y que el cuerpo está muerto.

Durante esta experiencia de muerte de cinco minutos sentirás una calidad de vida totalmente distinta. El cuerpo está casi muerto –es un cadáver– ¡pero te sientes más vivo que nunca! Y cuando el cuerpo está muerto, la mente deja de pensar poco a poco porque todo pensamiento se asocia con la vida. Cuando estás muriendo, la mente empieza a caer. Tras dos o tres meses serás capaz de morir en cinco minutos. El cuerpo estará muerto y tú contarás con una atención plena, luminosa... algo como una luz azul, eso es. Sentirás una luz azul cerca del centro del tercer ojo, una pequeña llama azul. Es la forma de vida más pura. Y cuando empieces a sentir esa llama azul, duérmete.

Así, toda la noche se convertirá en una meditación de muerte, y por la mañana te sentirás muy vivo, más que nunca, tan joven, fresco y lleno de vitalidad que podrás dar a todo el mundo. Te sentirás tan bendito que podrás bendecir a todo el mundo.

Esta meditación de muerte te hará consciente de que la muerte es una ilusión. De que en realidad no tiene lugar. Nunca ha muerto nadie y nadie puede realmente morir. Pero como estamos tan apegados al cuerpo nos parece que morimos. Como creemos que el cuerpo es nuestra vida, lo consideramos terrible.

Éste es uno de los grandes preparativos para la muerte. Un día llegará la muerte, pero has de prepararte antes de que llegue, ¡a fin de estar listo para morir!

Flotar, disolverse, ser en la talidad

Siéntate solo, o junto con otras personas, de manera que nadie te toque. Cierra los ojos poco a poco y deja suelto el cuerpo. Relájate por completo, sin que haya tensión o esfuerzo en el cuerpo.

Ahora imagina que un río fluye muy deprisa entre dos montañas, con una fuerza y un sonido tremendos. Obsérvalo y sumérgete en él, pero sin nadar. Deja que tu cuerpo flote sin realizar movimiento alguno. Ahora te mueves con el río... simplemente flotas. No hay ningún lugar al que llegar, ningún destino, y por ello no es necesario nadar. Siente como si fueses una hoja muerta flotando sin esfuerzo en el río. Experiméntalo con claridad, para que puedas saber lo que significa "rendición", o "soltar totalmente".

Si has entendido cómo flotar ahora descubrirás cómo morir y cómo disolverte por completo. Cierra los ojos, suelta el cuerpo y relájate totalmente.

Observa una pira ardiendo. Hay una pira de leña a la que se ha prendido fuego y cuyas llamas parecen alcanzar el cielo. Recuerda una cosa más: tú no estás simplemente observando la pira ardiente, sino que te han colocado en ella. Todos tus amigos y familiares se encuentran alrededor.

Es mejor experimentar conscientemente este momento de muerte, pues un día u otro acabará llegando. Mientras las llamas van alcanzando mayor intensidad, siente que tu cuerpo arde. Al cabo de poco tiempo el fuego se extinguirá por sí mismo. La gente se dispersará y el cementerio se vaciará, regresando al silencio. Siéntelo y verás que todo se ha calmado y que sólo quedan las cenizas. Te has disuelto por completo.

Recuerda esta experiencia de disolverte, porque la meditación es también una forma de muerte.

Cierra los ojos y relájate completamente. No tienes que hacer nada. No hay necesidad de hacer nada. Antes de que fueses, las cosas ya eran como son, y serán igual después de que hayas muerto.

Ahora siente que cualquier cosa que suceda está sucediendo. Siente la "talidad" de ello. Así es: sólo puede ser de esa manera. Si no hay otra manera posible, ¿por qué resistirse? Por talidad se entiende no resistencia. No se espera más que lo que es. La hierba es verde, el cielo azul, las olas del océano ondulan, los pájaros cantan, los cuervos graznan... No hay resistencia en ti porque la vida es tal cual es. De repente tiene lugar una transformación. Lo que normalmente se considera una molestia ahora parece haberse calmado. No estás contra nada; eres feliz con todo tal cual es.

Así que lo primero que tienes que hacer es flotar –en lugar de nadar– en el océano de la existencia. Cuando uno está listo para flotar, el río mismo le lleva al mar. Si no nos resistimos, la vida misma nos lleva a lo que está más allá de la vida.

En segundo lugar, has de disolverte en lugar de salvarte a ti mismo de la muerte. Lo que queremos salvar ha de morir, y lo que vivirá eternamente lo hará sin nuestro esfuerzo. Quien está listo para morir es capaz de abrir sus puertas para dar la bienvenida a lo divino. Pero si mantienes las puertas cerradas a causa del miedo a la muerte, lo harás a costa de no alcanzar lo trascendente. La meditación es morir.

Lo último que has de experimentar es "talidad". Sólo la aceptación tanto de las flores como de las espinas puede darte la paz. La paz, después de todo, es el fruto de la aceptación total. La paz sólo morará en aquel que esté listo para aceptar incluso la ausencia de paz.

Así que cierra los ojos, suelta el cuerpo y siente como si no hubiese vida en él. Siente que tu cuerpo está relajado. Sigue así y al cabo de poco tiempo sabrás que tú no eres el señor del cuerpo. Cada célula y cada nervio del cuerpo se sentirán relajados, como si el cuerpo no existiese. Deja el cuerpo solo, como si flotase sobre el río. Permite que el río de la vida te lleve allí donde desee y flota sobre él como una hoja seca.

A continuación, siente que tu respiración se va tranquilizando gradualmente. Mientras la respiración se va haciendo silenciosa sentirás que te estás disolviendo. Te sentirás como si estuvieses en la pira ardiente, y que has ardido por completo. Ni siquiera quedarán las cenizas.

Ahora siente los trinos de los pájaros, los rayos del sol, las olas del océano, como si las observases... receptivo pero consciente y atento. El cuerpo está relajado, respirando en silencio, y tú eres "talidad"; tú simplemente eres testigo de todo ello.

Poco a poco sentirás una transformación interior, y de repente algo quedará en silencio en tu interior. La mente se habrá vaciado y silenciado. Siéntelo: sé un testigo y experiméntalo. El río se ha llevado tu cuerpo flotante, la pira lo ha quemado, y tú has sido testigo. En esta nada penetra una suprema felicidad que denominamos divinidad.

Respira lentamente dos o tres veces, y con cada respiración sentirás frescura, paz y un gozoso placer.

A continuación, abre los ojos lentamente y regresa de la meditación.

Sentirse morir

La técnica de Ramana Maharshi es muy sencilla. Él sólo dijo esto: «Aprende a morir». Y cuando lo hayas aprendido, descubrirás, en el momento de tu muerte, que hay algo en tu interior que no muere. Tu conciencia no muere. El cuerpo estará allí tendido, absolutamente carente de vida, pero tú permanecerás totalmente alerta y vivo en el interior. Nunca habrás estado tan vivo, tan alerta, porque hasta el momento habías sido uno con el cuerpo; hasta ahora llevabas toda su carga. Pero ahora el cuerpo está muerto, y no existe carga alguna. Ahora eres libre para volar en el cielo.

Si practicas cómo morir durante unos días –tendiéndote en el suelo durante un tiempo cada día y permitiendo que el cuerpo quede como muerto– alcanzarás el estado meditativo. Sólo has de recordar una cosa: que ahora el cuerpo está muerto, que no es más que un cadáver. No se moverá ni se agitará; un cadáver no se mueve. Imagina que te muerde una hormiga. ¿Qué harás? Estás ahí, muerto, y la hormiga te muerde. Debes limitarte a observarlo.

Si puedes tenderte como si estuvieses muerto, si puedes tumbarte absolutamente inmóvil durante un tiempo cada día, de repente un día sucederá algo. La relación entre tú y el cuerpo saltará hecha pedazos; la conciencia y el cuerpo se separarán entre sí. Al permanecer separado, verás tu cuerpo junto a ti, a una distancia infinita, que nada puede cubrir. Ahora no hay muerte. Ahora has conocido la muerte y ésta ha desaparecido para siempre.

El inmortal

Esta técnica es muy útil para lograr mirar desde el interior, y para transformar toda tu conciencia y tu existencia, porque si puedes mirar desde el interior, inmediatamente te haces diferente del mundo.

Esa falsa identidad de: «yo soy el cuerpo» existe únicamente porque hemos estado mirando nuestros cuerpos desde el exterior. Pero si puedes mirar desde el interior, el espectador se transforma. Una vez que sabes cómo moverte, una vez que sabes que estás separado del cuerpo, te liberas de una gran esclavitud. Dejas de estar sometido a la fuerza de la gravedad, careces de limitaciones. Ahora eres libertad absoluta. Puedes salir del cuerpo; puedes ir y venir. Entonces tu cuerpo se convierte simplemente en una morada.

Cierra los ojos, observa detalladamente tu ser interior y pasa de miembro a miembro. Dirígete a los dedos de los pies. Olvídate del resto del cuerpo: sólo los dedos de los pies. Permanece allí y observa. Luego sube por las piernas. Sucederán muchas cosas, muchas.

La parte primera y externa de esta técnica consiste en mirar el cuerpo desde dentro, desde tu centro interno. Quédate allí y mira.

Te separarás del cuerpo porque el observador nunca es el objeto de la mirada. El observador es distinto del objeto.

Si puedes ver tu cuerpo totalmente desde dentro, nunca caerás en la ilusión de que eres el cuerpo. Eres diferente, totalmente distinto: dentro de él pero sin ser él, en el cuerpo pero no del cuerpo. Ésa es la primera parte. Luego puedes moverte; eres libre de moverte.

Una vez liberado del cuerpo, de la identidad, eres libre de moverte. Ahora puedes entrar en la mente, profudizar en ella. Ahora puedes penetrar en las nueve capas internas e inconscientes.

Se trata de la cámara interna de la mente. Si entras en esta cámara de la mente también te separarás de ella. Verás que la mente es un objeto al que puedes mirar, y que lo que penetra en la mente, también en este caso, está separado y es distinto. Hay que penetrar tanto en el cuerpo como en la mente, y mirarlos desde dentro. Entonces te conviertes en un testigo y este testigo no puede penetrarse.

Cuando tengas un atisbo, todo se hará más fácil y sencillo. Podrás entrar y salir a voluntad, como si entrases y salieses de tu casa.

Meditación de espiración

A cualquiera que iniciase Buda, la primera cosa que le decía era que se dirigiese a un recinto de cremación y observase un cuerpo cuando era incinerado, un cuerpo muerto al que se quemaba. Sentarse allí y observar era todo lo que había que hacer durante tres meses. Así que el buscador se dirigía al recinto de cremación de la aldea. Se quedaba allí durante tres meses, día y noche, y siempre que llegaba un cadáver se sentaba y meditaba. Miraba el cuerpo muerto, entonces se prendía la pira y el cuerpo empezaba a arder. El buscador no hacía nada más durante tres meses: sólo mirar cuerpos incinerándose.

El Buda dijo: «No pienses en ello. Sólo obsérvalo». Resulta difícil no pensar que más tarde o más temprano tu propio cuerpo será también incinerado. Tres meses es mucho tiempo, y siempre –día y noche– que iba a ser incinerado un cuerpo, el buscador espiritual meditaba. Más tarde o más temprano empezaría a ver su propio cuerpo en la pira funeraria. Empezaría a verse a sí mismo, incinerándose.

De utilizar esta técnica sería muy útil que fueses al lugar de cremación. Observa –no durante tres meses–, al menos cómo se incinera un cuerpo. Obsérvalo y podrás utilizar fácilmente esta técnica contigo mismo. No pienses: simplemente observa el fenómeno y lo que sucede.

La gente acude a las incineraciones de los cuerpos de sus familiares, pero nunca lo observan. Empiezan a hablar de otras cosas o a discutir sobre la muerte. Hacen muchas cosas. Hablan de muchos asuntos y cotillean, pero nunca observan. Debería ser una meditación. No debería permitirse hablar porque ver cómo se quema alguien a quien amabas es una experiencia especial. Si ves incinerarse a tu propia madre, o a tu padre, o tu esposo, acabarás viéndote a ti mismo en las llamas. Esa experiencia será de gran ayuda a la hora de aplicar esta técnica.

Tenemos miedo de la muerte. En realidad no tenemos miedo de la muerte; el miedo es otra cosa. En realidad lo que sucede es que nunca habéis vivido, y eso provoca el miedo a la muerte.

Si quieres penetrar en esta técnica debes ser consciente de este miedo profundo, que debe ser expulsado y purgado; sólo entonces podrás penetrar en el técnica.

Lo siguiente te será de ayuda: pon más atención a la espiración. De verdad, si puedes poner toda tu atención en la espiración y olvidarte de inspirar... No temas morir; no lo harás... el cuerpo inspirará por sí mismo. El cuerpo posee su propia sabiduría: si espiras profundamente, el cuerpo acabará inspirando profundamente por sí mismo. No has de interferir en ello. A causa de esto, sobre tu conciencia se extenderá una gran relajación. Te sentirás relajado durante todo el día, y se habrá creado un silencio interior.

Puedes profundizar esta sensación si llevas a cabo otro experimento. Espira profundamente durante quince minutos al día. Siéntate en una silla o en el suelo y espira profundamente. Cierra los ojos al espirar. Cuando el aire salga, tú ve hacia dentro. Entonces permite que el cuerpo inspire; cuando el aire entre, abre los ojos y sal fuera. Es justo lo opuesto: cuando el aire sale, tú entras; cuando el aire entra, tú sales.

Cuando espiras se crea un espacio en el interior, porque respirar es vivir. Cuando espiras profundamente te quedas vacío: la vida se ha ido. En cierta manera estás muerto, durante un instante estás muerto. Entra en tu interior en ese silencio de muerte. El aire sale: cierra los ojos y adéntrate en tu interior. El espacio estará ahí y podrás moverte con facilidad.

Recuerda que adentrarte en ti mismo es muy difícil cuando inspiras porque no queda espacio para moverse, mientras que al espirar sí. Cuando el aire entra, tú sales; abre los ojos y sal. Crea un ritmo entre ambos movimientos. Al cabo de quince minutos te sentirás muy relajado y estarás listo para aplicar esta técnica.

Antes de empezar, practica los preliminares durante quince minutos a fin de prepararte, y no sólo de prepararte, sino para estar dispuesto y receptivo. El miedo a la muerte no está ahí porque ahora la muerte aparece como una relajación, y por tanto la muerte da la impresión de ser un profundo descanso. La muerte deja de parecer antagónica a la vida, para pasar a ser su auténtico origen y su energía. La vida es como las ondas sobre la superficie de un lago y la muerte como el propio lago. Cuando no hay ondas el lago sigue ahí, puede existir sin ellas, pero las ondas no pueden sin el lago. La vida no puede existir sin la muerte. La muerte puede existir sin la vida, porque es el origen. Entonces podrás empezar con esta técnica.

El cuerpo incinerándose

Tiéndete en el suelo. Primero imagínate muerto; el cuerpo es como un cadáver. Tiéndete y a continuación lleva tu atención a los dedos de los pies. Intérnate en el cuerpo con los ojos cerrados. Lleva la atención a los dedos de los pies y siente que desde ahí arde un fuego hacia arriba; todo está siendo incinerado. Al aumentar el fuego y subir hacia arriba, tu cuerpo va desapareciendo. Empieza desde los dedos de los pies en dirección ascendente.

¿Por qué empezar desde los dedos de los pies? Será más fácil, porque los dedos de los pies están muy lejos de tu "yo", de tu ego. Tu ego existe en la cabeza. No puedes empezar desde la cabeza; sería muy difícil, por eso empezamos desde el punto más alejado. Los dedos de los pies son la parte más alejada del ego. Empieza a arder desde allí. Siente arder y quemarse los dedos, de los que sólo queda ceniza, y luego avanza lentamente, quemando todo aquello que aparece en el camino del fuego. Todos los miembros –las piernas y los muslos– desaparecerán.

Sigue observando cómo se convierten en ceniza. Las llamas avanzan hacia arriba y las zonas del cuerpo por las que pasan dejan de existir. Se convierten en cenizas. Siguen avanzando, ascendiendo, hasta que finalmente desaparece la cabeza. Todo se ha convertido en... el polvo al polvo... hasta que el cuerpo se convierte en cenizas, pero no tú. Tú sigues observando desde lo alto de la montaña. El cuerpo está allí, muerto, quemado, hecho cenizas, y tú serás el observador, el testigo. El testigo carece de ego.

Esta técnica es muy buena para alcanzar un estado sin ego. Se trata de un método para separarte del cuerpo, para crear una separación entre tú y el cuerpo, para estar durante unos momentos fuera del cuerpo. Si puedes lograrlo, entonces puedes permanecer en el cuerpo y no estar en el cuerpo. Puedes seguir viviendo como vivías antes pero no volverás a ser el mismo.

Esta técnica requiere al menos tres meses. No dejes de practicar. No sucederá en un día, pero si practicas a diario al menos durante una hora y a lo largo de tres meses, algún día tu imaginación te ayudará y se creará la brecha. Verás el cuerpo convertido en cenizas. Entonces podrás observar.

Parece fácil, pero puede provocar en ti una profunda mutación. Pero primero medita en los *ghats* de cremación, en los crematorios, para que puedas ver cómo arde el cuerpo y cómo vuelve a ser polvo, para podértelo imaginar mejor. Luego empieza por los dedos de los pies y asciende lentamente.

Antes de practicar esta técnica, pon atención a la espiración. Antes de empezar con esta técnica espira durante quince minutos y cierra los ojos. Deja que sea el cuerpo el que inspire y abre los ojos. Durante quince minutos siente una profunda relajación y luego empieza con esta técnica.

El mundo incinerándose

Si has podido practicar la meditación anterior, ésta te resultará muy fácil. Si has podido imaginar tu propio cuerpo ardiendo, no te será difícil imaginar que arde todo el mundo, porque tu cuerpo es el mundo, y a través de tu cuerpo estás relacionado con el mundo. Es cierto, sólo mediante el cuerpo estás en relación con el mundo; el mundo es un cuerpo ampliado. Si puedes pensar e imaginar que tu cuerpo está ardiendo, entonces no tendrás dificultades en imaginar que arde todo el mundo.

También podrás empezar con esta parte la práctica anterior te ha parecido difícil. Esta segunda es muy fácil si pudiste con la primera. Si pasaste por la primera no existe realmente necesidad de pasar por esta segunda. Con tu cuerpo desaparece todo automáticamente. Pero puedes practicar la segunda parte directamente si la primera te resultó difícil.

Dije que había que empezar por los dedos de los pies porque están muy alejados de la cabeza, del ego, pero puede que no quieras empezar por ahí. Entonces empieza todavía más lejos: empieza con el mundo, y luego acércate cada vez más hacia ti mismo.

Empieza con el mundo y luego aproxímate. Y cuando todo el mundo arda te será más fácil empezar a arder tú mismo en todo ese mundo en llamas.

Si puedes ver ardiendo todo el mundo es que has ido más allá de lo humano y te has vuelto sobrehumano. Conoces la conciencia sobrehumana. Puedes imaginarla, pero es necesario formar la imaginación. Nuestra imaginación no está muy formada. Y no lo está porque no hay una educación para la imaginación. Se forma al intelecto; las escuelas y universidades están para eso, y una gran parte de la vida se pasa formando el intelecto. Pero no la imaginación. La imaginación cuenta con una maravillosa dimensión propia. Si puedes formar tu imaginación, podrás hacer maravillas con ella.

Empieza con cosas pequeñas porque es difícil empezar con las grandes, pudiendo fracasar fácilmente. Por ejemplo: este imaginar que todo el mundo arde... no puede ser muy profundo. Primero porque ya sabes que es una imaginación, y aunque imaginariamente veas que las llamas están por todas partes, sabes que el mundo no arde, que sigue ahí, porque sólo es una imaginación. No sabes cómo hacer real algo imaginario. Primero has de sentirlo.

Intenta este sencillo experimento antes de practicar esta técnica. Cógete las manos, cierra los ojos e imagina que no puedes abrir las manos. Están muertas. Están entrelazadas y no puedes hacer nada para abrirlas. Al principio sentirás que sólo lo imaginas y que en realidad puedes abrirlas. Pero sigue pensando que no puedes durante diez minutos, que no puedes hacer nada, que no puedes abrir las manos. Intenta abrirlas al cabo de diez minutos.

Cuatro personas de cada diez alcanzarán el éxito inmediatamente: al cabo de diez minutos no podrán abrir las manos. Lo que sólo era imaginario se ha hecho real. Cuanto más lo intenten... más difícil les será abrir las manos. Empezarán a transpirar. ¡Verán sus propias manos y no podrán abrirlas! Estarán cerradas a cal y canto.

Pero no temas. Vuelve a cerrar los ojos y vuelve a imaginar que ahora puedes abrirlas; sólo entonces podrás volver a separarlas. El cuarenta por ciento de la gente tendrá éxito en el empeño. El cuarenta por ciento podrá practicar esta técnica con facilidad; no tendrá ningún problema. Al sesenta por ciento restante le será difícil y le costará tiempo. Forma tu imaginación un poco y esta técnica te será muy útil.

Cuarta parte:

HORA DE DECIR ADIÓS: REVELACIONES PARA ASISTENTES Y ALLEGADOS

«Si puedes transformar una muerte en un momento de celebración, habrás ayudado a tu amigo, madre, padre, hermano, esposa o esposo. Les habrás ofrecido el don más grande que es posible en la existencia.»

1. LA GRAN REVELACIÓN

El momento de la muerte de alguien que has amado profundamente trae la muerte a tu propia cabeza. El momento de la muerte es una gran revelación. Te hace sentir impotente e indefenso. Te hace sentir que no eres. Desaparece la ilusión de ser.

Es algo que sacude a cualquiera, porque de repente ves que alguien ha segado la hierba bajo tus pies. No puedes hacer nada. Alguien que amas está muriendo: ni siquiera puedes ofrecer tu vida a cambio. No puede hacerse nada; uno simplemente espera impotente.

Ese momento puede llegar a deprimirte. Ese momento puede entristecerte o hacer que emprendas un gran viaje en busca de la verdad. Un gran periplo. ¿Qué es la vida? Si la muerte llega y se la lleva, entonces, ¿qué es la vida? Y recuerda, todo el mundo está en su lecho de muerte. Tras el nacimiento todo el mundo está en su lecho de muerte. No hay salida. Todos las camas son lechos de muerte, porque después de nacer lo único seguro es la muerte.

Alguien muere hoy, mañana y pasado mañana: ¿cuál es básicamente la diferencia? El tiempo no es el que marca la diferencia. El tiempo sólo puede crear una ilusión de vida, pero la vida que finaliza en la muerte no puede ser la auténtica vida. Debe ser un sueño.

La vida sólo es auténtica cuando es eterna. De otro modo, ¿cuál es la diferencia entre un sueño y lo que llamas tu vida? Por la noche, cuando duermes profundamente, un sueño es tan auténtico como cualquier otra cosa, es real, incluso más real que lo que ves cuando abres los ojos. Desaparece por la mañana, sin dejar rastro. Cuando te despiertas por la mañana lo consideras un sueño y no una realidad. Este sueño de la vida continúa durante unos cuantos años, y repentinamente uno se despierta y toda la vida demuestra ser un sueño.

La muerte es una gran revelación. De no existir la muerte no habría religiones. La religión existe a causa de la muerte. El Buda nació a causa de la muerte. Todos los budas nacen a causa de la conciencia de que existe la muerte.

Cuando te sientas junto a una persona agonizante te sientes mal por ti mismo. Estás en el mismo barco, en el mismo apuro. La muerte llamará a tu puerta cualquier día. Prepárate. Regresa a casa antes de que la muerte llame. No debe pillarte a medio camino, si no, toda esta vida desaparecería como un sueño y no te quedaría más que una tremenda pobreza, una pobreza interior.

La vida, la auténtica vida, nunca muere. ¿Entonces, quién muere? Tú mueres. El "yo" muere, el ego muere. El ego es parte de la muerte; la vida no. Así que si puedes dejar de ser egoísta, entonces no habrá muerte para ti. Si puedes abandonar conscientemente el ego, habrás conquistado la muerte. Si eres realmente consciente podrás abandonarlo en un instante. Si no eres tan consciente deberás abandonarlo de manera gradual. Depende de ti. Pero una cosa es cierta: hay que abandonar el ego. Con la desaparición del ego, desaparece la muerte. Con el abandono del ego, la muerte también queda abandonada.

No te sientas mal por la persona agonizante, siéntete mal por ti mismo. Deja que la muerte te rodee. Saboréala. Siéntete indefenso, impotente. ¿Quién se siente indefenso e impotente? El ego. Porque tú no puedes hacer nada. Te gustaría ayudar a esa persona pero no puedes. Te gustaría que sobreviviese pero no puede hacerse nada.

Siente esa impotencia todo lo profundamente que puedas, y de esa indefensión surgirá una cierta conciencia, una piedad y una meditación. Utiliza la muerte de esa persona... es una oportunidad. Utilízalo todo como una oportunidad.

Permanece a su lado. Siéntate en silencio y medita. Que su muerte se convierta en un indicador para ti, de manera que no desperdicies tu propia vida, pues lo mismo te sucederá a ti.

Si puedes transformar una muerte en un momento de celebración, habrás ayudado a tu amigo, madre, padre, hermano, esposa o esposo. Les habrás ofrecido el mayor don posible en la existencia. Estando cerca de la muerte es muy fácil. El niño ni siquiera se preocupa acerca de vida y muerte. El joven está demasiado sumergido en juegos biológicos, en ambiciones, en hacerse rico, poderoso y en tener más prestigio; no tiene tiempo para preguntas eternas.

Pero en el momento de la muerte, o justo antes de la muerte, no albergas ambición alguna. No importa si eres rico o pobre; si eres un criminal o un santo. La muerte te lleva más allá de todas las discriminaciones de la vida y más allá de todos los estúpidos juegos de la vida.

En lugar de ayudar a la gente, las personas destruyen ese hermoso instante. Es el más preciado de toda la vida de una persona. Aunque haya vivido durante cien años, éste es el momento más preciado. Pero la gente empieza a llorar y gemir y a mostrar su compasión diciendo: «Es muy prematuro, no debería suceder». O bien empiezan a consolar al moribundo, diciendo: «No te preocupes, los médicos dicen que te salvarás».

Todo eso no son más que estupideces. Y los médicos también desempeñan una parte en toda esa payasada. No le dicen a una persona que su muerte ha llegado. Evitan el tema; siguen ofreciendo falsas esperanzas. Dicen: «No se preocupe, se salvará», sabiendo perfectamente bien que la persona va a morir. Ofrecen falsos consuelos, sin darse cuenta de que en este momento una persona debe ser totalmente consciente de la muerte, tan extremada y agudamente consciente que pueda experimentarse la conciencia pura. Entonces ese momento se habrá convertido en una gran victoria. Ahora no habrá muerte para la persona, sólo vida eterna.

2. ESTAR AHÍ

Cuando la muerte está ahí debes mostrarte respetuoso porque la muerte no es un fenómeno ordinario, sino el más extraordinario del mundo. Nada es más misterioso que la muerte. La muerte alcanza el verdadero centro de la existencia, y cuando un hombre está agonizando, te mueves en terreno sagrado. Se trata del momento más sagrado. No, no deben permitirse curiosidades ordinarias. Son irrespetuosas.

Hay que guardar silencio. Si puedes guardar silencio cuando la muerte está ahí verás muchas cosas, porque la muerte no es sólo una persona que deja de respirar. Suceden muchas cosas. Cuando una persona muere su aura empieza a menguar. Si estás silencioso podrás sentirlo: una energía, un campo de energía vital que mengua, que retorna al centro.

Cuando nace un niño sucede justamente lo contrario. Cuando nace un niño el aura empieza a expandirse; comienza cerca del ombligo. Como cuando tiras una piedra en un lago, las ondas empiezan a propagarse más y más. Cuando nace una criatura, la respiración es como una piedra en el lago. Cuando el niño respira alcanza el centro del ombligo. Es como tirar la primera piedra en un lago silencioso y que las ondas empiecen a propagarse.

Durante toda la vida te has propagado. Hacia los treinta y cinco años tu aura está completa, ha alcanzado su máximo desarrollo. A partir de entonces empieza a menguar. Cuando una persona muere regresa al ombligo. Cuando alcanza el ombligo se convierte en una energía concentrada o en una luz concentrada. Si guardas silencio podrás sentirlo y también sentirás un tirón. Si te encuentras sentado cerca de una persona agonizante sentirás como una brisa sutil que sopla hacia el muerto y que tira de ti. El muerto contrae toda su vida, todo el "campo" que era.

Alrededor de alguien que muere suceden muchas cosas. Si amaba profundamente a una persona, eso significa que ha dado una parte de su energía vital a esa persona, y cuando alguien muere, la parte que ha dado a esa otra persona la abandona por completo y regresa al muerto. Si te mueres aquí y tu amante vive en Hong Kong, algo le abandonará inmediatamente, porque tú le has dado una parte de tu vida, que ahora regresa hacia ti. Por eso, cuando muere un ser amado, sientes que también te ha abandonado algo; que algo en ti también ha muerto. Ahora existe una profunda herida, una brecha abierta.

Siempre que muere un ser amado también muere algo en el otro ser, porque estaban íntimamente relacionados. Y si has amado a mucha gente –si muere una persona como el Buda, por ejemplo–, la energía regresará al centro procedente de todo el universo. Se trata de un fenómeno universal porque estaba relacionado con muchísimas vidas, con millones de vidas, y su energía regresará de todas partes. Las vibraciones que ha dado a tantos regresarán. Se dirigirán a la fuente original; volverán a concentrarse cerca del ombligo.

Si observas podrás sentir una ondas regresando en orden inverso, y cuando se hallen totalmente concentradas en el ombligo percibirás una tremenda energía, una enorme fuerza lumínica. A continuación, ese centro abandonará el cuerpo. Cuando alguien "muere", se trata simplemente de una parada respiratoria, y entonces crees que está muerto. Pero no lo está; el proceso toma su tiempo. A veces, si la persona ha estado relacionada con millones de vidas, le costará unos cuantos días acabar de morir. Por eso, a los sabios, a los santos, sobre todo en Oriente, no se les incinera el cuerpo.

A los santos no se los incinera; pero a todo el resto sí, porque sus implicaciones con los demás no son tan enormes. La energía se acumula en minutos y dejan de formar parte de esta existencia.

Cuando la muerte suceda, permanece en silencio. ¡Observa! En todo el mundo, cuando presentas tus respetos a un muerto te quedas en silencio, permaneces en silencio un par de minutos, sin saber por qué. Esta tradición tiene lugar en todo el mundo. ¿Por qué el silencio? La tradición tiene un sentido. Puede que lo desconozcas, puede que no seas consciente de que tu silencio puede llenarse de cháchara interior, o puedes hacerlo como si se tratase de un ritual, depende de ti. Pero el secreto está ahí. Ése no es momento de hablar acerca de la muerte, es el momento de estar con ella.

Mueres incluso en la muerte de un extraño. Siempre que suceda una muerte, acércate, implícate, permítela y deja que te ocurra a ti. Cuando tu padre agonice, cuando su respiración se haga difícil, siéntelo y empatiza con él. Siente lo que él siente, conviértete en él y deja que la muerte también te suceda a ti. Saldrás muy beneficiado, inmensamente. Te sentirás agradecido a tu padre por su vida, y también por su muerte. Te ha dado mucho en vida y te ha dado todavía más al morir.

Cuando muera tu esposa, cuando muera tu hombre, permanece cerca. Siente el latido del corazón de un amigo moribundo, de un amante, o de una amada. Deja que esa experiencia se convierta también en la tuya. Poco a poco, conociendo la muerte en sus muchos aspectos, acabarás reconociéndola como a una amiga, no como enemiga, como un gran descanso y relajación. No está contra la vida. La vida sólo es posible gracias a la muerte. Sin la muerte, la vida no sería posible.

Cuando una rosa desaparece al anochecer, y caen sus pétalos, siéntate ahí y medita. Siéntete flor, con tus pétalos cayendo. A primera hora de la mañana, cuando sale el sol y desaparecen las estrellas, siéntete desaparecer con todas las estrellas. Y cuando el sol se haya alzado y las gotas de rocío empiecen a desaparecer de las briznas de hierba, siéntete desaparecer como el rocío. Siente la muerte de tantas maneras como te sea posible. Conviértete en una gran experiencia de muerte.

3. RESPUESTAS A PREGUNTAS

Me he enterado de que mi padre tiene cáncer y que todavía no le han dicho que no vivirá mucho más. ¿Cree que es mejor que lo sepa?

Los psicólogos consideran –y el estamento médico también– que el ser humano llega a vivir setenta años no porque exista algún tipo de límite para su vida, sino porque durante miles de años se ha dicho que la vida humana consta de setenta años. Se trata de autohipnosis: tres veintenas y diez, la idea bíblica. Desde los días de la Biblia se ha repetido que el hombre vive tres veintenas y diez; setenta años son la ley. Así que para cuando uno tiene cincuenta, empieza a pensar que la muerte se acerca. A los sesenta, uno siente: «ahora estoy al borde», y para cuando llegas a setenta estás preparado. Ésa es una repetición de una idea. Repetida continuamente durante miles de años ha llegado a contar con una gran fuerza –es una autohipnosis– y el hombre muere. Las investigaciones llevadas a cabo en los últimos tiempos demuestran que no hay necesidad de que el hombre muera a los setenta, que de hecho, no hay límite para su vida. Puede vivir ciento cincuenta, doscientos, e incluso más años si rompe con ese círculo hipnótico.

Así que es mejor decirle la verdad. Que puede romper esa pauta de vida y puede cambiar su estilo de vida.

He oído hablar de un hombre que iba a morir; los médicos le daban un máximo de seis meses. Era un hombre rico pero muy miserable y nunca había vivido realmente. Siempre estaba pensando en hacerle el amor a esta o aquella mujer, en comprarse este o aquel coche, pero nunca lo hizo; continuaba con su viejo Ford. Era realmente un miserable: pensaba y repensaba cada céntimo que se gastaba. Pero ahora sólo le quedaban seis meses, así que pensó: ¿«Qué voy a hacer?».

Encargó la mejor ropa que podía comprar, a medida. Compró todos los mejores coches que encontró; no sólo uno, sino todos. Y empezó a enamorarse de cualquier mujer que conocía. Siempre quiso viajar por el mundo, así que empezó a hacerlo. Compraba todo lo que siempre había querido y empezó a divertirse.

Se olvidó de la vida porque iba a morir en seis meses... y tenía dinero suficiente. Al cabo de seis meses, cuando regresó de su vuelta al mundo, el cáncer había desaparecido. Los médicos estaban perplejos. Le dijeron: «¡No hay ni rastro del cáncer! ¿Qué ha pasado? ¿Qué ha hecho?». Y él respondió: «¡Nada; han sido ustedes! Estos seis meses he vivido por primera vez».

Ese vivir por primera vez destruyó su estrés, se relajó. Fue al Himalaya, a Suiza y visitó sitios preciosos. Había dejado de negarse a sí mismo; disfrutaba con cualquier cosa. La muerte llegaba. Tal vez llegaría en seis meses; si se lo pasaba demasiado bien tal vez aparecería en tres, ¿y qué? Que llegase, ¡pero iba a disfrutar de lo lindo! Se soltó... sus energías empezaron a fluir y desaparecieron sus bloqueos...

Convence a los médicos para que le informen. No hacerlo no es justo... Un hombre necesita estar informado. Se trata de una cosa importantísima que no debe ser mantenida en secreto. Su muerte es *su* muerte, tiene que saberlo.

Mi hermano se está muriendo pero nadie en la familia quiere hablar de ello, sobre todo con él. Me parece que debe saberlo, porque está muy enfermo y nadie se lo ha dicho. ¿Qué puedo hacer por él?

Si puedes practicar la meditación de tarareo (ver Tercera parte, página 203) eso le relajará enormemente. Enséñale, practícala con él, con toda la energía que puedas y él responderá profundamente. La disfrutará tendido en el lecho mientras espera la muerte.

En Occidente, la gente hace cosas absolutamente absurdas sobre la muerte. En primer lugar, no se lo dicen a la persona que ha de morir. Es una tontería asombrosa porque de esa manera esa persona permanece continuamente preocupada acerca de su vida, porque cree que va a vivir y todo el mundo pretende que va a vivir. Así que hay que encontrar el momento adecuado, cuando no haya nadie presente, y contárselo todo. Puede resultar muy duro, pero es lo mejor, porque una vez que una persona sabe que va a morir, pierde al punto su interés por este mundo... en seguida.

Piensa en ello. Una vez que sabes que vas a morir al cabo de unos días, este mundo –el dinero, el banco, los negocios, esto y aquello– es inútil al momento. Ahora todo es poco más que un sueño y estás realmente despierto. Una vez que le dices a un hombre que va a morir en un límite de tiempo, y es verdad, el hombre ya está muerto en cierta manera y empieza a pensar en el futuro. Entonces la meditación es posible.

Si le cuentas que va a vivir y que todo va bien, y los médicos y el personal del hospital, familiares, amigos y conocidos pretenden hacerle creer lo mismo sin dejar de sonreír, entonces están engañando a esa persona, por lo que continuará aferrándose a cosas inútiles, fútiles, a tonterías. Una vez que sabe que va a morir de golpe dejará de tener interés en toda esa basura. Su visión quedará transformada. Deja de estar aquí: ha empezado a mirar hacia el futuro, porque cuando uno se va de viaje empieza a prepararse.

Si tienes que salir mañana de viaje empiezas a hacer las maletas, dejas de preocuparte de la habitación del hotel en donde estás. De hecho, has dejado de estar allí, estás organizando tus maletas y cosas, y piensas en el viaje. Lo mismo le sucede a una persona a la que le dicen que va a morir, que la muerte es segura y no puede evitarla, y que no puede seguir engañándose. Ha llegado el momento decisivo y ya ha malgastado lo suficiente su vida... Esa persona dará ya la espalda al mundo y empezará a atisbar la oscuridad del futuro.

En ese momento, si le hablas de meditación, se sentirá inclinado a practicar... y ése puede ser uno de los mayores regalos que puedas hacerle.

Mi abuela se está muriendo y quisiera saber cómo puedo ayudarla. Tiene 82 años, y está asustada y agitada.

Enséñale un poco de meditación: observar la respiración. Siéntate a su lado en la cama y deposita tu mano sobre su cabeza. Quédate muy quieto, silencioso y meditativo. La meditación es contagiosa: si estás meditando realmente, la meditación puede transferirse. Así que siéntate a su lado, quédate en silencio, pon tu mano sobre su cabeza y explícale que sólo debe observar la respiración: inspirar y espirar. Explícale que si puede observar su inspiración y su espiración, se hará consciente de que ella no es este cuerpo ni su respiración. Ella es la que observa, y el observador nunca muere, es inmortal.

En el momento que conocemos a nuestro testigo nos volvemos inmortales.

La mejor manera, y la más corta, de enterarnos es observar la respiración, porque respirar es el puente que une el cuerpo con el alma. Si observas la respiración ya estás en la otra orilla. Observar la respiración significa que estás observando el puente, el puente que te une con el cuerpo. El cuerpo queda atrás. Entre tú y tu cuerpo está la respiración, y tú observas la respiración. Como observas estás separado de ella. Sólo puedes observar una cosa si te separas de ella.

Así que en esos últimos días puedes ayudarla a observar, y ése será el mayor presente que puedas ofrecerle antes de que parta, porque así podrá marcharse en perfecto silencio, recogida... y ésa es la auténtica manera de morir.

Hay personas que no saben cómo vivir y sólo unos cuantos saben cómo morir. Se trata de la mayor de las artes, porque es la culminación de la vida.

Si fracasas en la muerte habrás fracasado con toda tu vida. Regresarás al vientre porque deberás aprender y pasar otra vez por todo el proceso. Habrás suspendido, y deberás repetir curso... a menos que apruebes. Y la única manera de aprobar es morir tan centrado, tan alerta y en paz que no exista miedo. Y eso no puede lograrse sólo siendo valiente, no. Eso no puede organizarse, no hay manera de organizarlo. A menos que sepas que hay algo en ti que es inmortal, no hay manera de saber qué hacer. Y esa inmortalidad está siempre ahí; es tu conciencia observadora.

Así que trata de ayudarla cada día. Siempre que esté dispuesta –por la mañana o al anochecer– siéntate algunos minutos a su lado, deposita tu mano sobre su frente y observa tú también tu respiración. Has de hacer lo que quieres que ella haga; sólo entonces puede transferirse. Tu meditación podrá saltar a su ser.

Mi compañero se está muriendo de un tumor cerebral pero sigue consciente. ¿Hay algo que pueda hacer para ayudarle?

Ayúdale a morir meditativamente. La meditación es un puente entre la vida y la muerte. Es de inmenso valor mientras uno está vivo y también cuando se está muriendo. Si meditas mientras vives te mantiene calmado y desapegado; eres el centro del ciclón. Cuando uno muere, el ciclón alcanza su máxima intensidad. Si uno puede permanecer centrado, entonces no habrá necesidad de renacer; el propósito de la vida estará colmado. Éste es el propósito: toda la vida es una oportunidad para distraerte y una oportunidad para permanecer centrado y no distraerte. La vida es un gran desafío frente a la necesidad de permanecer centrado. Si te descentras, fracasas. Si permaneces centrado, habrás ganado y saldrás victorioso. La prueba final es la muerte.

Así que ayúdale a permanecer silencioso. Pon música –la música clásica le ayudará muchísimo– y dile que escuche la música. Dile que sólo debe observar su respiración. Dile que se relaje y no luche contra la muerte, porque la muerte también es divina.

La mente occidental no sabe cómo relajarse. Sabe perfectamente cómo luchar; es una guerrera y lucha hasta el fin. Incluso contra la muerte. El hábito persiste incluso cuando no existe posibilidad de victoria. Dile que se relaje, que permita que la muerte tome posesión de él, que invite a la muerte; dile que piense en la muerte no como una enemiga, sino como una amiga.

Sé todo lo feliz que puedas a su lado; es la única manera de despedir a alguien que muere. La gente hace justo lo contrario: cuando están en presencia de alguien que agoniza se ponen muy serios, tristes, se desesperan. Crean una atmósfera de oscuridad. La persona que agoniza necesita un poco de luz, porque va a emprender un largo viaje... necesita gente que le despida celebrándole. Pero la gente convierte esas ocasiones en algo muy pesado. Creen que son compasivos y que hacen lo correcto, pero lo cierto es que dificultan el viaje.

Al ver la tristeza de los que le rodean, el agonizante se entristece más. Empieza a aferrarse más a la vida y a luchar desesperadamente contra la muerte, pensando que, si todo el mundo está tan triste, la muerte debe ser algo horrible. Pero eso es algo que ni saben los que le rodean, ni él mismo. No es una buena manera de despedirse.

Deja que haya música, luz y risas. Canta canciones, muéstrale tu cariño y ayúdale a sentir que se traslada a otro tipo de vida, que la muerte sólo es una puerta. Sólo deberá desprenderse de las viejas vestiduras y ponerse otras mejores. Si puede irse riendo, entonces le habrás ayudado de verdad. Permanece a su lado y ayúdale de cualquier manera que te sea posible.

Mi esposa está muy enferma. Los médicos no están seguros de que se salve. ¡Me siento tan impotente...! y no sé qué puedo hacer.

Cuando la muerte nos ronda, o cuando uno siente que le ronda, todo se transforma en una gran oportunidad para ser cariñosos.

Cuando pensamos que la otra persona va a vivir somos avariciosos con el amor, porque pensamos que podremos amar mañana o pasado, y la mente siempre lo pospone todo. La mente tiene miedo de amar porque el amor es demasiado y la mente no puede controlarlo. El amor la supera, el amor crea un caos y la mente siempre intenta crear cierto orden. Por eso la mente siempre pospone el amor.

Pero cuando uno empieza a sentir la muerte a su alrededor... y la muerte siempre nos ronda –cualquiera puede morir en cualquier instante–... cuando sentimos que alguien está gravemente enfermo y percibimos la sombra de la muerte, aunque puede que la persona no muera, entonces no hay manera de posponer. El amor debe tener lugar aquí y ahora porque no podemos concebir el momento siguiente. En el momento siguiente puede que él o ella hayan desaparecido, y por lo tanto no hay futuro.

Cuando no hay futuro la mente no puede seguir controlándote. La mente sólo puede controlar a través del futuro, posponiendo. Dice: «Mañana, espera a mañana. Déjame hacer mis cosas ahora; mañana podré hacer otras cosas. Ya veremos mañana, ¿por qué tienes tanta prisa?». Pero cuando no hay mañana y de repente sientes que cae el telón, entonces la mente no puede seguir engañándote.

Esos momentos pueden convertirse en una gran revelación. ¡Sé cariñoso! Todo lo que tenemos es amor.

Todo lo demás es inmaterial porque todo lo demás es externo; sólo el amor viene del interior. Todo lo demás... siempre podemos conseguirlo con dinero... no lo hemos traído con nosotros; lo hemos ido coleccionando aquí. Podemos desnudarnos, pero llegamos llenos de amor. Venimos vacíos de todo lo demás, pero repletos de amor. Así que sólo damos cuando damos amor. Ése es el don, el auténtico regalo, y sólo puede ofrecerse cuando la muerte está presente. Así que no pierdas la oportunidad.

Ella puede sobrevivir, pero entonces habrás aprendido una lección de grandísima importancia. No olvides esa lección, ¡porque nadie necesita estar gravemente enfermo para morir! Se puede simplemente morir de un ataque cardíaco, en cualquier momento. Así que nunca pospongas el amor; puedes posponer cualquier otra cosa, pero no el amor. Y quien nunca pospone el amor se convierte en amor, y convertirse en amor es conocer lo divino.

La muerte es una gran oportunidad. Te devuelve a tu fuente de amor. Así que permanece alrededor de ella y envuélvela en tu energía amorosa. Si muere, habrá muerto en un gran espacio de amor; si sobrevive, lo hará como un ser nuevo. Ambas opciones están bien. La muerte no importa, todo lo que importa es el amor.

Así que sé cariñoso. Si ella acaba yéndose, se irá llena de amor; y cuando hay amor no hay muerte. ¿A quién le importa la muerte? ¡Uno puede morir riéndose! Si uno sabe que es amado, puede ir al encuentro de la muerte como si se tratase de una celebración. Si ella muere, morirá llena de una gran paz. Si sobrevive será una persona nueva; habrá conocido tu corazón por primera vez.

Mi madre lleva enferma treinta y cinco años y en coma los últimos siete días. A menudo le he oído decir que quería morir, pero ahora parece que pudiera permanecer entre la vida y la muerte para siempre. Quisiera poder hacer algo para que no tuviera que continuar así por más tiempo.

Cada noche, antes de acostarte, reza cinco minutos por ella. Reza por su muerte, no para que sobreviva. Reza para que pueda abandonar el cuerpo. Ya está bien. Ruega que sea liberada del cuerpo; no es necesario que siga más.

Relájate acerca de tu madre; si muere estará bien. A veces la vida es buena, y a veces lo es la muerte. Nada es bueno en sí mismo; depende. Así que ayúdala a partir. Cada noche ayúdala a partir.

Nuestro apego por el cuerpo es tan profundo que aunque esté enfermo y conscientemente queramos morir, inconscientemente nos aferramos a él. Si el apego inconsciente cesa morirá inmediatamente. El cuerpo está dispuesto a morir, sólo la mente sigue apegada. Puede que ella haya dicho que quiere morir, pero sólo es una afirmación superficial. En su interior quiere seguir viviendo. En lo profundo de su ser mantiene esperanzas contra toda esperanza. Tal vez suceda algo y pueda volver a curarse, a poder andar. ¿Quién sabe?, puede que se invente algún medicamento milagroso. Y así uno no deja de albergar esperanzas.

Una persona que ha estado enferma durante treinta y cinco años, que no ha vivido, tiende a aferrarse más. Se trata de una paradoja: por lo general creemos que alguien que ha estado treinta y cinco años enfermo y paralizado durante catorce debe desear la muerte, pero no es así. El deseo de morir sólo tiene lugar de manera natural sólo cuando uno ha vivido toda su vida, cuando la ha vivido de manera tan profunda que el fruto está bastante maduro como para desprenderse del árbol. Pero ése no ha sido su caso.

Tiene sesenta y ocho años pero deberíamos restar treinta y cinco del cómputo. Sólo ha vivido treinta y tres años, y esos años son como un sueño sucedido en el pasado. Puede que haya ido olvidando esos años y se pregunte si alguna vez ha estado viva. Por ello, cuando no has vivido, te aferras más.

Durante los dos últimos meses me he ocupado de mi hermana mientras se moría de cáncer en el hospital. Pude darle cariño y cuidados físicos pero creo que fracasé a la hora de introducirla a la meditación; se negó a enfrentar la muerte. Me sentí perplejo al observar que después de todos los sufrimientos que padeció, en el último momento empezó a mostrar una sonrisa cada vez más grande en su rostro.

La cuestión que planteas manifiesta algo muy fundamental, que es: si por casualidad –y te explicaré a qué me refiero por "casualidad"–, si por casualidad alguien muere sufriendo enormemente, como ocurre con el cáncer, ese sufrimiento no permite que la persona caiga en la inconsciencia.

Así que antes de morir, cuando el cuerpo se separa del alma. tiene lugar una experiencia tremenda que sólo les ocurre a los místicos, a los meditadores. Para ellos no tiene lugar por accidente, pues se han ido preparando para ella. Su meditación no es sino un esfuerzo por desidentificarse del cuerpo.

La meditación les prepara para la muerte, para que puedan morir conscientemente; por lo general todo el mundo muere inconsciente. Y así uno no se da cuenta de que se separó del cuerpo, de que no ha muerto. Lo que ha desaparecido ha sido la conexión entre él y el cuerpo, y su conciencia es tan tenue que la separación del cuerpo y el alma rompe ese pequeño hilo de conciencia.

Pero el meditador pasa muchas veces por la misma experiencia consciente, permaneciendo separado, alejado de su cuerpo. En otras palabras, el meditador experimenta la muerte muchas veces conscientemente, de manera que cuando aparece la muerte no es una experiencia desconocida. El meditador siempre muere con una sonrisa.

Intentaste enseñarle meditación a tu hermana. Pero es difícil porque a alguien que sufre de esa manera todo lo que le explicas le parece una tontería. Pero cuando murió realmente, justo un momento antes, cuando tuvo lugar la separación, debió de darse cuenta: «¡Dios mío, y yo que creí que era el cuerpo y que era mi sufrimiento! ¡Mi identificación era mi sufrimiento!». Tuvo lugar la separación, se cortó el vínculo... y sonrió.

No me extraña que lo que sucedió te dejase perplejo, porque ella luchaba con la muerte, luchaba con el sufrir y no te escuchaba ni realizaba esfuerzo alguno por aprender a meditar. No obstante, murió en un estado muy meditativo; sucedió accidentalmente.

Lo más importante en la vida es aprender que no eres el cuerpo. Eso te proporcionará una enorme libertad respecto al dolor y el sufrimiento. No es que el sufrimiento vaya a desaparecer, ni que no vayan a existir el dolor o el cáncer para ti. Estarán ahí pero no te identificarás con ello. Serás simplemente espectador. Y si puedes observar tu propio cuerpo como si fuese el de otra persona, habrás logrado algo muy importante. Tu vida no habrá sido en vano. Habrás aprendido la lección, la gran lección que es posible para todos los seres humanos.

Mi propio enfoque es que la meditación debería ser algo obligatorio para todos los estudiantes y para cualquier jubilado. Deberían existir universidades y colegios que enseñasen meditación. Todo hospital debería contar con una sección especial para aquellos que van a morir. Y antes de morir deberían aprender a meditar. Entonces millones de personas podrían morir con una sonrisa en su rostro, con alegría. Entonces la muerte sería simplemente libertad, una liberación de la jaula que hemos denominado cuerpo.

No eres el cuerpo. Eso es lo que tu hermana comprendió en el último momento. Debe haber sonreído ante su propia confusión y debe haber sonreído al pensar que se resistía a la muerte. Debe haber sonreído porque no quiso aprender a meditar. Su sonrisa contenía muchas tensiones, y comprendo que eso te haya dejado perplejo.

No lo olvides. Su sonrisa puede pasar a ser algo muy significativo para ti. Te ha ofrecido un regalo de valor incalculable. No pudo decir nada, no había tiempo suficiente, pero su sonrisa lo dijo todo.

Existen historias acerca de místicos a través de las que puedes comprender la diferencia entre lo accidental y lo cultivado. La sonrisa de tu hermana fue accidental; no se había preparado para ello. Pero no es necesario aguardar lo accidental. Puedes prepararte para ello.

Un gran monje zen anunció a sus discípulos:

–Hoy moriré. No me lo impidáis.

–¿Quién os lo impedirá? Pero ¡qué extraño...! Nadie declara su muerte así, como si nada. Estaba hablando de grandes cosas, y de repente, ¡decís que vais a morir! –dijeron ellos.

–Estoy cansado. No me molestéis. Por eso digo que no lo impidáis. Sólo tenéis que hacer una cosa: sugerirme la manera –pidió él.

–¿Qué podemos sugerir? Si usted quiere morir, morirá –dijo uno de los discípulos.

–No quiero morir de manera ordinaria –afirmó él.

–¿Cuál es la manera ordinaria?

–La manera ordinaria es tenderse en la cama y morir. El noventa y nueve por ciento de la gente muere así. Es su elección. Yo no quiero que sea así. Pensad un poco y sugeridme una idea original, porque no voy a morirme todos los días... ¡Sólo una vez! Y por ello lo más apropiado es hacerlo de forma original. Si he vivido originalmente, ¿por qué debería morir como todo el mundo?

Los discípulos lo tenían difícil. ¿Una forma original? Así que alguien sugirió:

–Puede morir sentado, la gente suele morir acostada.

–Eso no es muy original –dijo el maestro–. En primer lugar, no hay mucha diferencia entre estar acostado y sentado; además, hay muchos santos que ya han muerto sentados en la postura del loto. Yo no quiero. No podéis sugerir nada... ¡Y pretendéis ser mis discípulos!

–Nunca pensamos que nos pediría algo así –dijeron ellos.

–Si cree que sentado no es original, entonces muera de pie –sugirió uno de entre ellos.

–Eso está mejor –dijo el maestro.

Pero alguien objetó:

–He oído que otro santo murió de pie.

El viejo santo dijo:

–Eso es muy difícil; ese hombre ha acabado con esa posibilidad. Vuelve a pensar. Sugiere algo porque has destruido la idea de morir de pie; ya no es original.

–Una manera original sería cabeza abajo –apuntó el discípulo.

–¡Qué contento estoy de que entre mis discípulos haya un pensador original! ¡Lo intentaré!

¡Se puso cabeza abajo y murió!

Los discípulos no supieron qué hacer, porque todo ritual da por sentado que la persona se halla acostada en el lecho. No había precedente. Había que acostarle, pero se resistía, y se enfadó. Era una persona tal que podría castigarlos incluso después de morir, o empezar a hablar, diciendo: «No, así no... Estáis repitiendo lo de siempre».

Así que alguien sugirió:

–La mejor manera es la siguiente: su hermana está en un monasterio cercano. Es mayor que él. Lo mejor sería llamarla. De todas maneras hemos de informarla de la muerte de su hermano. Que ella sugiera qué hacer.

Llegó la monja y demostró ser digna hermana del maestro. Dijo:

–¡Tú, idiota! Has sido una molestia durante toda tu vida, y nunca has hecho nada a derechas. Ésa no es la manera. ¡Levántate y muere en la cama!

La historia dice que el muerto se incorporó y se acostó en la cama.

La hermana dijo:

–Ahora cierra los ojos y muere.

Y la mujer no se quedó, ¡se marchó! Para la gente que medita profundamente, la vida es un juego, y también la muerte.

Cuando la hermana se hubo marchado, el santo abrió un ojo y preguntó:

–¿Se ha ido esa zorra? Siempre ha sido una tortura para mí... sólo porque es tres años mayor. Pero ahora no tiene sentido... Voy a morir de la manera ordinaria.

Cerró los ojos y murió.

Pero ahora, a los discípulos todavía les resultó más difícil decidir si estaba realmente muerto o no. Así que intentaron pellizcarle para ver si abría los ojos.

–¿Está usted todavía aquí... o se ha ido?

Pero estaba realmente muerto. Esperaron, porque no había prisa, y le dieron media hora. Tal vez volviese a abrir los ojos. Pero el viejo se había ido.

Ésa es la manera en que ha de morir un meditador: con alegría, de manera juguetona, sin tomarse las cosas en serio. Como si fuese un juego y la muerte fuese el más grande de todos.

Estuve presente en la muerte del padre de un amigo.
Nos dijo: «Me siento como si tuviese dos cuerpos:
uno está enfermo y el otro totalmente sano».
Le dijimos que el cuerpo sano era su yo real, y que
permaneciese en él. Luego cerró los ojos y cambió toda
la energía alrededor del lecho del hospital. No nos
lo podíamos creer. Murió más tarde, en paz.
Me emocionó contemplar a alguien en el momento
de morir tan dispuesto a soltarlo todo con tanta
confianza, claridad y paz.

La experiencia por la que pasaste siempre es posible cuando se está cerca de alguien que muere. Todo lo que se requiere es un poco de atención. El hombre que moría estaba atento, y no se necesita demasiada atención para dicha experiencia.

En el momento de la muerte, tu cuerpo físico y el espiritual empiezan a separarse. Por lo general están tan intrincados que no se siente su separación. Pero en el momento de la muerte, justo antes de que ésta suceda, ambos cuerpos empiezan a desidentificarse entre sí. Sus caminos son distintos; el cuerpo físico va a los elementos físicos, y el espiritual inicia su peregrinación hacia adelante, hacia un nuevo nacimiento, en una nueva forma y en un nuevo vientre.

Si la persona está un poco alerta puede verse a sí misma, y como tú le dijiste que su cuerpo sano era él, y el que estaba enfermo y moría no... En esos momentos es muy fácil confiar porque está sucediendo ante los ojos de la propia persona. No puede identificarse con el cuerpo que muere y puede reconocer de inmediato el hecho de que ella es el sano, el más profundo.

Pero podías haber ayudado a ese hombre un poco más. Eso estuvo bien pero no fue suficiente. La experiencia de ese hombre, al desidentificarse del cuerpo físico, cambió en seguida la energía de la habitación, que se volvió calma y silenciosa. Pero si hubieras aprendido el arte de cómo ayudar a un moribundo no te habrías detenido ahí. Había una segunda cosa absolutamente necesaria que comunicarle, ahora que estaba en un estado de confianza. Todo el mundo lo está en el momento de la muerte. Es la vida la que crea problemas, dudas y postergamientos, pero la muerte no tiene tiempo para posponer nada. El hombre no pudo decir: «Intentaré verlo así», o: «Ya veremos mañana». Tenía que hacerlo en ese momento preciso, porque existía certidumbre acerca del siguiente momento. Lo más probable es que no sobreviviese. ¿Qué tiene que perder al confiar? La muerte se lo llevará todo igualmente. Así que por esa razón no hay miedo a confiar; ni tiempo para pensar. Y resulta patente que el cuerpo físico cada vez se aleja más y más.

Estuvo muy bien decirle: «Es usted el cuerpo sano». El siguiente paso hubiera sido decirle: «Usted es el testigo de ambos cuerpos. El cuerpo que está muriendo es el físico y el que siente sano es psicológico. Pero ¿quién es usted? Usted puede ver ambos cuerpos, y por ello debe ser un tercero, no puede ser ninguno de esos dos».

Si le hubieras dicho a ese hombre: «Está bien que haya dado un paso; ahora está fuera del cuerpo físico. Pero ahora se ha identificado con el cuerpo psicológico. Pero usted tampoco es eso; usted es sólo conciencia, pura conciencia y percepción...». Si pudieras haber ayudado a esa persona a comprender que él no es ni este ni aquel otro cuerpo, sino algo incorpóreo, carente de forma, pura conciencia, entonces, su muerte habría sido un fenómeno totalmente distinto.

Tú percibiste el cambio de energía; pero podrías haber percibido otro. Viste hacerse el silencio; podrías haber escuchado música, y también una cierta energía danzarina, una cierta fragancia inundando todo el espacio. Y el rostro de ese hombre hubiese manifestado un nuevo fenómeno: el aura de luz.

Si hubiera dado el segundo paso entonces su muerte también habría sido la última muerte. En el *bardo* de los tibetanos se denomina «la gran muerte», porque a partir de entonces no habrá renacimiento en ninguna otra forma, ningún encarcelamiento más; moraría en lo eterno, en la conciencia oceánica que llena todo el universo.

Así que, recordadlo, puede sucederos a muchos de vosotros. Podéis estar con un amigo o un familiar, con vuestra madre o vuestro padre. Mientras está muriendo, ayudadles a que se den cuenta de dos cosas: primera, de que no son el cuerpo físico, que es algo muy sencillo de reconocer para alguien que agoniza. Segunda, que es algo más difícil, pero que si la persona es capaz de reconocer la primera entonces también existe la posibilidad de la segunda: de que tampoco es el segundo cuerpo; que está más allá de ambos cuerpos. Que es pura libertad y conciencia.

Si hubiese dado el segundo paso entonces puede que hubieseis presenciado un milagro a su alrededor... algo, no sólo silencio, sino algo más vivo, algo que pertenece a la eternidad, a la inmortalidad. Todos los que estuvisteis presentes os habríais sentido enormemente agradecidos de que esa muerte no se convirtiese en un pesar, sino en un instante de celebración.

Hace poco pasé con alguien las últimas horas antes de que muriese, y en la habitación había algo que sólo puedo describir como una energía muy intensa. ¿Qué sucede alrededor de una persona moribunda?

En el momento en que una persona muere, libera su energía. Si eres receptivo puedes sentirlo. Si estás dispuesto, abierto, puedes sentir cómo aumenta tu nivel de energía. Depende de muchas cosas: de qué clase de persona muere y del tipo de energía que solía tener. Si era una persona dominada por la rabia y la violencia, entonces es mejor no hallarse cerca, porque toda su rabia y violencia reprimidas quedarán liberadas y puede que sufras innecesariamente cuando toda esa energía penetre en ti. Es algo muy natural –cuando alguien muere o acaba de morir– que automáticamente te quedes en silencio a su lado, que nadie haga ruido, ni hable. La muerte es un fenómeno tan misterioso que sacude a todo el mundo.

Así que lo primero de lo que hay que ser consciente es de qué tipo de persona está muriendo. Si la persona ha sido alguien afectuoso, compasivo, amable, siempre dispuesto a ayudar y compartir, entonces estar cerca de ella y sentarse en silencio puede ayudarte mucho. Cuando se marche, esas energías serán irradiadas a su alrededor. Pero si ha estado reprimido sexualmente, ha sido un violador u otro tipo de criminal, lo mejor es no estar cerca, porque lo que ha estado recogiendo en su vida podría liberarse. Se está trasladando hacia una nueva casa, por lo que todo el mobiliario antiguo quedará en la vieja. No puede llevarse todos los muebles con él, y por ello se disolverán a su alrededor.

En la India, a causa de ese hecho, las tres grandes religiones –hinduismo, budismo y jainismo– decidieron que el cuerpo de la persona muerta debía ser incinerado lo antes posible para que no irradiase cosas innecesarias y perniciosas para las personas. Y la mayoría de la gente reprime cosas horribles. Por ello, en la India, sólo los santos se salvan de ser incinerados; son la excepción. Sus cuerpos se conservan en *samadhis*, en una especie de tumba, para que puedan seguir irradiando durante años, a veces durante cientos de años. Pero los cuerpos de las personas ordinarias se queman en seguida, lo antes posible.

Otras religiones del mundo han decidido no incinerar los cuerpos, sino enterrarlos en una tumba. Es peligroso. Significa que se está enterrando rabia, odio, sexualidad y crímenes acumulados, todo tipo de energías, que serán irradiadas desde las tumbas y que pueden apresar a cualquiera. Son infecciosas.

En Oriente, siempre que muere un hombre realizado, anuncia de antemano que va a morir para que sus discípulos puedan llegar para compartir su energía, su último regalo. Quiere morir entre su propia gente, con sus discípulos, que pueden entenderle y ser receptivos. Todo el tesoro de sentimientos hermosos se esparce entre ellos.

Cuando un hombre muere o está agonizando hay que tener cuidado.

La siguiente es una antigua parábola acerca de un hombre agonizante. Tiene cuatro hijos y todos ellos están presentes.

–Acercaos a mí, quiero daros un mensaje –le dice al mayor.

Pero éste no se acercó. Aunque estaba muriéndose, el viejo estaba muy rabioso y dijo:

–Siempre supe que eras un inútil; ni siquiera puedes recoger un mensaje de un hombre agonizante. Además, soy tu padre.

Pero el joven permaneció en su lugar, como una estatua, sin moverse.

El viejo se lo pidió al segundo. Pero éste tampoco se movió. Luego pasó al tercero; pero tampoco quiso acercarse. Pero el cuarto era muy joven y se acercó; y el padre le susurró al oído:

–Esos tres son unos traidores; me han traicionado. Ahora tú eres el único en el que confío. Haz una cosa por mí. Cuando muera, trocea mi cuerpo y tira un pedazo en cada casa vecina e informa a la policía.

–¿Por qué? –preguntó el chico.

–Para proporcionar paz a mi alma –dijo el padre–. Al verlos a todos esposados de camino hacia la comisaría, mi alma se sentirá en paz como nunca antes.

Los tres hijos conocían perfectamente a su padre. Se había pasado la vida peleándose y en los juzgados. Toda su vida no había sido sino una gran pelea. Temían escuchar el último mensaje por si era algo peligroso, pero no podían negar al viejo su último deseo.

El padre murió y todos le preguntaron al más joven qué es lo que le había dicho. Pero el joven dijo:

–No tenía ni idea de que nuestro padre fuese así. No voy a hacerlo, aunque su alma sufra mucho.

Se trata de una antigua historia que pone de manifiesto que aquello que ha sido una persona a lo largo de su vida lo tendrá acumulado al final. La energía en sí misma es algo natural, pero la forma que tome en un hombre dependerá de éste, de su personalidad y de las acciones de su vida.

Bennett recuerda en su autobiografía que tras la segunda guerra mundial estaba tan cansado –había luchado en la guerra– que se sintió morir. Pero quiso ver a George Gurdjieff, su maestro, por última vez antes de morir. Así que fue a verle a París.

Se dirigió a la estancia donde se hallaba Gurdjieff, y éste dijo:

–¿Qué te sucede, Bennett? Pareces muy pálido, como si fueses a morir. Has llegado en el momento oportuno. Acércate a mí.

Le cogió de las manos y le miró a los ojos. Al cabo de dos minutos, Bennett empezó a sentir una tremenda oleada de energía. Pero eso sólo era una parte. Al mismo tiempo vio que Gurdjieff empalidecía y se asustó de lo que estaba haciendo. Le detuvo diciendo:

–¡Deténgase! Estoy perfectamente bien.

–No te preocupes por mí –dijo Gurdjieff.

Consiguió llegar hasta el cuarto de baño y cerró la puerta. Salió al cabo de diez minutos, en perfecto estado.

Bennett recuerda: «Nunca pensé que la energía pudiese transferirse de manera tan sencilla».

Si se está muriendo alguien con el que te hallas muy relacionado –tu padre, madre, esposa, esposo, hijo o tu amigo o amiga– y quieres hacer algo espacial para participar... con esa persona que se está muriendo... Entonces siéntate a su lado; puedes depositar tu mano sobre su corazón o tomarle de las manos y permanecer silencioso y tranquilo. Tu paz y tu silencio serán transferidos, transmitidos. Si puedes ayudar a morir en paz y silencio a esa persona, habrás realizado un acto lleno de hermosura y virtud. Puede que te sientas un poco débil, cansado o agotado, pero eso no tiene importancia. Se arreglará descansando un poco.

Desde tu lado puedes ayudar al moribundo a trasladarse a un plano de vida mejor, pero para ello debes permanecer en silencio y estar en paz. Entonces te hallarás en un plano superior y la energía podrá fluir.

La energía fluye de la misma manera que el agua: cuesta abajo. No puede fluir hacia arriba. Así que recuerda que la energía puede intercambiarse en ambos sentidos. Si la persona ha sido maligna lo mejor es evitarla. No podrás ayudarla; por el contrario, puede que te pase algo de su malignidad y que plante algunas de sus semillas en tu corazón y tu ser. Es mejor evitarla. Pero si la persona es buena y no ha perjudicado a nadie... Lo básico es que si la amas, si sientes algo por ella, entonces podrás verter tu energía. Es el momento adecuado y el último; no dispondrás de otra oportunidad para ofrecerle ese regalo.

No hay mejor obsequio que éste, porque puede cambiar el sentido de todo su viaje. Si muere en paz y silencio renacerá en un plano superior. Pero has de tener cuidado. No intentes sentarte en meditación y ayudar a Adolf Hitler... no lo intentes. Está más allá de tus posibilidades. No puedes ofrecerle ninguna energía; será él el que te la traspase, y le será muy fácil si estás en silencio y paz.

Uno ha de ser cuidadoso con quien agoniza porque puede haber un intercambio muy intenso entre ambos. Su vida futura puede verse afectada, al igual que la tuya, a menos que seas consciente de que nada puede afectarte. Entonces no habrá problema alguno, y podrás sentarte totalmente consciente incluso junto a Adolf Hitler. No tendrá capacidad de dañarte. Y puede que incluso puedas ayudarle un poco.

¿Cuál es la relación entre amor y responsabilidad? Mi madre lleva años en un asilo y puede morir en cualquier momento. Siento que debería haber pasado más tiempo con ella, pero por otra parte me da la impresión de que sería una carga para mí.

No existe relación entre amor y responsabilidad, porque el amor *es* responsabilidad. Pero hay que comprender bien la palabra, lo que significa.

Insisto en el significado de la palabra. Responsabilidad significa la capacidad de responder. No quiere decir nada acerca de deber. Responsabilidad –la raíz de la palabra– significa ser sensible. ¡El amor es una respuesta! Cuando el otro llama, tú estás dispuesto. Cuando el otro te invita, entras en él. Cuando el otro no te invita, no interfieres y no te extralimitas. Cuando el otro canta, tú cantas en respuesta. Cuando el otro te da su mano, tú la tomas con una profunda respuesta.

Responsabilidad significa estar abierto y disponible para responder. Alguien llama y tú no respondes, permaneces cerrado. Alguien quiere amarte pero tú no pones nada de tu parte, no cooperas; en lugar de ello creas barreras frente al amor. En el sentido que tú le das, el amor no tiene ninguna responsabilidad. Esa palabra se ha corrompido, envenenado y destruido. Una madre le dice a su hijo: «Soy tu madre; has de hacerte responsable de mí». El esposo dice: «Soy tu esposo y he trabajado duro para ti; ahora has de hacerte responsable de mí». Un padre le dice a su hijo: «¡No seas irresponsable! Hagas lo que hagas, piensa en mí». Eso no es responsabilidad. Habéis corrompido esa hermosa palabra, se ha vuelto horrible. Responsabilidad se ha convertido casi en sinónimo de deber, y el deber es una fea palabra.

El amor es hermoso. Si amas a tu madre, la amas, pero eso no puede convertirse en un deber. Si es un deber sería mejor no quererla, porque el cumplimiento del deber no la satisfará. Y si cumples con tu deber porque es tu madre y te ha dado la vida, y cuidas de ella cuando está enferma, sentándote a su lado... Entonces, esos cuidados se convierten en un deber, y tu mente guarda rencor. Te sientes sofocado; sientes que llevas una carga y estás esclavizado. Lo más probable es que te rebeles. Si tu madre muere, puede que no se lo digas a nadie, pero seguramente te sentirás aliviado.

¿Qué clase de responsabilidad es ésa que, cuando una madre muere, el hijo siente alivio? Claro que llora y gime. No se trata de que ante los demás se ponga a llorar y gemir; de hecho, si hubieses amado realmente a tu madre es posible que no derramases lágrimas. Pero no la has querido, y has perdido la oportunidad. ¡Nunca amaste a tu madre y ahora se ha ido! De ahí las lágrimas, tanto llanto y gemido.

Es algo patológico y nada saludable. Si realmente hubieras amado a tu madre, ¿para qué llorar y gemir? Se ha ido. Te rodea un profundo silencio. En ese profundo silencio empiezas a comprender la muerte y te haces consciente de la tuya propia.

Cuando mueren tu padre o tu madre es una indicación de que tú también morirás; entonces te implicas con la muerte. Trata de comprenderlo.

Mientras tu madre estuvo viva te ayudó a comprender la vida. Ahora que se ha ido, te ha abierto otra puerta, la de la muerte, para que mires en su interior, porque ella se ha ido y tú tendrás que seguirla. Si has amado a una persona, cuando desaparece no sientes alivio, y no lloras ni gimes. Instalado en un profundo silencio aceptas el hecho, la impotencia que sientes, y el amor continúa, porque el amor no se acaba con el cuerpo, el amor no acaba con la mente. El amor sigue fluyendo.

No, no preguntes por la relación entre amor y responsabilidad, pues no existe. Cuando existe amor surge la responsabilidad. Cuando no hay amor uno empieza a hablar de deber. Cuando existe amor, el amor en sí mismo es responsabilidad.

¿Qué puedo hacer con mis emociones cuando mi ser amado muere?

La muerte ha tenido lugar, tu ser amado ha muerto. No empieces a pensar. No saques las Upanishads, la Gita, o la Biblia. No preguntes a cristos o budas. Déjalos en paz. La muerte está ahí: enfréntate a ella, dale la cara. Estáte totalmente en la situación. No pienses en ella. ¿Qué puedes hacer? Lo único que se te ocurrirá serán las tonterías de costumbre. La muerte es un fenómeno nuevo; es tan desconocida que tu conocimiento no te servirá de nada. Así que aparta la mente a un lado. Permanece en profunda meditación con la muerte.

No hagas nada. ¿Qué podrías hacer que sirviera de algo? No lo sabes. Así que permanece en la ignorancia. No aportes conocimientos falsos, prestados. La muerte está ahí; permanece con ella. Mira de frente a la muerte con total presencia de ánimo. No empieces a pensar porque entonces intentarás escapar de la situación, ausentarte. No pienses. Permanece presente con la muerte.

Habrá tristeza, y pesar, y sentirás una pesada carga; déjala estar ahí. Es una parte... una parte de la vida y de la madurez, y una parte de la realización suprema. Permanece en ella, totalmente presente. Eso será una meditación y a través de ella lograrás una profunda comprensión de la muerte. La muerte se convierte en vida eterna.

No manifiestes la mente ni el conocimiento. Permanece con la muerte; la muerte se te revelará a sí misma, y entonces sabrás qué es. Entrarás en sus estancias internas. Entonces la muerte te conducirá al auténtico centro de la vida, porque la muerte es el auténtico centro de la vida. No está contra la vida, sino que es el verdadero proceso de la vida, pero la mente hace aparecer la contradicción de que vida y muerte son opuestas. Eso da paso al pensamiento, y como la raíz es falsa, la oposición también lo es, y por ello nunca se alcanza ninguna conclusión verdadera y real.

Siempre que existe un problema, permanece en el problema sin la mente –a eso me refiero cuando menciono la palabra meditación–; y si te limitas a permanecer con el problema, éste se solucionará. Y si realmente has estado presente, ahí, la muerte no se te volverá a aparecer, porque sabrás qué es en realidad.

Pero eso es algo que nunca hacemos, nunca con el amor, ni con la muerte, ni con nada auténtico y real. Siempre estamos inmersos en el pensamiento, y los pensamientos son falsificadores. Son prestados, no te pertenecen. No pueden liberarte. Sólo la propia verdad puede convertirse en tu liberación.

La muerte parece algo muy absurdo y deprimente. Después de tantos años de trabajar en mí mismo, intentando comprender qué es la vida, no he entendido nada. Ahora una amiga íntima está en coma y los médicos dicen que morirá. No sé si odiarla a ella, a los médicos o a mí mismo.

El único problema es que esperas demasiado de ti mismo. ¿Por qué no puede ser uno tal cual es? Si no lo entiendes, no lo entiendes. ¿Por qué ese esfuerzo constante por hacer algo, por convertirte en algo o ser algo que no eres?

La única comprensión que existe es la siguiente: que uno se acepte a sí mismo tal y como es. Todo ese esfuerzo en nombre del crecimiento no es sino un viaje del ego. Acabarás frustrándote una y otra vez y en todas las crisis alcanzarás un punto en el que sentirás que no ha pasado nada. Pero ¿por qué debería pasar algo?

La expectativa de que algo debería pasar es lo que crea todo el problema. ¿Por qué debería pasar algo? ¿Y qué sentido tiene esperarlo? Seguirás intentando que algo suceda y planeando cómo hacerlo; no harás más que acumular tensión. Y cuando eso no suceda, te crearás la falsa pretensión de que algo ha ocurrido, porque uno no puede vivir en continua desdicha. Para ocultar esa desgracia, uno crea una máscara de entendimiento. Pero esa máscara se romperá una y otra vez. Siempre que surja un problema real acabarás dándote cuenta de que permaneces desnudo y que la máscara no funciona.

Debo insistir en lo siguiente: acepta la situación en la que te encuentres. No hay forma de salir de ella. Eso es comprender algo; aceptar cómo se es. No se trata de crecer. De repente comprendes que no hay necesidad de nada. Entonces es cuando todas esas situaciones pueden resultar útiles, porque te devuelven a la realidad.

Una crisis es una bendición. Te devuelven una y otra vez a la tierra. Si no, empezarías a flotar en fantasías.

Todas sus amistades hablan del estado maravilloso en que debe encontrarse, y de lo en paz que parece hallarse estando en coma. Yo también podría decirlo, pero en realidad no sé si es cierto.

No, no es necesario decir nada. Si los demás lo dicen, tal vez tengan razón; tal vez lo sientan así. Pero no es necesario que tú lo sientas así. No eres como ellos. Y ellos no tienen necesidad de sentir como tú, así que no pienses que están fingiendo. Puede que tengan razón. Para ellos no es ningún problema, lo es para ti.

Hay que entender una cosa, y es la manera en que tú eres y que no entiendes. Acepta esa no-comprensión. Estás luchando contra ella; por eso te sientes deprimido. Sientes que eres un ignorante, que no entiendes nada, que eres estúpido e idiota... muy bien, ¡acéptalo! ¿Por qué quieres ser un sabio o nada por el estilo? Entonces el problema desaparecerá, porque está creado por una profunda no-aceptación. No dejas de rechazarte de forma sutil.

No es cuestión de lo que dices sobre tu amiga, no es eso. Todo lo que dices acerca de todo el mundo es básicamente acerca de ti, y toda situación es tu situación. Tanto si se halla en un espacio hermoso como si no, no es un problema para ti; tú no tienes nada que ver. ¿Y cómo puedes decidir si ella mora en un espacio hermoso o no? Sólo hay una cosa segura: que te creas problemas continuamente, estés donde estés. Deja de luchar contra ti mismo. Date cuenta de que esta lucha no tiene sentido. Si no entiendes, pues no entiendes. ¿Qué quieres hacer? Acéptalo y entonces desaparecerá el problema.

Ahí es donde empieza el crecimiento: a través de la aceptación, no de la lucha. No se trata de realizar un esfuerzo para convertirse en algo. Se trata de relajarte en lo que seas. Entonces no te sentirás deprimido; puede que te sientas impotente, pero no deprimido. Y la impotencia es una sensación agradable, porque toda oración surge de ella. La impotencia es algo hermoso porque es un estado sin ego. Te sentirás impotente y que no puedes hacer nada. Alguien está muriendo: tu persona amada, y no puedes hacer nada. Tremendamente impotente, inútil... y no obstante, hermoso. Así llegas a comprender que el ego es un absurdo sin sentido; no sirve para nada, no puedes sacar nada de él. Ni siquiera puedes ayudar a alguien que muere, ¿qué podrías hacer?

Se convierte en depresión si piensas en términos de ego, si desearías ser más fuerte, comprender mejor y ser más poderoso, para que la próxima vez que alguien se halle en problemas y sientas que están heridos, puedas ayudarles. Eso es lo que estás haciendo. Y por eso te sientes deprimido, por no haber crecido.

Si te sientes impotente, inclínate ante esa profunda impotencia. Siéntate junto a tu amiga y reza: «Me siento impotente y no puede hacerse nada». En esa impotencia no sólo te percibirás tú impotente, sino a toda la humanidad. En esa impotencia percibirás que todos los egos son falsos. De repente el ego se vuelve absolutamente irrelevante. Y en esa humildad desapareces. Y de ella surge algo: una oración. No puede hacerse nada más. Siempre que alguien tenga problemas, reza; eso es todo.

Pero la gente siempre hacer cualquier otra cosa, porque la oración significa impotencia.

Siempre he rezado, pero ahora no sé si hay alguien a quien rezar.

Tus oraciones siempre han sido un truco para obtener algo. Rezas para alcanzar un fin. Rezas y luego compruebas si ha funcionado o no. Eso no es rezar; es sólo un método. Si todo lo demás falla, entonces rezas a Dios o piensas que ahora rezando deberías conseguir algo. Y cuando no llegas a nada te deprimes todavía más. No sabes a quién rezar, qué decir y qué no decir.

Pero ésa no es la cuestión. La oración es un fin en sí misma. Es un grito de humildad, un profundo grito de impotencia. No es que reces a alguien –puede que no haya nadie–, sino que simplemente te sientes desamparado como un niño. El niño empieza a llamar a su madre o a su padre, que puede que no estén, que no existan, pero ésa no es la cuestión. El niño empieza a llorar, y esos llantos son purificadores.

No se trata de que tu amiga obtenga ayuda. Lo que trato de señalar es totalmente distinto: *tú* serás el que obtengas la ayuda. Y no como resultado de ello, sino porque al rezar te sientes purificado. Volverás a sentirte tranquilizado y sereno. Podrás aceptar más y te abrirás más. Incluso la muerte te parecerá bien.

La gente reza... pero para ellos también es una técnica, parte de su esfuerzo egoísta. No estoy hablando acerca de ese tipo de oración, sino de la que emana de una situación en la que uno siente que no puede hacer nada. Y no porque de ello vaya a surgir algo, aunque serás transformado. No tendrás la sensación de que te falta algo. Sentirás una plenitud, Sentirás una nueva serenidad que nunca habías percibido.

Y siempre ocurre en proximidad de la muerte, porque es el momento más crucial. Siempre que amas a alguien –una amiga en este caso– y está muriendo, se abre ante ti una gran oportunidad, porque en este momento te hallarás completamente impotente. Y si rezas –y no me estoy refiriendo a verbalizar, a decir algo–, si simplemente puedes llorar de desconsuelo, entonces se-

rás purificado. Será una purificación. Saldrás de ello rejuveneci-
do, más fresco y nuevo.

Así que no te deprimas, porque no conseguirás nada. Si puedes disfrutar de la oración, disfruta, no hay ningún problema en
ello. Pero si estás deprimido no te servirá de nada; perderás el
tiempo. La muerte no puede desperdiciarse de esa manera. Esa
crisis volverá a manifestarse una y otra vez, porque nadie va a estar aquí para siempre; así que aprende de ella. Observar la muerte
es una gran disciplina.

Y el día que ella muera –porque morirá– conviértelo en una
celebración. Primero déjate purificar por su muerte. De hecho,
intenta aprender cómo morir. Muere también en su muerte. Conviértelo en una oportunidad para ver qué es la muerte, para pro-
barla. Y cuando muera, todo lo que debes hacer es convertirlo en
una celebración: baila, canta y permanece extático.

La muerte debe ser bien venida: es uno de los mayores acontecimientos de la vida. En la vida sólo existen tres grandes acontecimientos: nacimiento, amor y muerte. El nacimiento ya ha tenido lugar, no puedes hacer nada al respecto. La muerte es algo que
le sucede a todo el mundo. Es la única certeza, así que acéptala,
disfruta de ella, deléitate en ella.

Antes de morir, tu amiga te está ofreciendo la oportunidad
para te limpies, purifiques y te vuelvas meditativo. Y por ello, cuando abandone su cuerpo podrás deleitarte en ese fenómeno.

Mi vida está vacía desde que mi esposa murió hace
tres años. Si vida y muerte no son más que
dos compartimientos, ¿existe alguna manera
de comunicarse con las personas que han ido más allá,
alguna manera astral, algún modo sutil
de comunicación?

Todo el mundo llega a ese punto, más tarde o más temprano. Uno ha de ver que todo es vacío, que todo no era sino un

bello sueño –la esposa y el esposo y todo el devenir–, un bello sueño, pero que tiene un fin. Ningún sueño puede continuar para siempre.

Uno tiene que comprender ese vacío que llega inevitablemente. Cuanto antes se manifieste, mejor, porque sólo ese vacío puede llevarte a tu interior.

La auténtica búsqueda sólo empieza cuando uno siente que la vida no tiene sentido. ¿Quién se preocuparía si lo tuviese? Si existe cierto contento y las cosas funcionan perfectamente y uno triunfa en la vida y está lleno de ocupaciones y ambición, ¿quién se preocuparía acerca de la verdad y de Dios? Sólo ese vacío provoca que uno busque e indague en pos de la verdad, de una verdad que more más allá de la muerte.

Has pasado por una gran experiencia, pero sigues ansiando. Y por eso intentas averiguar si: «¿existe alguna manera de comunicarse con las personas que han ido más allá, alguna manera astral, algún modo sutil de comunicación?». Eso significa que sigues tratando de evitar ese vacío. Pero no puede ni debe evitarse. Uno ha de pasar por ello en lugar de evitarlo.

Puede que intentes meterte en cosas como los viajes astrales, percepción extrasensorial y parapsicología; hay mucha basura en todo eso. Puedes llenarte con todo ello y volver a recrear un poco de bienestar. Puedes acudir a médiums y hablar con tu mujer, pero todo eso no serán más que juegos. Cuando la auténtica esposa deja de estar, es absolutamente absurdo basar tu vida en esos juegos, porque eso es lo que son.

Para ti ha llegado el momento de mirar en tu interior, y la marcha de tu esposa no debe verse como una maldición, sino como una bendición, porque si continuase aquí seguirías igual. Tal vez sea una oportunidad enviada por Dios. Puede convertirse en un gran descubrimiento.

Si empiezas a adentrarte en ese vacío se convertirá en meditación. La meditación no es más que entrar en ese vacío. Si puedes penetrar en el núcleo más profundo de tu ser, todos los problemas quedarán resueltos y dejarás de anhelar a tu esposa o a nadie más.

Uno llega a conocer la propia eternidad. Y en esa eternidad todo el mundo se vuelve eterno.

No volverás a encontrar a tu esposa como una entidad separada, porque la entidad separada sólo existe con el cuerpo y el sistema cerebral. Tu esposa está ahí, pero es como si rompieses una bombilla: la luz sigue ahí, pero no puedes verla porque el medio a través del que se manifiesta ha dejado de existir. El cuerpo está quemado y las células cerebrales desaparecidas. Ahora es pura conciencia. La ola ha desaparecido en el mar.

En lugar de pensar en esa ola y de soñar con ella y sumergirte en recuerdos y nostalgia, que no es sino una pérdida de tiempo porque tu muerte no tardará en llegar... antes de eso lo mejor es que te prepares.

La muerte ya no me asusta.

El miedo sigue ahí. Y cuando la muerte llegue te asustarás. Lo único que haces es tratar de consolarte; pero no sabes. Crees que no hay muerte, quieres creerlo, pero eso no forma parte de tu conocimiento. Se trata únicamente de un consuelo. Vivimos entre consuelos. No queremos creer que la esposa ha muerto y que no ha quedado nada. Es demasiado duro... nos sacude demasiado. En cambio, la idea de que ella sigue siendo, de que el alma es inmortal... Pero bueno, no estoy diciendo que todas esas ideas sean erróneas. Lo que digo es que para ti son simplemente ideas; todavía no son tus experiencias. Y si no lo son, cuando la muerte llegue te sacudirá, porque las ideas no ayudan demasiado...

Hasta que las experimentes; sólo entonces serán válidas. Todo el mundo cree en esto o aquello, pero todo el mundo llora y se agita cuando alguien muere. Todo el mundo sabe, todo el mundo cree saber, pero raramente llega un ser humano a saber nada. Porque saber resulta muy arduo. Para saber es necesario realizar un esfuerzo mantenido a fin de penetrar en el propio ser, y eso es un viaje muy oscuro en el que uno se halla solo. Cuanto más profundices, más solo estarás, porque nadie puede acompañarte. Ni siquiera el maestro puede ir con el discípulo. En la fase definitiva te quedas solo... eres pura conciencia. Pero entonces ya sabes, y con ese conocimiento la vida se convierte en una obra de teatro, en una representación. No importa si la vida se va o se queda; es inmaterial.

Pero eso no es lo que ha sucedido. Pero puedes conseguirlo, aunque si sigues creyendo en esos consuelos no habrá manera de que suceda. Esos consuelos son peligrosos y es lo que los pseudo santos ofrecen a la gente; son invenciones.

Creer no es saber; eso hay que entenderlo claramente. Creer no es saber. Creer es sólo creer... tomar prestado. Y sí, consuela, le mantiene a uno en marcha. De otra manera, la vida se convierte en algo tan angustioso que se empieza a pensar en el suicidio o en la locura; puede resultar insoportable. Esas creencias son como amortiguadores: te protegen de los hechos demasiado duros de la vida y te rodean creando una seguridad.

¿Es una especie de escapismo?

Sí, una especie de escapismo. Pero ahí está la verdad. La verdad está presente en todo el mundo y entrar en ella es posible; todo el mundo puede hacerlo. Sólo hay que tomar la decisión y reunir el valor suficiente; hay que empezar a trabajar un poco.

Si dedicas una o dos horas diarias a la meditación, al cabo de poco tiempo podrás prescindir de creencias. Y cuando uno sabe que se alza sobre terreno firme, deja de existir el miedo a la muerte, porque no hay muerte. ¿Cómo puedes temer algo que no existe?

Hace poco se me murió una hija de doce meses y no comprendo por qué le fue arrebatada la vida.

La vida es precaria y accidental: todo el mundo puede desaparecer en cualquier momento. Así que no te preocupes de por qué sucedió; no hay un porqué. Todas las respuestas que pueden darse a tu «¿Por qué?» no serán más que consuelos para tratar de racionalizar algo que es misterioso a fin de obtener cierto consuelo. No me interesa consolar a nadie porque es un juego peligroso. Te mantiene oculto tras los amortiguadores.

La verdad es que tu hija estaba viva y de repente dejó de estarlo. Eso debería hacerte comprender la naturaleza soñada de la vida. La vida está hecha de ensoñaciones. Podemos ver un bonito sueño, pero cualquier cosa lo interrumpe: un ruido de nada y el sueño desaparece. Puede haber sido un dulce sueño, y por ello uno se siente herido, y quiere cerrar los ojos y recuperarlo, pero no puede hacerse nada.

En lugar de intentar buscar explicaciones y consuelo, intenta mirar de frente la verdad desnuda. Es triste, hace daño y es dolorosa, pero mírala, sin intentar encubrirla. Todas las explicaciones y filosofías no son sino esfuerzos por blanquear las cosas oscuras y misteriosas.

Cuando llegan, esos momentos son de una inmensa importancia, porque en ellos es posible despertar. Cuando tu hija muere es un choque tal que puedes llegar a despertar, en lugar de ponerte a llorar y desperdiciar la oportunidad. Al cabo de unos días, dejarás de estar sacudido; el tiempo todo lo cura. Te habrás olvidado de todo en unos cuantos años. Al final de tu vida te dará la impresión de que lo has visto en alguna película o leído en una novela. Se habrá ido desvaneciendo con el tiempo y será sólo como un eco lejano...

No dejes escapar la oportunidad. En este momento puede ayudarte a estar alerta y despertar. No la dejes pasar; todos los consuelos del mundo no son sino oportunidades perdidas.

Nunca preguntes por qué. La vida no tiene ningún por qué, ni tampoco la muerte. No pueden responderse, y tampoco es necesario. La vida no es un problema que pueda resolverse, ni tampoco la muerte. Vida y muerte son las partes de un único misterio, del que nadie conoce la respuesta. Es el interrogante supremo.

Así pues, todo lo que puedes hacer en ese tipo de situaciones es permanecer despierto, pues todas esas sacudidas pueden convertirse en un gran avance. El pensamiento se detiene. La sacudida es tal que la mente se nubla. Nada parece tener sentido; todo parece haberse perdido. Uno se siente extraño, como un desconocido... desarraigado. Son momentos muy significativos; son momentos en los que puedes penetrar en una nueva dimensión. Y la muerte es una de las puertas más importantes que dan a lo divino. Cuando muere alguien tan cercano como un hijo para una madre, es casi una muerte para ti mismo... como si hubieras muerto. Una parte de ti ha muerto.

Date cuenta de que la vida es un sueño y de que todo acabará desapareciendo, más pronto o más tarde: el polvo al polvo. Nada permanece aquí. No podemos construir nuestro hogar aquí. Es un parador, una posada para pasar la noche, y partir al amanecer. Pero hay algo que sí es constante y permanente: tu observar, tu presenciar. Todo lo demás desaparece, va y viene; sólo el testigo permanece.

Obsérvalo todo. Sé el testigo y no te identifiques. No seas una madre; así te identificarías. Sólo sé el testigo, un observador silencioso. Ese observar te ayudará enormemente. Es la única llave que abre la puerta de los misterios. No es que solucione nada, sino que te hace capaz de vivir lo misterioso de manera total.

Desde la muerte de su abuela, mi hija me pregunta sobre la muerte. Quiere saber qué pasa con todos cuando mueren.

Eso está muy bien... Todos los niños se interesan por la muerte; es una de las curiosidades más naturales. Pero en lugar de contestarles... –todas las contestaciones son falsas–, no lo hagas. Sólo di que no lo sabes; que cuando muramos lo veremos. Y que eso sea una comprensión tácita de todas esas cosas para las que no tenemos respuestas.

Cuando un niño pregunta algo que no sabes, acepta tu ignorancia. Nunca imagines que aceptar la propia ignorancia sea algo perjudicial, porque no es así. Los padres siempre creen que aceptar no saber resulta perjudicial, que su imagen ante los hijos se resentirá. Pero de hecho es justamente lo contrario. Más tarde o más temprano el niño descubrirá que nunca lo supiste y que no obstante contestaste como si supieses. Y el día en que se dé cuenta, sentirá que le has estado engañando y desaparecerá todo el respeto que te haya tenido. Tarde o temprano tu hija descubrirá que su padre es tan ignorante como cualquier otro, tan impotente como cualquiera, tan ciego como todos, pero que pretenden saber, y que esa pretensión es muy destructora. Así que siempre que haya algo que desconozcas, simplemente di: «No lo sé. Pero busco e indago».

La muerte es una de esas cosas de las que no puede decirse nada excepto una cosa: que regresamos a casa, que volvemos al mismo sitio del que procedemos. Pero que tampoco lo sabemos. Venimos de algún lugar desconocido y regresamos a ese sitio que no conocemos.

La muerte es finalizar el círculo. Pero ambos extremos –principio y final– permanecen ocultos en el misterio.

Es como cuando un pájaro entra en una habitación por la ventana, revolotea unos instantes y luego escapa hacia fuera por otra ventana. Sólo sabemos que el pájaro ha entrado, pero desconocemos de dónde viene, ni adónde ha ido. Todo lo que conocemos es ese pequeño momento, ese intervalo en que el pájaro estuvo en la habitación. Lo vimos entrar por una ventana y escapar por otra; pero no sabemos de dónde vino ni adónde fue.

Ése es el estado de toda la vida. Vemos nacer a un hijo; el pájaro entra... de donde nadie sabe. Un día esa persona muere; el pájaro ha volado fuera: Y la vida ocurre entre el nacimiento y la muerte... un tránsito muy pequeño.

Haz a tu hija consciente del misterio. En lugar de ofrecerle una respuesta es mejor que sea consciente del misterio que la rodea, que empiece a sentir más asombro y admiración. En lugar de ofrecerle una respuesta superficial es mejor provocar una indagación. Ayuda a tu hija a ser más curiosa, más inquisitiva. En lugar de ofrecerle una respuesta, haz que te pregunte más. Tal vez su corazón se haga más inquisitivo, y eso es todo lo que los padres pueden hacer por sus hijos. Entonces buscarán sus propias respuestas a su manera.

No des respuestas. Ésa ha sido una de las cosas más peligrosas que ha practicado el ser humano a lo largo de todas las épocas y la calamidad más enorme. Cuando damos respuestas nos volvemos muy arrogantes, perdemos nuestra humildad. Nos olvidamos de que la vida es esencialmente desconocida, algo «x». Vivimos en ella y no obstante sigue siendo desconocida; estamos en ella y no sabemos nada. Su incognoscibilidad es algo que parece ser fundamental. Sabemos muchas cosas, pero la incognoscibilidad sigue estando igual... intacta. El ser humano ha progresado mucho en materia de conocimiento, cada día se sabe más, cada día se añaden miles de informes de investigación al conocimiento humano, miles de libros... Pero lo fundamental sigue igual.

Ante lo fundamental hay que ser humilde e impotente. Así que ayúdala a sentir cada vez más el misterio.

EPÍLOGO

UN COPO DE NIEVE DISOLVIÉNDOSE EN EL AIRE PURO

Bassui, un maestro zen, escribió la siguiente carta a uno de sus discípulos que estaba agonizando:

«La esencia de tu mente es nonata, por lo que nunca morirá. No es una existencia, que es perecedera. No es un vacuidad, que es un mero vacío. Carece de color y forma. No disfruta de placeres ni sufre dolores.

»Sé que estás muy enfermo. Como buen estudiante zen, te enfrentas a la enfermedad cara a cara. Puede que no sepas exactamente quién está sufriendo, pero pregúntate a ti mismo: ¿Cuál es la esencia de esta mente? piensa únicamente en eso. No necesitas más. No desees nada. Tu fin, que es infinito, es un copo de nieve disolviéndose en el aire puro.»

La muerte no es el enemigo. Lo parece, pero sólo porque nos aferramos demasiado a la vida. El miedo a la muerte surge de ese apego. Y a causa de él somos incapaces de saber qué es la muerte. Y no sólo eso, también somos incapaces de saber qué es la vida.

El ser humano que no es capaz de conocer la muerte no conocerá la vida, pues en lo más profundo son dos ramas del mismo árbol. Si temes a la muerte tendrás miedo de la vida, porque es la vida la que trae la muerte. Viviendo es como llegas a la muerte.

Te gustaría paralizarte y congelarte, para así no fluir, para que la muerte nunca sucediese. Te gustaría quedarte atascado en algún lugar del camino, para así nunca alcanzar el océano y desaparecer.

Una persona temerosa de la muerte se aferra demasiado a la vida; pero la ironía es que, aunque lo haga, no es capaz de ver qué es la vida. Su apego por la vida se convierte en una barrera para comprenderla. No puede entender la muerte ni la vida; permanece en una profunda confusión e ignorancia.

Así pues, ésta es una de las cosas básicas de las que hay que darse cuenta: que la muerte no es el enemigo. No puede serlo. De hecho, el enemigo no existe. Toda la existencia es uno. Todo es benévolo. Todo es tuyo, te pertenece, y tú perteneces a ello. No hay extraños.

La existencia te ha hecho nacer; la existencia te ha generado. Así que, cuando mueres, simplemente regresas a la fuente original para descansar y volver a nacer.

La muerte es como un descanso. La vida es actividad. Y sin descanso la actividad es imposible. La vida es como el día y la muerte como la noche. Y sin la noche, el día no puede existir por sí mismo. La noche es la que te prepara para el día, la noche es la que te rejuvenece, la que te devuelve tu energía. Te mueves en tu profundo sueño hasta el punto en que la muerte te guía.

Cada noche mueres –una muerte pequeña–, y por eso por la mañana te sientes tan vivo. Desgraciados quienes no mueren cada noche. Por la mañana están más cansados que cuando se acostaron. Soñaron, siguieron aferrándose a la vida en sus sueños. No soltaron. No permitieron que la muerte tomase posesión de ellos y arreglase muchas cosas, proporcionando descanso, relajación y nueva energía. Son gente desafortunada. Los afortunados son los que se hundieron en un sueño muy profundo, sin soñar. Por la mañana vuelven a estar vivos, dispuestos a enfrentarse a la vida en su miríada de formas, llenos de alegría, de respuestas, dispuestos a enfrentar cualquier desafío que les presente la vida.

La muerte es como la noche. La vida es *yang* y la muerte *yin*. La vida es masculina, y la muerte femenina. La vida es agresión, ambición, un gran esfuerzo por conquistar muchas cosas. Y la muerte es relajación de toda agresión, un viaje interior. Uno se relaja en sí mismo. En el zen la denominan «el albergue de descanso».

La vida es una aventura; te alejas de ti mismo, te alejas cada vez más. Cuanto más lejos estás, más infeliz te vuelves. Vas en busca de la felicidad, pero cuanto más la buscas, más te alejas de ella. Lo puedes comprobar en tu propia vida. No es ninguna filosofía, se trata de un hecho. Todo el mundo anda en busca de la felicidad. Pero cuanto más lejos vas, más infeliz eres.

La vida es una búsqueda de felicidad, pero que conlleva infelicidad. Un día estás harto, cansado y aburrido. La aventura ya no te atrae. Te relajas en ti mismo, regresas. Cuanto más te acercas a ti mismo, más feliz eres. Cuando más te olvidas de la felicidad, más feliz eres. El día que dejas de buscar e indagar en pos de la felicidad, eres feliz.

La vida es una promesa de felicidad, pero sólo una promesa, que nunca se colma. La muerte la colma. Por ello es importante que comprendas que la muerte no es el enemigo. La muerte es tu hogar, adonde regresas tras muchos viajes –cansado, frustrado, agotado– en busca de refugio, descanso y para recuperar la vitalidad perdida. Ésa es una cosa.

La segunda: la vida y la muerte no están tan separadas como creemos. Imaginas que la vida empezó el día en que naciste, y que la muerte sucederá el día en que mueras. Y que entre ellas hay una separación de setenta, ochenta o cien años. Pero no es así. Nacer y morir van juntos durante toda tu vida. En el momento en que empiezas a respirar también empiezas a morir. En "cada" momento hay vida y muerte, son las dos ruedas del mismo carro. Van a la par. Ocurren simultáneamente. No puedes separarlas... setenta años es demasiada distancia. No puedes separarlas, porque sucede en cada momento. Y en cada momento algo nace y algo muere en ti.

Morir y vivir van de la mano. En setenta años acabas con este morir y nacer. Te cansas del juego. Te gustaría regresar a casa. Has jugado a los castillos de arena. Has discutido y peleado por tus castillos de arena: éste es tuyo y éste mío, ¡pero ya basta! Ha llegado el anochecer, el sol se ha puesto y quieres volver a casa. Al cabo de setenta años te sumerges en un sueño profundo. Pero vida y muerte continúan juntas. Si así lo vieses te reportaría una gran sabiduría. Ambas están en cada instante.

Así que no hay necesidad de asustarse. La muerte no sucederá en algún momento futuro. El futuro provoca problemas: si no va a suceder en algún momento futuro, ¿cómo vas a protegerte? ¿Cómo crear una Gran Muralla china contra ella? ¿Qué hay que hacer para que no te suceda a ti, o al menos para posponerla un poco? ¡Pero si ya está ocurriendo! El futuro no tiene nada que ver. Está sucediendo desde el momento en que llegaste aquí. No puedes posponerla, ¡ni puedes hacer nada al respecto! No hay manera de hacer nada. Es el proceso de la vida; morir es parte del proceso de vivir.

Por ejemplo, resulta muy manifiesto y evidente cuando haces el amor. Claro está, porque el amor te proporciona la sensación de vida. ¿Pero lo has observado? Tras cada acto de amor te deprimes. Estás relajado, silencioso, pero también embargado de una especie de frustración. En el clímax de tu experiencia amorosa estás en la cumbre de la vida, y de repente desciendes a la muerte. Cada acto de amor lleva la vida a una cumbre, y claro, te proporciona un vislumbre del abismo de la muerte que la rodea. El valle de la muerte se ve muy claro cuando la cumbre de la vida está alta.

A partir de esa experiencia, en el mundo han surgido dos tipos de culturas: una contraria al sexo y otra contraria a la muerte.

La cultura contraria al sexo subraya más la frustración que sigue al acto sexual. Está más preocupada con el valle. Es como si dijese: «Mira, no se ha logrado nada, sólo frustración. Todo fue una ilusión; ese clímax, ese orgasmo, era únicamente ilusorio, momentáneo. Mira qué es lo que realmente llega al final: sólo frustración. Vuelves a estar en el suelo. Así que sólo fue una ilusión que creaste, y ésta es la realidad».

Tras cada acto sexual todo el mundo empieza a pensar en cómo hacerse célibe, en cómo abandonar esta miserable rueda, en cómo salir de este círculo vicioso. La idea del celibato y del *brahmacharya* aparecen a causa de esa segunda parte. ¡Ahí está! La gente que está contra el sexo sólo ve eso. La gente que está contra la muerte no lo ve. La gente contraria a la muerte simplemente ven la cima, pero no miran al valle. Una vez que llegan a la cima cierran los ojos y se duermen. No piensan en el valle. El valle está allí, pero ellos sólo han elegido la cima.

Pero verás, todo ello tiene un corolario. Si sólo ves la cima, entonces tendrás mucho miedo a la muerte, porque carecerás de toda experiencia al respecto. La muerte será una desconocida. Sólo la encontrarás a la hora de morir. Entonces será demasiado, y demasiado nueva, nada familiar y desconocida, y te sacudirá enormemente.

Así que las personas contrarias a la muerte sólo ven la cima de la vida, el clímax orgásmico del acto sexual, y evitarán el valle, al que no mirarán. Pero al final, un día, se toparán con el valle, Y tendrán mucho miedo. Por eso, en Occidente, donde el sexo se ha convertido en algo más libre y la gente es menos antisexo, son, por el contrario, más antimuerte. Luchan contra la muerte. La muerte ha de ser destruida.

En Oriente la gente es más contraria al sexo, es antisexo. Las personas sólo miran al valle. No miran la cima; dicen que es simplemente ilusoria. Como miran al valle tienden más a la muerte, están más dispuestos a morir. De hecho, esperan morir; de hecho, desean morir, sueñan con morir. En Oriente, el mayor de los ideales es morir tan completamente que nunca haya que renacer. Ésa es la muerte suprema.

En Occidente, la idea es cómo crear una situación en la que no haya que morir, sólo seguir viviendo. Ambas actitudes están desequilibradas. Ambas crean una especie de desequilibrio en las personas, y ese desequilibrio es la desgracia del ser humano.

Un ser humano verdadero, auténtico, lo miraría todo cara a cara. No elegiría. No diría: «sólo miraré el valle y me olvidaré de la cima», o: «sólo miraré la cima y me olvidaré del valle». Miraría en ambas direcciones tal cual son. No elegiría.

No elegir es zen. Permanecer sin elección es zen: ver las cosas tal cual son en su totalidad –bueno y malo, cielo e infierno, vida y muerte, día y noche, verano e invierno–, verlas tal cual son. El zen no es una filosofía. No te da elección porque dice: «si eliges siempre tendrás miedo de lo que no has elegido».

Fíjate bien: si eliges algo, permanecerás constantemente atrapado en lo que no has elegido, porque lo no elegido ha sido rechazado, reprimido. Lo no elegido ansía vengarse. Lo no elegido está preparándose... y algún día, en un momento de debilidad, explotará con una venganza.

Así que la persona antisexo siempre teme la venganza del sexo, puede explotar en cualquier instante. Y la persona temerosa de la muerte, la antimuerte, siempre teme la aparición de la muerte. La conoce, existe una comprensión tácita. Lo importante no es si la ve o no la ve. El no verla no la hará desaparecer. Está ahí. Sabe que está ahí y que se acerca, cada vez más.

La persona antisexo tendrá miedo de que la sexualidad explote en cualquier instante en su conciencia. Y la que es antimuerte temerá que la muerte llegue en cualquier instante para poseerla y destruirla.

Ambos tipos de personas son esencialmente miedosas; y ambas están en estado de lucha, de conflicto continuo. Nunca alcanzan la tranquilidad, un equilibrio. El equilibrio tiene lugar cuando no eliges, cuando ves el hecho tal cual es. La vida no es cuestión de esto o aquello, no hay nada que elegir. Todo va junto. Con tu elección no cambia nada, sólo adquieres un tipo de ignorancia. Lo que eliges es parte de la realidad, al igual que lo no elegido. La parte de la realidad no elegida permanecerá suspendida a tu alrededor, esperando ser aceptada. No puede desaparecer, no hay manera de hacerla desaparecer. Si amas tanto la vida y no quieres ver el hecho de la muerte... ésta permanecerá atenta a tu alrededor, como una sombra.

El zen dice: mira ambas, son una sola pieza, van juntas. Viéndolas juntas, sin elegir, sin prejuicio, las trasciendes. Viéndolas juntas deja de existir identificación con la vida ni con la muerte. Cuando no estás identificado eres libre, estás liberado.

La identificación es la reclusión. Entiéndelo bien, porque es la raíz de nuestra miseria, de nuestra esclavitud.

Identificación... es una palabra muy significativa. Quiere decir que te identificas con una parte. Eres uno con una parte de la vida, con la parte que consideras el todo. No hay nada erróneo con la parte en sí, pero una parte es una parte, no el todo. Cuando empiezas a considerar la parte como el todo, es cuando surge la parcialidad. Cuando empiezas a afirmar que la parte es el todo, es que estás ciego frente al todo, y entrarás en conflicto con la realidad.

Y no puedes ganar a la realidad, recuérdalo. No puedes vencerla. Es imposible. No ocurre, no puede suceder. Sólo puedes ganar CON la realidad, nunca contra ella. La victoria está del lado de la realidad. Por eso, todos los grandes maestros han puesto tanto énfasis en la rendición. Rendirse significa ser con la realidad. Entonces la victoria está asegurada, porque la realidad "ganará". La realidad siempre gana. Si estás con ella serás un ganador; si estás contra ella serás un perdedor. Y todos somos perdedores, todos hemos estado peleando.

Elegimos una parte pequeña y afirmamos que es el todo. Elegimos la vida, sacamos a la vida de su contexto básico –la muerte– y decimos: «Esto soy yo. Soy vida». Entonces en cuando empiezan los problemas. Entonces es cuando te quedas atrapado en esa identificación. ¿Cómo vas a ocuparte entonces de la muerte? La muerte está ahí, sucediendo a cada instante, y un día te pillará desprevenido.

Te identificas con el cuerpo: «soy el cuerpo», y ahí radican los problemas. Te identificas con la mente: «soy la mente», y ahí radican los problemas. Identificarse es meterse en problemas. La identificación es la sustancia de la ignorancia. Una vez que se abandona la identificación, una vez que dejas de identificarte con nada, permaneces como testigo, sin decir: «yo soy "esto"», o «yo soy "aquello"». Simplemente eres testigo. Ves la vida pasar, ves pasar la muerte, el sexo, la frustración, la alegría, el éxito, el fracaso. Observas; eres un puro observador. No te dejas enganchar por nada; no pretendes: «yo soy esto». Si permaneces "sin" proclamar quién eres tú, sin limitarte ni definirte, sin confinarte a ser nada, si permaneces fluyendo, simplemente viendo, eso es liberación. Una gran liberación.

Sin identificarse, uno es libre. Identificándose, uno está enjaulado.

El zen dice: no te identifiques con nada. Y entonces, de manera natural, sucederá la trascendencia. Ves la infelicidad acercarse a ti y permaneces como un observador. Ves surgir la infelicidad, envolverte, rodearte como un espeso humo negro, pero permaneces siendo testigo. La ves, pero no la juzgas. No dices: «soy yo», o: «no soy yo». No dices nada de nada, permaneces sin juzgar. Simplemente ves el hecho, que existe infelicidad.

Un día llegará, un día empezará a desaparecer. Las nubes se reúnen y luego desaparecen, y vuelve a aparecer el sol y la alegría. Pero tampoco te identificas con ello. Ves que la luz del sol ha vuelto a brillar, que las nubes han desaparecido. Pero no dices: «soy yo», ni tampoco: «no soy yo». No haces "ninguna" declaración acerca de ti mismo. Simplemente continúas observando.

Sucederá en muchas ocasiones –la infelicidad llegará, y también la felicidad–, en muchas ocasiones triunfarás, y en otras tantas fracasarás. Muchas veces te deprimirás, y en otras te sentirás elevado. Observando esta dualidad, poco a poco irás dándote cuenta de que estás más allá de esas parejas duales.

Vida y muerte también son una de esas parejas, al igual que cuerpo y mente, y que el mundo y el "nirvana". "Todas" son parejas de dualidades. Cuando puedas ver a través, cuando puedas ver transparentemente, y no elijas, serás algo trascendente: el testigo. Ese testigo nunca nace ni muere.

Vida y muerte aparecen en la visión del testigo, pero ese testigo es eterno. Estaba ahí antes de que nacieses, y seguirá ahí cuando desaparezcas. Has venido al mundo millones de veces, y seguirás haciéndolo, y, no obstante, nunca has venido. El mundo aparece en ti exactamente igual que un reflejo lo hace sobre un espejo. De hecho, al espejo no le ocurre nada. ¿O crees que sí?

Te sitúas de pie enfrente de un espejo y éste refleja tu rostro. ¿Crees que al espejo le sucede algo? Nada. Te vas, y el espejo queda vacío. Otra persona aparece frente al espejo y éste refleja ese rostro –hermoso o feo– sin elección, impasible. Le pones delante una rosa muy hermosa y la refleja; una horrible espina y la refleja. Le pones delante un rostro hermoso y lo refleja; una cara fea y la refleja. No tiene elección, y no dice: «Eso no me gusta y no voy a reflejarlo», ni: «Esto está muy bien y me apegaré a ello. Por favor, no te vayas, quédate. Yo soy tú, y tú eres yo». No, el espejo simplemente refleja.

Ser testigo hace referencia a la cualidad especular. Y por eso el espejo permanece limpio de toda impresión. Refleja, pero no guarda ninguna impresión. Ése es el estado de conciencia despierta. De eso trata la meditación.

Observa, mira, permanece alerta, pero no elijas. Y no te quedes con ninguna parte, no tomes partido. La parte no es el todo. La parte es una parte que antes o después deberá desaparecer, porque la parte no puede permanecer durante mucho tiempo. Y cuando desaparezca te sentirás desgraciado porque no tendrás ganas de dejarla desaparecer; te aferrarás a ella, porque te habrás identificado con ella. Pero la parte deberá desaparecer, y te sentirás desgraciado, y llorarás y gemirás... y todo habrá sido obra tuya. Si hubieras permanecido como un espejo no tendrías ese problema. Lo que sucede, simplemente sucede. Tú permaneces ecuánime y atento.

Ése es el meollo esencial de todas las religiones. No es una cuestión de práctica, ni de aprender conceptos ni dogmas. No es cuestión de recitar *sutras*. ¡Es cuestión de sabiduría! Y esa sabiduría está disponible para ti. No hay necesidad de acudir a nadie en busca de esa sabiduría. La llevas contigo siempre. Desde el principio. Está ahí, el espejo está ahí. Empieza a usarlo.

¡Inténtalo alguna vez y te sorprenderás! Lo que se molestaba en ti en el pasado dejará de hacerlo. Si alguien te insulta, tú simplemente observas, no te identificas. No dices: «me ha insultado». ¿Cómo puede insultarte a "ti"? Si ni tú mismo sabes quién eres, ¿cómo puede saberlo él? Nadie puede insultarte. Puede que insulten alguna imagende ti con la que ellos cargan, pero eso no eres tú. Puede que se hagan algunas ideas acerca de ti, y esa idea es a la que insultan. ¿Cómo podrían insultarte a "ti"? No pueden verte.

Si permaneces alerta y vigilante, te sorprenderás: el insulto llegará y se marchará, y en tu interior no habrá sucedido nada, nada se habrá agitado. La calma seguirá radiante. Ninguna vibración, ninguna ola, ni siquiera una pequeña ondulación se agitará en ti. Y te sentirás enormemente gozoso al conocer esa cualidad especular. Entonces te integrarás.

Puede que aparezca alguien y te elogie. Inténtalo otra vez. Permanece vigilante. No pienses que te elogia. Puede que esté alabando a alguien que considera que eres tú. Puede que te elogie por algún motivo ulterior. Pero nada de todo eso es asunto tuyo. Tú simplemente observas el hecho de que «ese hombre me elogia». Permanece como un espejo. ¡No te lo tragues! ¡No te apegues a ello! Si te lo tragas te hallarás en dificultades. El ego se manifiesta con la identificación.

Y a continuación empiezas a esperar que todo el mundo te halague igual que esa persona. Pero si nadie lo hace te sentirás herido y desdichado. Y puede que mañana esa persona no te alabe. Puede que su motivo esté colmado. O puede que mañana empiece a pensar que se había equivocado, o tal vez quiera vengarse. Siempre que alguien te halague puedes estar seguro de que acabará insultándote... porque ha de vengarse, ha de equilibrar las cosas. Porque surge un desequilibrio. Cuando alguien te elogia no se acaba de sentir bien; le duele elogiarte. Para hacerlo ha de reconocer que eres superior a él, y eso duele. Tal vez no lo demuestre ahora, pero ocultará la herida en su interior. Y algún día, cuando surja la oportunidad, te demostrará quién eres; te pondrá en el sitio que te mereces. Y entonces te sentirás muy herido. Esa persona te ha elogiado demasiado, y ahora te hiere. Pero en realidad no ha hecho nada. Has sido tú... tú empezaste a aferrarte a la idea que él depositó en tu mente.

No identificarse con nada, observar, mantener una cualidad especular es lo que poco a poco te acerca a la iluminación.

Rinzai dio un sermón un día acerca del «verdadero hombre sin rango». A eso me refiero cuando hablo de la cualidad especular, al «verdadero hombre sin rango». En tu interior hay un verdadero hombre sin rango. No es ni hombre ni mujer, ni hinduista ni musulmán, ni siquiera bueno o malo –carece de rangos–, ni es educado ni analfabeto, ni oriental ni occidental, no tiene título alguno, no es ni santo ni pecador, nada. Y ese es el verdadero hombre que reside en tu interior.

Rinzai dio un sermón un día acerca del «verdadero hombre sin rango». Ése fue el título de su disertación:

Un monje, bastante perplejo, se acercó a él y le preguntó:
–¿Qué es ese «verdadero hombre sin rango»?
Rinzai le agarró del pescuezo y le gritó:
–¡Habla, habla!
El monje se quedó pasmado y no pudo decir nada. Rinzai le soltó y exclamó:
–¡Este verdadero hombre sin rango no vale para nada!

Rinzai provocó una situación: El monje preguntó: «¿Qué es ese «verdadero hombre sin rango»?». Rinzai le agarró del pescuezo y le gritó: «¡Habla, habla!». El monje quedó sacudido. En esa sacudida desaparecieron todos los rangos. En esa sacudida es nadie, simplemente nadie, un espejo. En esa sacudida la mente deja de dar vueltas. En esa sacudida está simplemente pasmado. Rinzai creó una situación para que pudiese ver este «verdadero hombre sin rango», esta cualidad especular.

Pero el monje fracasó, y empezó a pensar en cómo responder: «¿Qué me está haciendo mi maestro? ¿Ésta es manera de tratar a alguien que pregunta?». Seguramente debió de pensar algo así. Pero se equivocó. Por eso Rinzai exclamó: «¡Este verdadero hombre sin rango no vale para nada!».

En el momento en que el espejo empieza a aferrarse a algo, te vuelves inútil. En el momento en que el espejo se apega a algo, empieza a acumular polvo... te vuelves inútil. Pero cuando el espejo no acumula polvo, entonces tienes un valor inmenso, eres un dios. La única diferencia entre un buda y tú es que tu espejo ha acumulado mucho polvo y el de un buda está completamente limpio. Tus pensamientos no son más que polvo.

Pero hay veces en las que valoras demasiado el polvo. Y dices: «Es polvo dorado, no es del tipo ordinario. ¡Es oro puro! Debo quedármelo. No debo permitir que nadie me lo robe; es muy valioso».

Así es como te vas aferrando a la vida. Piensas que es muy valiosa. Y como te aferras, llegas a considerar que la muerte es tu enemiga, una ladrona. La muerte llega y te roba "todo" tu oro, todas las piedras preciosas con las que has estado cargando. Se llevará el polvo de tu espejo y todo lo que has estado pensando que era "tu vida". Por eso tienes miedo.

Si puedes ver con claridad, entonces la muerte es una amiga. De hecho es más amiga que la propia vida. ¿Por qué digo eso? Lo digo porque en la vida no haces más que apegarte, acumular polvo. La muerte, en cambio, se lleva todos tus apegos y el polvo. Si puedes darte cuenta de ello te sentirás muy agradecido a la muerte. Lo que tú no puedes hacer lo hace la muerte por ti. Por eso, si puedes hacerlo por ti mismo entonces no habrá muerte para ti, porque no será necesaria. Si una persona puede limpiar su conciencia a través de la meditación, nunca morirá.

No estoy diciendo que el cuerpo no vaya a morir, eso es algo natural. Pero nunca se cruzará con la muerte. La muerte sólo le llega al polvo acumulado en el espejo. ¡El espejo nunca muere! El espejo es inmortal. Este testigo es un proceso inmortal, eterno.

El viajero continúa, sólo los ropajes se pudren y estropean, y deben ser cambiados. El viajero continúa; el polvo sólo se acumula en el cuerpo y por eso hay que darse un baño.

Pero si empiezas a pensar que tú eres el polvo, entonces no te darás ningún baño. Hay gente que incluso tiene miedo de darse una ducha... como si fuesen a perder algo muy valioso. Son personas que temen la meditación porque es como una ducha. Se lleva los pensamientos absurdos acumulados... toda la basura que has ido llevando en la cabeza. Y tu cabeza sufre, porque pesa mucho, y eres infeliz, pero, no obstante, continúas cargando con ella porque la crees muy valiosa.

La muerte es una gran amiga, te descarga de peso innecesario. Te descarga de todo lo que has ido acumulando. Cuando lo permites de manera voluntaria, la muerte se convierte en *samadhi*. Si no lo permites voluntariamente, entonces la muerte no es un *samadhi*, sino dolor. Fíjate bien. La misma cosa puede ser un dolor atroz o una alegría indescriptible. Depende de tu interpretación, de cómo miras las cosas, de cómo penetras cierta experiencia, de cómo profundizas en ella.

Si eres del tipo de los que se apegan, muy posesivo, entonces la muerte resultará muy dolorosa y te angustiarás enormemente. Sufrirás. Pero no a causa de la muerte, sino de tu apego, de tu posesividad, de tus fijaciones, de tu codicia.

Pero si no eres de ese tipo, ni posesivo, ni codicioso, ni egoísta, ni agresivo, de repente la cualidad de la muerte cambia. Se convierte en una especie de brisa fresca proveniente de Dios. Llega y te limpia. Te proporciona el descanso que tanto necesitas, te purifica. Te conduce a la fuente eterna de donde volver a surgir. Si vas de manera voluntaria surgirás en una forma mejor, porque habrás aprendido algo de la última. Pero si no vas voluntariamente, entonces la muerte te arrojará al horno, te quemará por la fuerza y regresarás bajo la misma forma porque no aprendiste nada.

Un estudiante que no ha aprendido nada vuelve a repetir curso una y otra vez. Un buda es alguien que ha aprendido "todas" las posibilidades de todas las formas. Ha sido roca, y ha aprendido de ello. Ha sido árbol, y ha aprendido de ello. Ha sido tigre, hombre y mujer, y ha aprendido de ello. Ha sido un dios y ha aprendido de ello. Y ha ido aprendiendo y aprendiendo y aprendiendo... Y un día finalizó todas las formas. Ya había pasado por todas ellas: observando, permaneciendo alerta y sin llevar a cabo ninguna elección, manteniendo limpio su espejo, sin obstáculos, ha pasado por todas las formas. Y ahora ha llegado a un punto donde no necesita aprender nada más. Ha aprendido la lección. Y por eso desaparece. Entonces la muerte se convierte en *nirvana*. Luego se extiende por toda la existencia, convirtiéndose en una fragancia, y a continuación entra en la forma cósmica. Ahora ya no es necesario pasar por más formas pequeñas. Ha aprendido todo lo que podían enseñarle las formas pequeñas. Ha descodificado todo lo que contenían esas formas. Ha crecido y es un adulto. No necesita volver al colegio. Ahora es parte del todo. Se extiende por el todo. Es una canción en el corazón de la mente cósmica, una bendición, es paz. No regresa más, porque ha ido más allá del punto de retorno.

Ésa es la lección esencial. Pero uno ha de pasar por todas las formas. Y la muerte trae consigo una gran lección, más grande que la vida. La muerte trae consigo la posibilidad de comprender, porque la vida se extiende a lo largo de varios años, y la muerte aparece en un tiempo muy corto. Te sacude en un único instante. Si no estás alerta dejarás pasar ese momento sin verlo, porque es muy pequeño. Si estás alerta, entonces ese momento se convierte en una puerta hacia lo divino.

Una vez que dejas de estar apegado a la muerte, que dejas de temer a la muerte, ésta se convierte en un juego, en una comedia.

Escucha esta hermosa historia:

El maestro Yamamoto, casi ciego a los noventa y seis años y ya incapaz de enseñar o trabajar en el monasterio, decidió que era hora de morir, así que dejó de comer. Cuando sus monjes le preguntaron por qué rechazaba la comida, él contestó que había ido más allá de su posible utilidad y que se había convertido en una molestia para todos.

Noventa y seis... son suficientes. Y el viejo piensa que es hora de morir, así que deja de comer. La muerte es sólo un descanso. Es la hora de descansar. El hombre se prepara para retirarse. Ésa es la comprensión necesaria.

Los discípulos le dijeron: «Si muere ahora –era enero y hacía mucho frío–, cuando hace tanto frío, todo el mundo estará muy incómodo en el funeral y se convertirá usted en una molestia todavía mayor, ¡así que coma, por favor!».

Los discípulos también eran increíbles, ¿verdad?. La razón que le dieron: «Por favor, piense en el frío. Está usted muriendo, estamos en enero y hace mucho frío, y sería una molestia para todos nosotros. Tendríamos que ir a su funeral. Así que empiece a comer».

Eso sólo puede suceder en un monasterio zen, entre un maestro zen y sus discípulos. Nadie se preocupa de la muerte. La muerte está bien. El maestro está preparado para morir, pero hay que tener en cuenta a los discípulos. Esos discípulos también están muy cerca de la iluminación. Así que le dicen: «¡Deje de decir tonterías! Ahora no es un buen momento. ¿Por qué quiere darnos tantos problemas? Sí, es usted una molestia... ¡Noventa y seis años!, pero todavía será más molestia si se le ocurre morir en pleno invierno. ¡Coma, por favor!».

Así que el anciano se rió y volvió a comer, pero cuando empezó a hacer calor dejó de hacerlo y poco después cayó y murió.

La muerte también se convierte entonces en un juego, en algo con lo que jugar. Dejas de temerla. No hay nada que temer. Ni siquiera te lo tomas en serio. Observas la poca seriedad de la situación. ¿Te imaginas algo así en Occidente? ¡Imposible! Sólo puede suceder en Oriente, donde la gente ha aceptado tanto la vida como la muerte, tal cual son.

Y eso sólo puede pasar cuando sabes que nadie va a morir, entonces puedes bromear con el anciano, y éste sonreirá. No se ofende. Piensa en los discípulos diciendo: «Señor, sería una molestia morirse en invierno. Hace tanto frío que nos helaríamos en el funeral». Fijaos bien, ¡qué sentido del humor!, como si vida y muerte no fuesen más que bromas, como si el anciano maestro fuese a representar una comedia, ¡como si no fuese verdad!

Así es. Simplemente va a representar una comedia. «Por favor, ahora no la represente, más tarde sí, cuando haga más calor». El anciano se rió, sin ofenderse. Debe haberse divertido muchísimo. Ésa fue una gran revelación por parte de sus discípulos. Ahora incluso ellos se tomaban la muerte con humor. Cuando empiezas a tomarte la muerte de esa manera, eres un hombre que comprende. Entonces, poco a poco, te vas acercando al «hombre sin rango», al «verdadero hombre sin rango». Cuando te tomas la muerte con humor es que ya has ido más allá. Y cuando vas más allá de vida y muerte llegas a tu realidad.

Otra anécdota:

Cuando Tozan se moría un monje le dijo:

–Maestro, sus cuatro elementos no guardan armonía, ¿pero hay alguien que nunca enferma?

–Lo hay –dijo Tozan.

Estaba muy enfermo. Todo su cuerpo se desintegraba. Los cuatro elementos ya no permanecían juntos. En su cuerpo había una especie de motín. Los elementos intentaban librarse unos de otros. Tozan era viejo y se moría, y el discípulo le pregunta:

–Sus cuatro elementos no guardan armonía, ¿pero hay alguien que nunca enferma?

–Lo hay –dijo Tozan.

–¿Y le mira a "usted"? –preguntó el monje.

–Mi función es mirarle a él –respondió Tozan.

–¿Y qué pasa cuando usted le mira? –preguntó el monje.

–En ese momento no veo enfermedad alguna –replicó Tozan.

En ti hay dos mundos: el mundo del nacimiento y la muerte, y el mundo trascendente. Sí, el cuerpo puede estar muy enfermo, y no obstante en ti puede no haber enfermedad alguna... si no te aferras a la enfermedad, si no te identificas con ella, si no empiezas a pensar: «estoy enfermo». Sólo es una especie de hipnosis. Y hay que aprenderlo a través de muchas puertas.

¿Qué dices cuando tienes hambre? Dices: «tengo hambre». Pero no eres tú el que la tiene, es el cuerpo, el organismo es el que tiene hambre. Tú sólo eres el observador, tú estás simplemente viendo que el cuerpo está hambriento. Entonces comes y sacias el hambre, y dices: «ahora estoy satisfecho, totalmente satisfecho». Pero tú no estás satisfecho, ¡porque nunca fuiste tú el que tenía hambre! Primero observaste hambre en el cuerpo, y ahora sientes satisfacción en el cuerpo... pero tú sólo eres un testigo. El espejo reflejó al hombre hambriento delante de ti, y ahora tu espejo refleja al hombre satisfecho delante de ti; pero el espejo nunca sintió hambre, ni se satisfizo.

Un día estás sano, y al siguiente te pones enfermo... ¡el espejo refleja! Un día eres joven, y otro eres viejo. Un día eres amado y otro odiado. Un día apreciado y otro condenado. El espejo no hace más que reflejar. La función del espejo es sólo reflejar lo que se le ponga delante. Pero cada vez que eso ocurre tú te sientes identificado.

Deja de identificarte con las cosas que aparecen frente a ti, y podrás ver que nunca estuviste enfermo, ni tuviste hambre, ni naciste, ni que nunca morirás. Porque eres la auténtica fuente de la eternidad. Eres eterno.

Ahora la historia siguiente:

Bassui escribió la siguiente carta a uno de sus discípulos agonizantes:

Por lo general, cuando escribes a alguien que está agonizando, le comunicas consuelos, piensas que necesitará consuelo. Y todos tus consuelos son falsos, mentiras.

Pero cuando un maestro zen escribe una carta a alguien que agoniza y que ha sido su discípulo, simplemente le dice la verdad. De hecho, cuando alguien muere es hora de decir la verdad, porque puede que no haya más ocasión. Al menos que escuche la verdad antes de abandonar este mundo, que esté alerta frente a lo que es. No es necesario consolarle, porque el consuelo no le ayudará.

Los consuelos son como canciones de cuna. Sí, están muy bien, hacen que la gente se sienta cómoda. Son como tranquilizantes. Pero no te transforman, sólo te adormecen, te apagan. En realidad te confunden, y la realidad es como es. Tus consuelos no la pueden cambiar, no pueden cambiarla. Los consuelos son juguetes para niños.

El maestro zen Bassui escribe a uno de sus discípulos que está a punto de morir: ha llegado el gran momento. La muerte es el gran momento. Debe utilizarse en toda su capacidad. La muerte es una oportunidad tan grande, una posibilidad creativa tal, que uno puede iluminarse. No importa si has fracasado en la vida, pero no dejes pasar la oportunidad de la muerte. Utiliza esa puerta para mirar lo divino.

El maestro escribió:

«La esencia de tu mente es nonata, así que nunca morirá...».

La esencia de tu mente, eso es lo que denomino la cualidad especular. Ésa es la auténtica esencia de tu mente. ¿Por qué la llamamos fundamental, esencial? Porque persiste.

Observa... recuerda cuando eras niño. La primera vez que abriste los ojos carecías de pensamientos, pero esta cualidad especular estaba allí. Incluso en el primer instante en que abriste los ojos se hallaba presente. No te la dio nadie; la trajiste contigo. Es esencial, es tu naturaleza. El niño abre sus ojos; no es capaz de ver qué árboles son ésos: ashokas o pinos... puede que no sepa qué árboles son. Ni siquiera sabe qué son los árboles. Puede que no vea que son verdes, pero verá el verdor. Puede que no sepa etiquetarlos como verdes, y puede que no sea capaz de decir: «Son árboles, y ésos son ashokas, y aquéllos, pinos»... no, puede que no.

Pero todo se reflejará tal cual es. Sin lenguaje. Su visión será clara. No tendrá polvo acumulado. Por eso los niños se emocionan con las cosas pequeñas... porque todas las cosas pequeñas les resultan casi psicodélicas. No tienen barreras, sus ojos son limpios, el espejo está limpio. Refleja la realidad tal cual es.

Esta cualidad –la especular– no es enseñada por nadie. No está condicionada por la sociedad. El idioma será enseñado, pero no traes ninguno contigo. Si naces en una familia japonesa, aprenderás japonés. Si naces en una familia francesa, aprenderás francés. Aprenderás lo que te enseñen. Pero la primera vez que abrieron los ojos, tanto el niño francés como el japonés, eran simplemente espejos. El espejo japonés no es japonés y el espejo francés no es francés. Son simplemente espejos. Sí, el japonés se convertirá en japonés y el francés en francés, y recogerán otras mil cosas: la educación, la escuela, el colegio, la universidad, la religión, la iglesia, y todo tipo de cosas.

Así pues, todo lo que te enseñan no es esencial. Te ha sido proporcionado desde el exterior. Lo que se te da desde el exterior se te presta, no es tu naturaleza. Pero lo que traes contigo, íntimamente, nadie te lo ha dado... y eso es la naturaleza esencial. Y esa es tu alma. Hallarla en uno mismo es hallar algo que está más allá de nacimiento y muerte.

«La esencia de tu mente es nonata –dice el maestro–, así que nunca morirá...»

Sólo muere aquello que nace; sólo acaba lo que empieza. Si cuentas con una polaridad, la otra acabará apareciendo; pero si desconoces la primera, la otra no podrá surgir. Si hay algo en ti que es nonato, que no ha nacido nunca antes, entonces seguirá ahí incluso tras la muerte.

Esta cualidad especular no tiene nada que ver con nadie; nadie te la ha dado. Eres tú, tu auténtico ser. Es el «verdadero hombre sin rango». El espejo aprenderá muchas cosas, será condicionado de muchas maneras... pero ninguna de ellas será esencial. Por eso digo que si eres hinduista te sentirás muy apegado a los rangos. Si eres indio también te sentirás muy apegado a los rangos, pero recuerda al «verdadero hombre sin rango».

¡Pero es el mismo hombre! Tú y yo no estamos separados en esa cualidad especular. ¡ES la cualidad! En eso consiste la conciencia.

«No es una existencia –dice el maestro–, que es perecedera.»

Hay que comprenderlo bien: «No es una existencia, que es perecedera». ¡Es existencia en sí misma!

Los existencialistas occidentales distinguen entre esas dos palabras: existente y existencia. Esa distinción resulta valiosa, será valiosa aquí, en este caso.

Decimos que el árbol existe, pero no podemos decirlo de la misma manera acerca de Dios, no podemos decir que Dios existe. ¿Por qué? Porque el árbol estuvo en la no-existencia un día y pasará a la no-existencia otro. Así que el árbol existe de manera diferente que Dios, porque Él nunca ha sido no-existente y nunca será no-existente. Podemos decir que el árbol existe porque a veces desaparece de la existencia.

El árbol es existente, puede convertirse en no-existente, pero Dios no es existente. Él es existencia en sí mismo. No puede pasar a ser no-existente, no hay modo alguno. De hecho, decir: «Dios es» es una repetición porque Dios significa exactamente lo que significa "es". Decir: «Dios es» no es correcto. «El árbol es» no está mal. «La silla es», es estupendo, igual que: «El hombre es», porque pueden desaparecer en la no-existencia. Pero «Dios es» no es correcto.

Dios significa "tal cual es". Así que decir: «Dios es» es en realidad una repetición. Significa: "Es es", o: "Dios Dios". No tiene sentido, es una repetición.

El maestro le dice a su discípulo:

«No es una existencia, que es perecedera».

Quiere decir que no es "existente". No ha llegado a existir, y por lo tanto no puede desaparecer. Es la existencia en sí misma. ¡Siempre has estado aquí! Y siempre lo estarás. No puedes ir a ninguna parte, recuérdalo. Así que no tengas miedo. "No hay manera" de ir y "No hay ningún lugar" al que ir, ni tampoco "nadie" que vaya. Todo es. Todo ha estado aquí desde siempre y todo estará aquí para siempre. "Este ahora" contiene toda la eternidad, todo el pasado y todo el futuro. Toda la existencia converge en este momento, aquí y ahora. En el grito del cuclillo están todos los gritos pasados y futuros de los cuclillos. En vuestro escuchar está el escuchar de toda la gente, pasada y futura. En el hablar está todo el hablar de todos los que tuvieron algo que decir en el pasado y de los que siempre tendrán algo que decir en el futuro.

Todo es... Nada deja la existencia. Las formas cambian, desde luego; las ropas cambian, claro está. Pero ése no es tu ser esencial. Tú no haces más que cambiar de casas, de cuerpos, de mentes... pero lo esencial, la cualidad especular, el verdadero hombre sin rango permanece igual. No puede cambiar. No tiene partes que puedan cambiarse, es imperecedero.

«No es una vacuidad, que es un mero vacío.»

Sigue escuchando. El maestro dice: «pero no te confundas», porque cuando decimos que es un «hombre sin rango», o cuando digo que es una cualidad especular, puede que empieces a pensar que el espejo es sólo vacío. El espejo no es sólo vacío, aunque a veces lo parezca. Y sabes que cuando nadie está frente a él, está vacío. Sí, vacío de forma, vacío del otro, pero no vacío de sí mismo.

Cuando nadie se mira en el espejo, el espejo está repleto de su cualidad especular, pero no vacío. De hecho, cuando alguien está frente al espejo, no es tan especular. Ese reflejo obstruye su plenitud. Hay algo extraño, externo a él. No quiere decir una vaciedad negativa. Está lleno de su cualidad especular. Es un espejo, un espejo perfecto... "reflejando nada", pero un espejo perfecto.

O míralo desde otro lado. Nuestras mentes se apegan demasiado a las cosas; por eso las miramos y luego decidimos. Una habitación está llena de muebles y decimos: «la habitación está llena de muebles». A continuación alguien saca los muebles y decimos: «ahora la habitación está vacía». ¿Qué queremos decir con ello?

Estás demasiado apegado a los muebles. Sólo piensas en los muebles, nunca en la habitación. ¡Ahora la habitación está llena de amplitud! Primero no estaba tan llena de espaciosidad, los muebles lo evitaban. Una habitación significa espacio.

Primero había demasiados muebles dentro; el espacio se hallaba obstaculizado, destruido. No estaba realmente lleno de sí mismo; algo extraño se había convertido en una molestia. No era muy libre. Se quita el mobiliario y dices que está vacía. Primero decías que estaba llena, ahora que está vacía. ¿Vacía de qué?... de muebles. Pero hay otra forma de mirar la habitación... ahora está llena de espaciosidad, de sí misma.

Así que el maestro dice: «no te creas que estoy diciendo que ese tú esencial es sólo una vacuidad vacía, no». Primero está lleno de muebles... los pensamientos, los recuerdos, los deseos, las identificaciones: soy el cuerpo, soy la mente, soy hinduista, soy cristiano, soy esto y lo otro. Está lleno de muebles, de basura. Luego, un día, cuando tiras toda esa basura y simplemente te quedas como conciencia sin elección, puedes empezar a pensar, o al menos a entrever, que ahora se trata sólo de un vacío, que no hay nada. De hecho, por primera vez la mente está llena de la libertad de ser ella misma, de florecer. Esta conciencia florecerá como un loto.

Ésa es la libertad, ésa es la liberación. Liberado de toda la basura, liberado de todo lo extraño y ajeno. Los invitados se han ido y el anfitrión es libre. Cuando los huéspedes están presentes, el anfitrión no está demasiado libre. Ya lo sabes. Cuando llegan huéspedes no te sientes muy libre. El anfitrión queda aprisionado en su propio hogar. No goza de tanta libertad de movimientos como solía. Tiene que ocuparse de los invitados. Puede que estén durmiendo, y entonces no puedes poner el equipo de música, la radio o el televisor demasiado alto; no puedes escuchar música como a ti te gusta; tienes que conseguir que los niños se tranquilicen... porque tienes huéspedes. Tienes que ajustarte a los huéspedes.

Cuando hay un huésped, el anfitrión se convierte en secundario y el huésped pasa a ocupar el lugar principal. Eso es lo que ha sucedido. La casa está demasiado llena de pensamientos y deseos, los huéspedes se han vuelto demasiado importantes y el anfitrión sólo es alguien secundario, u olvidado, sí... incluso olvidado. Y los huéspedes llevan demasiado en casa. No se van. Se han convertido en permanentes, y el anfitrión ha sido casi expulsado de su hogar.

Así que cuando de repente desaparecen los huéspedes, puede que sientas un vacío. Pero no es así. El budismo, el zen, han sido mal comprendidos porque hablaban de *shunyata*... vacuidad. *Shunyata*, vacuidad, es Dios para el Buda. Pero la palabra causa problemas. La gente piensa: «¿Vacuidad? Parece muy negativo». Pero no lo es, se trata simplemente de una indicación de que ahora tú eres tú mismo, vacío de todo lo demás, vacío de lo ajeno. Ahora estás sintonizado con tu ser, contigo mismo, y sólo queda tu budeidad esencial. No es vacío, es plenitud. Es perfecto... porque es fuente de todo.

«No es una vacuidad, que es un mero vacío. Carece de color y forma. No disfruta de placeres ni sufre dolores.»

¡Y crees que sufres! ¡Nunca has sufrido! Crees que disfrutas, pero nunca has disfrutado. Siempre has sido un testigo. Sufrir ha sucedido, pero tú nunca has sufrido. La alegría ha llegado, pero tú nunca has disfrutado. Han sido fases que han pasado, climas que van y vienen, nubes que rodean a la luna y desaparecen. ¿¡Pero tú!?, tú sigues siendo en ti mismo, sereno, atento. Hay un dicho zen:

«Me muevo todo el día sin moverme en absoluto. Soy como la luna bajo las olas que siempre ondulan».

«Las olas ondulan. Me muevo todo el día sin moverme en absoluto.» Sí, a tu alrededor todo se mueve muchísimo, pero en tu AUTÉNTICO centro –en el centro del ciclón–, nada se mueve nunca. Ni dolor, ni placer, felicidad, infelicidad, cielo o infierno; nunca ganas ni pierdes nada. ¡Siempre es igual! Es absolutamente igual. El gusto es el mismo. Es eterno.

«Me muevo todo el día sin moverme en absoluto. Soy como la luna bajo las olas que siempre ondulan.»

Las olas siguen ondulando. ¿Has visto alguna vez reflejarse la luna sobre las olas de un lago? Las olas ondulan, ¿pero qué pasa con el reflejo de la luna? ¿Crees que la luna reflejada también se mueve? En primer lugar, es un reflejo, y por lo tanto no puede moverse. En segundo, ¿cómo pueden las olas mover algo ilusorio que además no está ahí? No pueden.

Lo mismo ocurre contigo. Cuando llega el placer y te mueve, es como una ola, y tú estás reflejado en esa ola, y crees que tu reflejo se mueve. Sí, es cierto, tu reflejo queda distorsionado. ¡Pero tú nunca te distorsionas! La luna en el cielo nunca es distorsionada por las olas ondulantes de la superficie. Pero ves otra luna reflejada en el lago y, aunque sientes que tal vez la luna real no sea afectada, ves que la reflejada sí. Las olas la hacen moverse, y la extienden por todo el lago.

¿Pero cómo puedes extender un reflejo? En principio, un reflejo no es, no existe. Así que cuando te ves afectado por cosas que suceden a tu alrededor, es sólo tu reflejo en las cosas lo que parece afectarse. Pero tú, la luna de verdad en el cielo, permaneces igual. Pero te has olvidado por completo de quién eres. Has olvidado por completo que estás más allá de todas las cosas que pasan. Que en tu profundo interior no sucede nada, que siempre es todo igual.

«Sé que estás muy enfermo –escribe el maestro–. Como buen estudiante zen te enfrentas a la enfermedad cara a cara.»

«Enfrentar la enfermedad cara a cara» significa ver que no eres ella; eso es lo que significa cara a cara, ver que «no soy ella».

«Puede que no sepas exactamente quién está sufriendo, pero pregúntate a ti mismo...»

Pregúntate a ti mismo: ¿Quién está sufriendo? ¿Quién está muriendo? Pregúntate, sigue preguntándotelo, y poco a poco verás que: «el que sufre no soy yo, el que ha envejecido no soy yo, el que va a morir no soy yo». Y recuerda que la respuesta no debe ser suministrada por tu memoria, porque la sabes, la has escuchado, la has leído en las *Upanishads*, has escuchado a grandes maestros hablar de ello. No la has de suministrar a través de la memoria, sólo tienes que preguntar. Machaca interiormente la pregunta: «¿Quién está sufriendo?». La próxima vez que tengas dolor de cabeza pregúntate: «¿Quién está sufriendo?». La próxima vez que se te duerman las piernas, pregunta: «¿A quién se le duermen las piernas?».

Y no tengas prisa por hallar la respuesta, porque entonces sería falsa. Puedes hacerte el listo, y decir: «Sí, yo soy el alma y éste es el cuerpo». Pero eso es fingido. Permite que la respuesta aparezca por sí misma. NO debe provenir de la memoria, debe salir de tu propio ser. Debe aparecer como una revelación; no debe ser verbal. Debe manifestarse como una comprensión, como un *satori*, como un vislumbre.

¿Te es posible sentir la diferencia? Cuando algo surge de la memoria, no haces sino repetir como un loro. Te he dicho que no eres tu dolor de cabeza. Mañana puedes intentarlo, sentándote en silencio y preguntando: «¿Quién sufre?». Y de la memoria llegará la respuesta: «Tú no estás sufriendo, eres el alma trascendente, el testigo». Obsérvalo, mira cómo surge de la memoria. No tiene ningún valor. ¡Tíralo!

Deja que aparezca como una revelación, como una comprensión, una súbita claridad, como una transparencia... que veas: «Yo no estoy sufriendo». Recuérdalo: "verlo" es lo que importa. La respuesta de la memoria no tiene valor. Lo que lo tiene es una revelación proveniente de lo más profundo de tu ser. Has de tirar la red del cuestionar. Y si lanzas esa red una y otra vez, y no te contentas con tu memoria falsificadora, tarde o temprano atraparás el pez, y ese pez te liberará. Libera de verdad.

«... Pregúntate a ti mismo: ¿cuál es la esencia de esta mente?»

Primera pregunta: ¿Quién está sufriendo?, para que veas que el sufrimiento tiene lugar a tu alrededor pero no en ti. Está cerca, sucede muy cerca, pero todavía no en el centro. Tiene lugar en la periferia, pero no en el centro. El centro permanece inalterado.

Así que lo primero es ver dónde está el sufrimiento. Desidentificarse del sufrimiento. Esta pregunta te ayudará a cortar la identificación como una espada.

La siguiente pregunta que te has de hacer es: ¿Cuál es la esencia de esta mente? ¿Quién es el que no está sufriendo?

Primera pregunta: ¿Quién está sufriendo?, a fin de que la vieja identificación con el cuerpo, la enfermedad y la muerte quede rota, y puedas vislumbrar tu núcleo más íntimo. A continuación pregúntate: ¿Qué es esta mente esencial?

«Piensa únicamente en eso.»

Y éste es un mensaje para un hombre moribundo, recuérdalo. El maestro le dice: «Mientras te mueres, piensa sólo en esto. Antes de morir, soluciona una cosa: que tú no estás sufriendo. Y a continuación, cuando estés entrando en la muerte, sigue preguntándote: «¿Quién es el que no está sufriendo?» «¿Quién soy yo?», como solía decir Ramana Maharshi: «¿Quién soy yo?».

Piensa únicamente en eso mientras tiene lugar la muerte, porque la muerte se lo lleva "todo". Si puedes llevar "esta" pregunta a la muerte, si puedes llevar a cabo esa investigación mientras mueres, podrás alcanzar el *samadhi*, podrás alcanzar el gran fruto de la iluminación.

«Piensa únicamente en eso. No necesitas más.»

El maestro tiene razón, así es. No necesitas nada más si puedes hacer únicamente dos cosas: desidentificarte de la vida y de todo lo que ésta ha acumulado a tu alrededor; y segunda, la pregunta: «¿Quién soy yo?».

«No necesitas más. No desees nada.»

Ni siquiera pienses en la iluminación. Ni siquiera desees la budeidad. Ni siquiera pienses en el *nirvana*. "¡No desees nada!" porque una vez que empiezas a ambicionar, pierdes tu mente esencial, pierdes tu contacto con la mente cósmica. Desea... y habrás caído. La caída, el pecado original, sucede por el deseo. Así que no desees nada.

El maestro conoce a su discípulo perfectamente bien. Sabe que no deseará dinero, ni prestigio o poder, que no deseará otro nacimiento, ni otra vida... que no se trata de eso. Eso habrá acabado con la primera cuestión: desidentificarse.

Pero existe la posibilidad de que desee la budeidad. Puede empezar a pensar en nacer en el plano más elevado de la existencia como un buda, como un alma iluminada. Pero entonces habrá aparecido el deseo; el deseo habrá penetrado. De nuevo volverá a caerse de la mente original. La mente original sólo permanece intacta cuando no se desea. En el momento en que empiezas a desear, te alejas de ella. Dejas de ser ella, y vuelves a estar atrapado en nuevos viajes, te pierdes.

«¿Cuál es la esencia de esta mente? Piensa únicamente en eso. No necesitas más. No desees nada. Tu fin, que es infinito, es un copo de nieve disolviéndose en el aire puro.»

No hay nada de lo que preocuparse. Desaparecerás como un copo de nieve en el aire puro. No vas a morir, sólo vas a desaparecer. Sí, no te encontrarán en la forma individual. La forma desaparecerá en lo carente de forma... el copo de nieve en el aire puro. Pero tú seguirás ahí. Cuando el río desaparece en el océano, no muere; se convierte en el océano, se ensancha, se hace más grande, enorme, infinito.

Si te aferras a la vida, la muerte parecerá muerte. Si no te aferras a la vida, la muerte parecerá una especie de transformación, una liberación. Serás libre de la cárcel de la forma, serás carente de forma. Será una gran alegría. Un hombre que puede morir como un copo de nieve desapareciendo en el aire puro está bendecido. Es un gran éxtasis, un gran silencio, una gran paz y alegría. Habrá celebración en el verdadero corazón de tu ser.

La vida ha de ser utilizada, al igual que la muerte. Todo debe ser utilizado para alcanzar esta mente esencial, porque esta mente esencial "es Satchidananda": es verdad, es conciencia, es gozo.

A veces puede parecer una locura que uno tenga que abandonar todos los apegos, incluso los apegos a la vida. Puede parecer una locura que uno haya de transformar incluso la muerte en una historia de amor. Puede parecer una locura, pero la vida ES locura, la vida es una paradoja.

John Wheeler dijo: «Estamos hablando de cosas que son una auténtica locura. ¿Puede existir algo "menos" demencial que sea correcto?».

El zen es correcto porque es básicamente demencial. El zen tiene razón porque es paradójico. La vida es una paradoja. Todo lo que es verdadero en la vida es una gran paradoja. Sí, la vida ha de vivirse, y la muerte ha de morirse.

Vivir y penetrar en lo más profundo de la vida. Morir y penetrar en lo más profundo de la muerte. Y eso más profundo es lo mismo... la mente esencial

"Vida" no es un sustantivo, recuerda; ni tampoco "muerte". "Vida" y "muerte" son verbos. "Existencia" es un verbo, no un sustantivo. La vida es un proceso, y la muerte también. ¿Y quién está siendo procesado? ¿Quién se mueve en este carro de dos ruedas? ¿Quién es el peregrino? ¿Quién es el que viaja a través de tantas formas? La mente esencial, la no-mente, esa cualidad especular, ese presenciar, ha de ser hallado de todas las maneras y a través de todas las posibilidades. Cada movimiento en la vida debe estar dedicado a esa búsqueda, a esa indagación, y sólo entonces regresa uno a casa. Sin regresar a casa permanecerás descontento. Puedes tener mucho dinero, puedes tener mucho poder, pero permanecerás impotente, y serás un mendigo.

El día que alcances esta originalidad de tu ser, este «hombre sin rango», al antepasado original, al Eterno, ese día te convertirás en un emperador. Ese día "todo" será una bendición. A ese día no le faltará nada. Y ese día también te reirás con ganas, porque ese día verás que nunca te faltó nada, que sólo te hallabas enredado en los reflejos. Te enredaste con los huéspedes y perdiste la pista del anfitrión. ¡Sé tú el anfitrión!

SOBRE EL AUTOR

Las enseñanzas de Osho desafían toda clasificación y lo abarcan todo, desde la búsqueda individual de sentido hasta los más urgentes temas sociales y políticos de la sociedad actual. Sus libros no han sido escritos sino transcritos a partir de grabaciones de audio y vídeo de las charlas improvisadas que ha dado a una audiencia internacional. Como él mismo dice: «Recuerda: todo lo que digo no es solo para ti..., hablo también a las generaciones del futuro». El Sunday Times de Londres ha descrito a Osho como uno de los «mil artífices del siglo xx», y el autor norteamericano Tom Robbins le ha calificado como «el hombre más peligroso desde Jesucristo». Acerca de su propia obra, Osho ha dicho que está ayudando a crear las condiciones para el nacimiento de un nuevo tipo de ser humano. Suele tipificar a este nuevo ser humano como «Zorba el Buda», capaz de disfrutar tanto de los placeres terrenales como un Zorba el griego, como de la silenciosa serenidad de un Gautama el Buda. Discurriendo como un hilo conductor, a lo largo de la obra de Osho hay una visión que abarca la sabiduría eterna de Oriente y el potencial más elevado de la ciencia y tecnología occidentales.

Osho también es famoso por su revolucionaria contribución a la ciencia de la transformación interior, con un enfoque de la meditación que tiene en cuenta el ritmo acelerado de la vida contemporánea. Sus incomparables Meditaciones Activas están diseñadas para, en primer lugar, liberar las tensiones acumuladas en cuerpo y mente, de manera que resulte más fácil experimentar el estado relajado y libre de pensamientos de la meditación.

Sobre el autor existe una obra autobiográfica disponible: *Autobiografía de un místico espiritualmente incorrecto* (Kairós, 2001).

OSHO

INTERNATIONAL MEDITATION RESORT

Ubicación: situado a ciento cincuenta kilómetros al sureste de Mumbai en la moderna y floreciente ciudad de Pune, India, el Osho International Meditation Resort es un destino vacacional diferente. Se extiende sobre dieciséis hectáreas de jardines espectaculares en una magnífica área residencial rodeada de árboles.

Originalidad: cada año, el Osho International Meditation Resort da la bienvenida a miles de personas provenientes de más de cien países. Este campus único ofrece la oportunidad de vivir una experiencia personal directa de una nueva forma de vida: con mayor sensibilización, relajación, celebración y creatividad. Ofrece una gran variedad de opciones y programas durante todo el día y durante todo el año. ¡No hacer nada y simplemente relajarse es una de ellas!

Todos los programas están basados en la visión de Osho de «Zorba el Buda», una clase de ser humano cualitativamente diferente que es capaz tanto de participar de manera creativa en la vida diaria como de relajarse en el silencio y la meditación.

Meditaciones: un programa diario completo de meditaciones para cada tipo de persona, que incluye métodos activos y pasivos, tradicionales y revolucionarios, y, en particular, las Meditaciones Activas OSHO. Las meditaciones se llevan a cabo en lo que debe ser la sala de meditación más grande del mundo: el Osho Auditorium.

Multiversity: las sesiones individuales, cursos y talleres lo abarcan todo: desde las artes creativas hasta la salud holística, transformación personal, relaciones y transición de la vida, el trabajo como meditación, ciencias esotéricas, y el enfoque zen de los deportes y el esparcimiento. El secreto del éxito de la Multiversity reside en el hecho de que todos sus programas se combinan con la meditación, que confirma el enfoque de que como seres humanos somos mucho más que la suma de nuestras partes.

Cocina: hay una gran variedad de áreas para comer donde se sirve deliciosa comida vegetariana occidental, asiática e hindú, la mayoría cultivada de forma orgánica especialmente para el Osho International Meditation Resort. Los panes y pasteles también se hornean en la panadería del centro.

Vida nocturna: por la noche hay una amplia variedad de eventos donde escoger, y bailar ¡es el número uno de la lista! Otras actividades incluyen meditaciones con luna llena bajo las estrellas, espectáculos de variedades, interpretaciones musicales y meditaciones para la vida diaria. O simplemente disfrutar conociendo gente en el Café Plaza, o caminar bajo la serenidad de la noche por los jardines de este escenario de cuento de hadas.

Instalaciones: puedes adquirir todo lo que necesites, incluidos artículos de aseo, en la Galería. La Galería Multimedia vende una amplia gama de productos multimedia OSHO. El campus dispone de banco, agencia de viajes y cibercafé. Para aquellos que disfrutan de las compras, Pune ofrece todas las opciones, que van desde los productos hindúes étnicos y tradicionales hasta todas las tiendas de marca mundiales.

Alojamiento: puedes elegir hospedarte en las elegantes habitaciones de la OSHO Guest House o, para permanencias más largas, puedes optar por uno de los paquetes del programa Living-in. Además, existe una abundante variedad de hoteles y apartamentos en los alrededores.

www.osho.com/meditationresort
www.osho.com/guesthouse
www.osho.com/livingin

MÁS INFORMACIÓN

www.OSHO.com

Un amplio sitio web en varias lenguas, que ofrece una revista, libros, audios y vídeos OSHO y la Biblioteca OSHO, con el archivo completo de los textos originales de Osho en inglés e hindi, y una amplia información sobre las meditaciones OSHO. También encontrarás el programa actualizado de la Multiversity OSHO e información sobre el OSHO International Meditation Resort.

Para contactar con **OSHO International Foundation**, dirígete a:

www.osho.com/oshointernational,
oshointernational@oshointernational.com

Visita además:

http://OSHO.com/AllAboutOSHO
http://OSHO.com/Resort

http://www.youtube.com/OSHOinternational
http://www.Twitter.com/OSHO
http://www.facebook.com/pages/OSHO.International
http://www.facebook.com/OSHOespanol

Otras obras de Osho publicadas en la Editorial Kairós:

El ABC de la iluminación
Libro de la vida y la muerte
Autobiografía de un místico espiritualmente incorrecto
Música ancestral en los pinos
La sabiduría de las arenas
Dang, dang, doko, dang
Ni agua, ni luna
El sendero del yoga
El sendero del zen
El sendero del tao
Dijo el Buda...
Guerra y paz interiores
La experiencia tántrica
La transformación tántrica
Nirvana, la última pesadilla
El libro del yoga I y II
El verdadero nombre
Meditación para gente ocupada